Introdução aos Estudos Estratégicos

O selo DIALÓGICA da Editora InterSaberes faz referência às publicações que privilegiam uma linguagem na qual o autor dialoga com o leitor por meio de recursos textuais e visuais, o que torna o conteúdo muito mais dinâmico. São livros que criam um ambiente de interação com o leitor – seu universo cultural, social e de elaboração de conhecimentos –, possibilitando um real processo de interlocução para que a comunicação se efetive.

Introdução aos Estudos Estratégicos

Augusto W. M. Teixeira Júnior
Antonio Henrique Lucena Silva
(Organizadores)

EDITORA intersaberes

Rua Clara Vendramin, 58 . Mossunguê . CEP 81200-170 . Curitiba . PR . Brasil
Fone: (41) 2106-4170 . www.intersaberes.com . editora@editoraintersaberes.com.br

Conselho editorial
Dr. Ivo José Both (presidente)
Dr.ª Elena Godoy
Dr. Neri dos Santos
Dr. Ulf Gregor Baranow
Editora-chefe
Lindsay Azambuja
Gerente editorial
Ariadne Nunes Wenger
Preparação de originais
Mycaelle Sales
Edição de texto
Palavra do Editor

Capa
Débora Gipiela (*design*)
boonchoke e TamuT/ Shutterstock (imagens)
Projeto gráfico
Bruno de Oliveira
Diagramação
Rafael Ramos Zanellato
Equipe de design
Iná Trigo
Débora Gipiela
Iconografia
Sandra Lopis da Silveira
Regina Claudia Cruz Prestes

Dados Internacionais de Catalogação na Publicação (CIP)
(Câmara Brasileira do Livro, SP, Brasil)

Introdução aos estudos estratégicos/Augusto W. M. Teixeira Júnior. (Org.), Antonio Henrique Lucena Silva. (Org.). Curitiba: InterSaberes, 2020.

Bibliografia.
ISBN 978-65-5517-720-6

1. Ciência militar 2. Estratégia 3. Geopolítica 4. Guerra 5. Relações internacionais 6. Tecnologia I. Silva, Antonio Henrique Lucena. II. Título.

20-39617   CDD-320.12

Índices para catálogo sistemático:
1. Geopolítica 320.12

Cibele Maria Dias – Bibliotecária – CRB-8/9427

1ª edição, 2020.
Foi feito o depósito legal.
Informamos que é de inteira responsabilidade dos autores a emissão de conceitos.
Nenhuma parte desta publicação poderá ser reproduzida por qualquer meio ou forma sem a prévia autorização da Editora InterSaberes.
A violação dos direitos autorais é crime estabelecido na Lei n. 9.610/1998 e punido pelo art. 184 do Código Penal.

Sumário

13 *Apresentação*
19 *Como aproveitar ao máximo este livro*

Parte 1
23 **Teorias, espaço e tecnologia**

Capítulo 1
25 **Saber sobre a guerra:
a teoria de Carl von Clausewitz**

(1.1)
28 O pensamento estratégico moderno

(1.2)
33 A teoria da guerra de Clausewitz: uma introdução

(1.3)
40 Exemplificando a teoria da guerra de Clausewitz

Capítulo 2
51 Geopolítica e estudos estratégicos

(2.1)
58 A geografia, a estratégia e a formação do Estado
e da cultura estratégica

(2.2)
67 O Estado nacional, os níveis da estratégia e a geopolítica

(2.3)
73 O caso brasileiro

Capítulo 3
85 Teoria da dissuasão

(3.1)
92 Variações da dissuasão

(3.2)
98 Fatores da dissuasão

(3.3)
107 A teoria da dissuasão no pós-Guerra Fria

Capítulo 4
115 Tecnologia e guerra

(4.1)
119 Teorias, produção de material bélico
e a ordem militar internacional

(4.2)
127 A tecnologia nas guerras: uma análise histórica

PARTE 2
143 Dimensões da guerra e domínios de operações

Capítulo 5
145 Poder terrestre na perspectiva dos estudos estratégicos

(5.1)
148 Especificidades do poder terrestre

(5.2)
151 Espectro das operações do poder terrestre

(5.3)
153 Formas de conduzir a guerra que afetam o poder terrestre

(5.4)
154 Análise do emprego do poder terrestre no ambiente operacional contemporâneo

(5.5)
160 O paradigma novo de espaço de batalha e a doutrina de operações no amplo espectro

(5.6)
162 O caso do Exército Brasileiro

(5.7)
166 A adoção da doutrina de amplo espectro

Capítulo 6

171 **Poder marítimo na perspectiva dos estudos estratégicos**

(6.1)

174 Conceitos de poder marítimo e poder naval

(6.2)

176 Evolução do pensamento sobre o poder marítimo

(6.3)

190 O Brasil entre os poderes marítimo e naval

Capítulo 7

201 **Poder aéreo: perspectiva histórica e aplicação**

(7.1)

205 Poder aéreo: autores e teorias

(7.2)

214 Os avanços no pensamento e a atualidade do poder aéreo

(7.3)

220 O poder aéreo e sua aplicação na história recente

Capítulo 8

229 **Ciberespaço e estudos estratégicos: para uma teoria do *software power***

(8.1)

232 O poder e sua relação com a segurança internacional

(8.2)

236 *Software power*: o poder toca o ciberespaço

(8.3)
241 *Software power*: terceira via de projeção internacional de poder?

(8.4)
245 *Software power* na epistemologia de relações internacionais e dos estudos estratégicos

PARTE 3
253 **Debates contemporâneos dos estudos estratégicos**

CAPÍTULO 9
255 **Mudança militar e estudos estratégicos: revolução, evolução e transformação militar**

(9.1)
259 Mudança militar como ruptura revolucionária: da revolução técnico-militar à revolução dos assuntos militares

(9.2)
266 Mudança militar como evolução incremental: evolução dos assuntos militares, transformação militar e a crise do modelo

(9.3)
271 Mudança militar na atualidade: Estados Unidos, Rússia, China e Brasil

CAPÍTULO 10
283 **Para além das operações: breves considerações sobre operações conjuntas, o modelo conjunto e sua estruturação**

(10.1)
285 Introdução: apresentando o contexto das operações conjuntas

(10.2)
289 *Jointery*: conceito, significados e bases para o modelo

(10.3)
296 A educação militar como um dos principais vetores do modelo conjunto

(10.4)
302 Operações conjuntas no âmbito nacional

CAPÍTULO 11
311 **Guerra irregular, contraterrorismo e contrainsurgência**

(11.1)
314 Breve visão das transformações na guerra desde 1960

(11.2)
319 A nova face da guerra: conflitos armados no século XXI

(11.3)
325 Terrorismo e guerra irregular: a tática jihadista e a modalidade de combate contraterrorismo

(11.4)
333 Insurgência e guerra irregular: da tática insurgente de atores não estatais à doutrina estratégica de adestramento de forças especiais dos Estados

CAPÍTULO 12

341 **Desmistificando a guerra híbrida e outros mitos**

(12.1)
347 Interpretações sobre as transformações da conduta da guerra

(12.2)
354 Guerra civil no leste da Ucrânia: um caso de guerra híbrida?

(12.3)
362 Analisando a guerra híbrida à luz dos conceitos de Carl von Clausewitz

367 *Considerações finais*
369 *Referências*
419 *Sobre os autores*

Apresentação

No decorrer do jovem século XXI, o panorama internacional tem demonstrado a relevância do ressurgimento dos chamados *estudos estratégicos* como aporte fundamental para entender a política internacional e agir nesse âmbito. A mudança na distribuição de poder militar ao redor do globo, a emergência de potências como China e Rússia e a proliferação nuclear e de tecnologias convencionais antes restritas a poucos países, como drones, descortinam um horizonte que, sem dúvida, demandará conhecimentos em estudos estratégicos. Cientes de tal necessidade, especialmente em um país como o Brasil, onde as questões concernentes ao poder militar tradicionalmente não têm grande apelo na sociedade civil, com a presente obra pretendemos contribuir para a educação de mentes pensantes por meio da discussão, sob uma perspectiva brasileira, de tópicos pertinentes aos estudos estratégicos.

Como abordaremos nesta obra, pensadores buscaram compreender o fenômeno da guerra e da estratégia ao longo dos séculos e nas mais diversas partes do globo. Sun Tzu, Tucídides, Maquiavel e Jomini, todos eles se debruçaram sobre o tema da estratégia, do Estado e do poder militar. Entretanto, foi com o nascimento da disciplina de

Estudos Estratégicos que a academia procurou direcionar esforços de forma organizada para enfrentar os desafios teóricos e empíricos dessa área de investigação. Entre os séculos XIX e XX, autores como Carl von Clausewitz, Hans Delbrück, Peter Paret, Michael Howard e Colin S. Gray buscaram dar consistência à teoria da guerra, à história militar e a uma compreensão mais profunda da estratégia. Conferindo especial atenção à questão da guerra, da violência organizada e da estratégia, os estudos estratégicos focalizam, convencionalmente, o fenômeno do uso da força como instrumento da política por parte de comunidades ou grupos organizados, em especial o Estado.

Como práticas humanas, a guerra e a estratégia acompanham a humanidade desde o alvorecer de sua caminhada na Terra. Pinturas rupestres pelo mundo, por exemplo, ilustram não apenas cenas de caça e rituais, como também conflitos entre grupos humanos em oposição. Desde o início da história escrita, registros também apontam que coletividades humanas empregam a violência organizada como instrumento para concretizar seus objetivos. Eventos como a Batalha de Kadesh, ocorrida por volta dos anos 1200 a.C. entre egípcios e hititas, e a Guerra do Peloponeso, travada no século V a.C. entre as coalizões lideradas por Esparta e Atenas, exemplificam a ancestralidade da guerra, da violência e do uso da força como instrumentos da política.

Como disciplina acadêmica, os Estudos Estratégicos foram fundamentais no Reino Unido e nos Estados Unidos durante a Guerra Fria (1946-1991), servindo de lente para o entendimento dos principais conflitos da época. No período citado, os estudos estratégicos dedicaram-se a assuntos dos mais variados, da dissuasão nuclear à guerra irregular. Após o colapso da União das Repúblicas Socialistas Soviéticas (URSS), temas como conflitos étnicos, assim como operações militares outras que não a guerra e o terrorismo transnacional, ganharam relevância crescente.

Com objetivo introdutório, este livro, que se divide em três partes, apresentará um panorama dos principais temas, clássicos e da atualidade, dos estudos estratégicos. A Parte 1, "Teorias, espaço e tecnologia", terá como foco teorias e debates basilares dos estudos estratégicos, como a teoria da guerra, a teoria da dissuasão, a relação entre espaço (geopolítica) e estratégia e a importância da tecnologia para o estudo da guerra. No capítulo que abre esta obra, intitulado "Saber sobre a guerra: a teoria de Carl von Clausewitz", Érico Esteves Duarte abordará a contribuição deste que foi o maior teórico da guerra. Duarte apresentará ao leitor o pensamento estratégico moderno e contemporâneo, para com essa base permitir a compreensão da evolução do estudo da guerra. A Guerra de Independência dos Estados Unidos (1775-1783) e o conflito entre a China e os Estados Unidos na Coreia (1950-1953) serão usados como estudos de caso no intuito de ilustrar a atualidade do pensamento do general prussiano Clausewitz.

No capítulo seguinte, "Geopolítica e estudos estratégicos", Pedro Henrique Luz Gabriel explorará a intersecção entre geopolítica e estratégia, mostrando seus pontos de comunalidade, fundamentais para uma perspectiva espacial e estratégica nas relações internacionais. Além de fazer uma revisão dos teóricos que abordam a conexão entre geopolítica e estratégia, o autor discorrerá sobre a influência desses estudos no Brasil.

No capítulo "Teoria da dissuasão", Marco Tulio Delgobbo Freitas e Alexandre Gonçalves se concentrarão no debate clássico sobre a dissuasão e analisarão como esta foi um instrumento-chave para as decisões estratégicas tomadas por políticos e estrategistas de grandes potências, principalmente no contexto das armas nucleares. Para além dos conceitos e discussões centrais do campo, os autores proporcionarão a você, leitor, uma introdução aos debates mais atuais sobre aquele tema, em especial a dissuasão contra atores não estatais.

No capítulo "Tecnologia e guerra", Antonio Henrique Lucena Silva dissertará sobre a análise do emprego da tecnologia de armas convencionais ao longo da história e as vantagens que ele propicia em conflitos armados. Apoiado em breves exemplos históricos, o autor demonstrará como algumas tecnologias foram fundamentais em guerras passadas e buscará explicar aquilo que a literatura entende como dinâmica de ação-reação, isto é, à medida que algumas tecnologias entraram em cena, outras foram aparecendo em resposta. Ilustrativos das discussões contemporâneas sobre o tema em questão, os drones e as armas robóticas também serão inseridos no debate.

Depois da apresentação dos debates teóricos centrais nas vertentes política, espacial e tecnológica da guerra, voltaremos nossa atenção ao assunto expresso no título da Parte 2 deste livro, "Dimensões da guerra e domínios de operações". No capítulo "Poder terrestre na perspectiva dos estudos estratégicos", Humberto José Lourenção examinará os conceitos, as especificidades e as aplicações dessa vertente do poder militar. Conectando os aspectos teóricos e gerais do poder terrestre à realidade brasileira, o autor abordará o Exército Brasileiro e seus principais programas estratégicos.

No capítulo "Poder marítimo na perspectiva dos estudos estratégicos", José Cláudio Oliveira Macedo e Ana Carolina de Oliveira Assis farão um balanço das principais correntes e debates sobre o poder naval e marítimo. De forma a introduzir você, leitor, nas questões relativas ao emprego da força através do mar, os autores proporcionarão o contato com correntes clássicas e contemporâneas sobre o tema em apreço, adentrando, inclusive, o caso brasileiro.

Enfocando a dimensão que elevou a guerra à condição de tridimensional, o capítulo "Poder aéreo: perspectiva histórica e aplicação", escrito por Vinicius Modolo Teixeira e Carlos Eduardo Valle Rosa, apresentará o debate sobre a arma aérea. Serão examinados os principais autores e promotores do uso da aviação como instrumento de combate, refletindo-se densamente sobre casos de uso dessa vertente do poder e sua importância na história e na contemporaneidade.

No capítulo "Ciberespaço e estudos estratégicos: para uma teoria do *software power*", Gills Vilar-Lopes trará a reflexão sobre essa nova dimensão da guerra e do domínio de operações militares, discutirá o conceito de poder cibernético e ainda desdobrará o debate na literatura sobre os temas da segurança cibernética. Por fim, proporá uma terceira via de projeção de poder na política internacional, o *software power*, que complementa as ideias de *hard* e *soft power* tradicionais.

Na Parte 3 do presente livro serão analisados os "Debates contemporâneos dos estudos estratégicos". No capítulo "Mudança militar e estudos estratégicos: revolução, evolução e transformação militar", Augusto W. M. Teixeira Júnior e Carlos Eduardo Valle Rosa analisarão o fenômeno da transformação e conduta da guerra no período que se seguiu à Guerra Fria e contemplarão, ainda, os temas da revolução militar, da guerra convencional de alta intensidade e das operações de contrainsurgência. Os autores apresentarão, por fim, estudos de caso sobre os Estados Unidos, a Rússia, a China e o Brasil.

No capítulo "Para além das operações: breves considerações sobre operações conjuntas, o modelo conjunto e sua estruturação", Tamiris Santos Pessoa realizará um levantamento da literatura sobre os temas anunciados no título. Também discutirá o marco para as operações conjuntas no Brasil, para além dos exercícios vigentes e de operações de caráter interagencial, como no caso da Operação Ágata e das operações de segurança executadas em grandes eventos internacionais, como a visita do papa ao Brasil, a Rio 2016 e a Copa do Mundo.

Augusto W. M. Teixeira Júnior e Antonio Henrique Lucena Silva

No capítulo "Guerra irregular, contraterrorismo e contrainsurgência", Tiago Luedy e Milton Deiró Neto focarão, como marco temporal analítico, as transformações transcorridas desde os anos 1960 nas maneiras de lutar na guerra e nos conflitos armados do século XXI. As relações entre guerra irregular, terrorismo e insurgência serão ilustradas no texto com casos históricos, descrevendo-se como influenciaram as doutrinas de combate. Além disso, os autores esclarecerão como a guerra nas atuais conjunturas provoca o surgimento de novos termos, muitos deles imprecisos ou travestidos de "inovação".

No capítulo "Desmistificando a guerra híbrida e outros mitos", Renato do Prado Kloss discutirá se a anexação da Crimeia pela Rússia reacendeu o debate sobre a possibilidade de Moscou ter empregado uma tática de guerra híbrida nesse caso. Kloss argumentará que *guerra híbrida*, assim como vários outros termos, ao longo da história, surgiu para definir a guerra contemporânea. Analisando principalmente o que ocorreu no leste da Ucrânia, o autor, como o próprio título sugere, desmistificará a questão.

Para encerrarmos as discussões propostas neste livro, na seção "Considerações finais", apresentaremos uma gama de conclusões sobre o objetivo geral desta obra e os principais destaques dos debates contemplados em cada uma de suas partes. Com votos de que esta contribuição estimule o avanço e novo fôlego para os estudos estratégicos no Brasil, nós, os autores, desejamos a você uma excelente leitura, esperando que a presente obra suscite uma profícua reflexão e participação nos desdobramentos de ensino e pesquisa em campos diversos, como ciência política, relações internacionais, direito e economia.

Como aproveitar ao máximo este livro

Empregamos nesta obra recursos que visam enriquecer seu aprendizado, facilitar a compreensão dos conteúdos e tornar a leitura mais dinâmica. Conheça a seguir cada uma dessas ferramentas e saiba como estão distribuídas no decorrer deste livro para bem aproveitá-las.

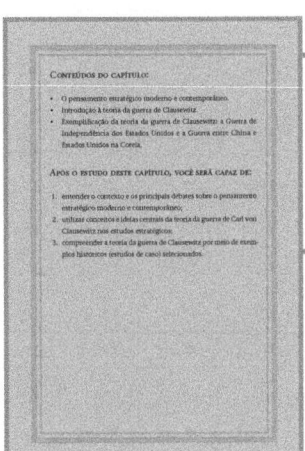

Conteúdos do capítulo:

Logo na abertura do capítulo, relacionamos os conteúdos que nele serão abordados.

Após o estudo deste capítulo, você será capaz de:

Antes de iniciarmos nossa abordagem, listamos as habilidades trabalhadas no capítulo e os conhecimentos que você assimilará no decorrer do texto.

Síntese

Ao final de cada capítulo, relacionamos as principais informações nele abordadas a fim de que você avalie as conclusões a que chegou, confirmando-as ou redefinindo-as.

PARTE 1
Teorias, espaço e tecnologia

Capítulo 1
Saber sobre a guerra:
a teoria de Carl von Clausewitz

Conteúdos do capítulo:

- O pensamento estratégico moderno e contemporâneo.
- Introdução à teoria da guerra de Clausewitz.
- Exemplificação da teoria da guerra de Clausewitz: a Guerra de Independência dos Estados Unidos e a Guerra entre China e Estados Unidos na Coreia.

Após o estudo deste capítulo, você será capaz de:

1. entender o contexto e os principais debates sobre o pensamento estratégico moderno e contemporâneo;
2. utilizar conceitos e ideias centrais da teoria da guerra de Carl von Clausewitz nos estudos estratégicos;
3. compreender a teoria da guerra de Clausewitz por meio de exemplos históricos (estudos de caso) selecionados.

No presente capítulo, faremos uma introdução à contribuição de Carl von Clausewitz no estudo da guerra. Para sua devida compreensão, é preciso, antes, perceber que Clausewitz não apenas produziu uma teoria de aplicação contemporânea, com alcance universal, isto é, que ainda persiste na atualidade, como também concebeu um campo de estudos. Em termos mais técnicos, ele fundou um programa de pesquisa científica (Diniz, 2010; Duarte; Mendes, 2015).

A contribuição de Clausewitz se diferencia epistemológica, metodológica e teoricamente em relação à de pensadores estratégicos modernos e aos estudos estratégicos contemporâneos. Isso quer dizer que ele propôs parâmetros e procedimentos para se construir conhecimento útil sobre a guerra, além de uma teoria com arcabouço conceitual progressivo que explica esse fenômeno. Ou seja, tal teoria permite ser emendada e expandida, como, de fato, está sendo feito (Duarte, 2009, 2015).

Para que você, leitor, entenda a relevância da contribuição de Clausewitz, primeiro, explanaremos brevemente as tentativas anteriores de enquadramento científico da guerra, empreendidas desde o século XVII. Em seguida, descreveremos em detalhes a teoria da guerra de Clausewitz. Por fim, apresentaremos dois estudos de caso resumidos, a fim de ilustrar a abordagem e os conceitos da perspectiva teórica em questão: a Guerra de Independência dos Estados Unidos (de 1775 a 1783) e a Guerra entre China e Estados Unidos na Coreia (de 1950 a 1953).

(1.1)
O PENSAMENTO ESTRATÉGICO MODERNO

A primeira tentativa de abordagem científica da guerra data do século XVII e foi efetivada por Raimondo Montecuccoli (1609-1680), soldado profissional que serviu ao Habsburgos na Guerra dos Trinta Anos (1618-1648) e foi comandante-chefe das forças do Sacro Império Romano. Montecuccoli buscou abarcar enciclopedicamente todo o conhecimento de sua época que ele julgou necessário ou pertinente para o entendimento daquele fenômeno. Tal empreitada foi norteada pelas principais perspectivas científicas do período, apoiando-se no clássico de Aristóteles e evidenciando também certa fundamentação nas ideias de Nicolau Maquiavel e Justus Lipsius.

Essa ruptura com a herança clássica e a produção de uma perspectiva moderna sobre a guerra foram influenciadas por três fatores. Primeiro, Montecuccoli era católico e entendia que a história, incluindo a da guerra, seguia uma trajetória linear e, idealmente, de aprimoramento. Com isso, ele, em certa medida, rompeu com a perspectiva clássica de que a história era cíclica e que, por isso, o acúmulo e a replicação das experiências passadas eram suficientes como conhecimento sobre a guerra. No entanto, em virtude de motivações pessoais, Montecuccoli não descartou a experiência marcial passada. Ele sofrera derrotas para os exércitos neerlandeses e suecos – os quais replicaram formações e procedimentos táticos e logísticos das legiões romanas e das falanges macedônicas –, fato que o fez concluir que saberes/habilidades do passado tinham de ser destilados e aprimorados para utilização no presente.

Segundo, como há pouco apontamos, Montecuccoli sofreu clara influência da filosofia política de Nicolau Maquiavel, que definiu a natureza humana como principal causa das relações políticas. Ao se assumir a guerra como um fenômeno humano (o que, hoje sabemos, não é exclusivamente verdade), sua natureza seria o elemento constante para aglutinar as várias experiências bélicas.

Terceiro, ele foi contemporâneo de Francis Bacon, René Descartes, Thomas Hobbes e da revolução científica do século XVII. Assim, buscou atrelar o estudo da guerra à ambição particular de alcançar o mesmo prestígio, mediante contribuições significativas, obtido por seus colegas filósofos naturais. O problema foi que Montecuccoli não empregou iguais esforços de reflexão dedutiva somados à experimentação. Em lugar disso, manteve uma abordagem indutiva a fim de, na teorização da guerra, replicar as teorias mecanicistas aplicadas ao domínio natural.

Em consequência de tudo isso, Montecuccoli teve como especial intuito superar a noção clássica de conhecimento sobre guerra, identificada em coletâneas de práticas e experiências registradas nos diários pessoais e nas histórias referentes aos grandes capitães. Ele não descartou essa tradição, e sim tentou levá-la a um passo adiante: organizou tais narrativas e vivências na forma de uma teoria que servisse de base para intervenções sempre vitoriosas/eficientes na realidade. Ao final de sua vida, desistiu do referido projeto e propôs que o conhecimento bélico fosse enquadrado como arte, em que se combinam experiência e técnica com criatividade, dispensando-se o aporte de teorias científicas (Rothenberg, 1986). Esse recurso de escape também foi depois incorporado por outros pensadores estratégicos modernos, como Guibert e Lloyd, que citaremos adiante.

O legado de Montecuccoli foi a principal influência para a vertente estratégica do Iluminismo, mas não plenamente. Essa vertente moderna desenvolveu uma abordagem seletiva e crítica da história da guerra e foi progressivamente descartada pelo conhecimento e pelas experiências provenientes apenas do presente. Apesar disso, seu empenho na elaboração de teorias mecânicas para produção da vitória foi, mais do que replicado, alçado ao nível de Santo Graal do pensamento estratégico até o século XIX.

A aspiração geral do Iluminismo militar, a partir de meados do século XVIII, teve como pilar a ideia de que a guerra deveria subordinar-se a uma regra universal e compatível com as concepções racionalistas de outros campos do conhecimento considerados avançados, como a física e o direito natural. Neste último âmbito, argumentava-se que os princípios da guerra, por serem parte das práticas do Estado, deveriam articular-se com os princípios que regulavam os governos – propostos por Montesquieu em sua obra *O espírito das leis*, como a divisão e o equilíbrio entre os Poderes Executivo, Legislativo e Judiciário.

Outra característica importante do Iluminismo militar foi o tratamento controverso dado à história. Para essa perspectiva, as experiências e os manuais do passado não eram apropriados ou relevantes; assim, apenas a coleta e a sistematização das práticas contemporâneas foram mantidas, por três razões. Primeiro, a evolução tecnológica da guerra em termos de armas de fogo, artilharia e fortificações foi mais significativa no século XVIII que um século antes, o que não justifica, mas acabou incorrendo em uma divisão do pensamento estratégico e um virtual descarte de formas de conduta da guerra vistas como pré-modernas. Segundo, houve uma revolução no mercado editorial, contexto em que vender livros tornou-se lucrativo e conferia certo *status* social aos pensadores estratégicos modernos. Isto é, com a venda de livros, os diários pessoais antigos, citados anteriormente, foram escamoteados e substituídos por aqueles novos materiais, com maior credibilidade por terem sido publicados por editoras. Em razão disso, os autores foram incentivados a apresentar suas reflexões – formulações matemáticas que prometiam sintetizar e explicar as causas das vitórias militares – em eventos e campanhas dos grandes e aristocráticos capitães. Terceiro, a obsessão por criar uma teoria mecanicista da vitória só tinha sentido se essa nova concepção fosse efetiva para a atuação nos tempos presente e futuro.

Até o período do Conde de Guibert (1743-1790), pensador cuja trajetória inicial é muito similar à de Montecuccoli, houve a tentativa de sistematização matemática da guerra. Guibert dedicou-se à intensiva compilação das organizações militares de seu tempo, para uma posterior tentativa de abstração de princípios inspirados em Montesquieu. A ambição de Guibert era produzir um tratado matemático das organizações combatentes, intento que ele depois concluiu ser impossível, não em virtude de problemas metodológicos, e sim por causa da natureza da guerra. Entretanto, a contribuição mais original nesse campo foi oferecida por Henry Lloyd (1718-1783), uma vez que ele moveu o foco da ciência da vitória da elaboração do exército perfeito para o desenho da operação militar perfeita. Essa empreitada foi levada ao limite por Dietrich Heinrich von Bülow (1757-1807), que propôs teoremas geométricos cuja aplicação promoveria vitórias no campo de batalha.

Por fim, o mais célebre e referenciado pensador da vertente iluminista do pensamento estratégico moderno é Antoine-Henri Jomini (1779-1869), que estruturou todo o percurso desse pensamento após as Guerras Napoleônicas e é o maior responsável pela conservação desse legado até os dias atuais. Isso pode ser explicado por uma causa contingente e por outra mais profunda. Jomini foi um escritor profícuo durante um período no qual se formavam ou reformavam os exércitos modernos do Ocidente e, mais importante, suas proposições eram irresistivelmente tautológicas. As obras desse teórico, em especial a última, *Sumário da arte da guerra*, sintetizaram de maneira inconsistente mas convincente a ciência da vitória em suas variações de exército e operações perfeitas, bem como tinham – o que, depois, se provou falso – o crivo do maior gênio da guerra da época: Napoleão Bonaparte.

Esse breve resumo do pensamento clássico da estratégia foi apresentado a fim de ajudar você, leitor, a reconhecer dois pontos. O primeiro é que as proposições aqui expostas ainda são reproduzidas de modo mais ou menos consciente nos dias de hoje, ainda que sejam pseudocientíficas. Em outras palavras, elas geram entendimentos truncados e estreitos da guerra, porém são úteis para sustentar posições em expedientes de carreira e administrativos no mundo militar, político e acadêmico. Contudo, as consequências acarretadas por essas proposições para a real compreensão e a prática responsável e competente da guerra são nocivas em razão de três falhas graves:

1. A guerra não pode ser teorizada de maneira mecanicista.
2. Não existe ciência da vitória para todas as guerras.
3. Não existe produção de conhecimento científico sem emprego de método rigoroso de formulação de conceitos, nem testes em estudos/casos históricos.

O segundo ponto é que, como contraponto a essa tradição de pensamento estratégico, é possível perceber melhor a relevância da contribuição da teoria da guerra de Clausewitz, pois ele foi capaz de reconhecer essas falhas e lograr superá-las.

(1.2)
A TEORIA DA GUERRA DE CLAUSEWITZ: UMA INTRODUÇÃO

Para uma apreciação preliminar, é possível iniciar o estudo da teoria da guerra de Clausewitz (1984) pelas suas três principais proposições conceituais (Diniz; Proença Júnior, 2014):

1. A guerra não faz sentido senão como continuação da política por outros meios.
2. As guerras que existem na realidade são de dois tipos: ilimitadas e limitadas.
3. Há a tendência da superioridade da defesa sobre o ataque.

Essas três proposições são inter-relacionadas e devem ser consideradas dessa maneira. Por um lado, é no contraste entre guerras limitadas e ilimitadas que se avança no entendimento sobre os termos de utilidade e motivação políticas da guerra, bem como sobre as distintas utilidades dos meios estrategicamente empregados. Por outro lado, é em decorrência das diferenças entre campanhas ofensivas e defensivas que se constroem incertezas e considerações com as quais só se pode lidar tendo em vista a eminência da política na própria conduta da guerra.

Assim, uma das primeiras questões abordadas pela teoria da guerra de Clausewitz é o quanto o objetivo político determina o foco de aplicação da força e os padrões de intensidade de esforço. Clausewitz apontou que a guerra é um instrumento político, por isso os contextos, os propósitos e as instituições políticas repercutem em sua manifestação e em seu desenvolvimento. Com base nisso, ele apresentou os elementos que caracterizam as guerras ilimitadas: trata-se de guerras em que a animosidade e os efeitos recíprocos de elementos hostis demandam que a vontade de seguir lutando do oponente seja quebrada. Para tanto, é necessário que:

- as forças combatentes inimigas sejam destruídas ou colocadas em uma condição que as impeça de continuarem lutando;
- o país seja ocupado, evitando-se, assim, que constitua novas forças;
- finalmente, o governo oponente e seus aliados sejam impelidos a pedir pela paz ou que a população seja feita submissa.

Já as guerras limitadas, por resultarem de outro tipo de relacionamento político, sem objetivos de alto valor e polares entre os beligerantes, via de regra são encerradas pela ação generalizada – motivada por cálculos de probabilidades e custos – de ambos os lados envolvidos no embate. Guerras limitadas ocorrem mais por circunstâncias do que por profundas e essenciais motivações. Portanto, elas não são finalizadas pelo colapso de um dos lados, mas pela análise da probabilidade de derrota e/ou pela constatação de que os custos necessários, em magnitude e duração, excedem o valor político de um objetivo. Por isso, Clausewitz afirmou que guerras limitadas são encerradas mediante a concessão de um acordo de paz de um lado a outro no decorrer dos enfrentamentos e com base em um cálculo prévio objetivo e racional.

Nesse sentido, em guerras ilimitadas, o acordo de paz é imposto quando um lado derrotado se encontra prostrado, e esse acordo tem maior utilidade em extinguir futuras fagulhas de hostilidade. Já em guerras limitadas, como o acordo de paz é uma decisão política fundada nas estimativas citadas há pouco, ele não precisa ser explícito e público: acordos de cessar-fogo, armistício ou simplesmente um encontro entre chanceleres marcam que as negociações diplomáticas alcançaram definições suficientemente aceitáveis para ambos os lados.

Isso implica outro aspecto distintivo quanto às propriedades dos objetivos políticos no curso de guerras limitadas e ilimitadas. Objetivos políticos podem ser positivos ou negativos, envolvendo, respectivamente, a alteração ou a manutenção de um *status quo*, o que pode significar, por exemplo, o estabelecimento dos termos de acordos internacionais, o controle de zonas de influência ou a soberania de territórios. Em guerras ilimitadas, os objetivos políticos são polares e mantêm-se assim até o término da guerra, enquanto, nas guerras limitadas, embora apresentem lados com objetivos políticos positivos e negativos, estes em geral não são excludentes entre si e podem mudar muito ou por completo a depender da orientação dos eventos e suas prováveis consequências. De qualquer maneira, as circunstâncias políticas variam em termos de época e de região, mas principalmente de uma instância de relacionamento político para outra, determinando os parâmetros coercitivos entre dois grupos.

A expectativa da teoria da guerra de Clausewitz para uma campanha defensiva em guerras ilimitadas é que suas metas bélicas envolvam adquirir mais tempo e prolongar sua capacidade de resistir, convertendo recursos civis em combatentes e contando ainda com a adesão de aliados, na esperança de acumular meios para alteração do equilíbrio de forças. O lado defensor também sempre confia que haverá os desgastes dos meios combatentes e da vontade do invasor de continuar a lutar, definidos por Clausewitz como os pontos culminantes do ataque e da vitória. Por isso, são úteis tanto a aplicação de força quanto os engajamentos que reforcem tal degradação do oponente.

Diferentemente do que ocorre com a ofensiva estratégica, que apenas varia em grau, as opções de metas bélicas e de ação do defensor são mais amplas. Clausewitz elencou quatro métodos de resistência:

1. Atacar o inimigo antes que ele entre no teatro de operações. Nesse caso, o lado defensor assume de fato uma campanha ofensiva, levando os enfrentamentos para o teatro de operações do inimigo, a área neutra em território de um terceiro país ou o mar.
2. Esperar pelo inimigo próximo à fronteira e frustrar sua invasão, atacando suas forças ainda em deslocamento no momento em que se preparam para invadir. Nesse caso, adota-se a defensiva estratégica, protegendo a própria posição, os flancos e as retaguardas por terreno e fortificações, mas se conduzem enfrentamentos ofensivos.
3. Assumir uma defensiva estratégica plena em seu teatro de operações, posicionando suas forças combatentes em lugares amplamente favoráveis em termos de terreno ou compondo-as com fortificações. O lado defensor travará principalmente enfrentamentos defensivos, contudo poderá tomar a ofensiva pontualmente.
4. Recuar para o interior do país e lá resistir. Nesse último caso, o lado defensor nega qualquer tipo de enfrentamento ao atacante e usa a geografia e a população – armando-a – para tornar hostil e desgastante a condição desse invasor, de modo a enfraquecê-lo até que ele abandone as próprias metas ou se torne muito fraco para se sobrepor à resistência que passa a enfrentar.

Existem diferenças substanciais quanto à possibilidade de execução desses quatro métodos. Os dois primeiros requerem meios combatentes suficientes para a condução de enfrentamentos ofensivos. No terceiro método, o lado na defensiva deve ter capacidade razoável de sucesso de enfrentamentos defensivos usando fortificações. No último tipo de método, a desvantagem de números ou de proficiência combatente é tal que o lado na defensiva não tem expectativa de sucesso tático, com exceção de circunstâncias específicas que anulem aqueles dois aspectos desfavoráveis. É nessa última categoria também que há a expectativa teórica de uso de guerrilhas de modo sucessivo. Em instâncias de enfrentamento muito localizadas, equilibram-se as desvantagens gerais de baixo número de forças combatentes ou pouca proficiência respectivamente compondo-as com a população armada e maximizando condições favoráveis de surpresa, vantagem da espera e terreno (Mendes, 2014).

De qualquer maneira, o lado com objetivos políticos negativos em guerras ilimitadas pode lançar mão de campanhas tanto ofensivas quanto defensivas, dependendo de suas condições estratégicas e táticas relativas em comparação com as do oponente. Em termos estratégicos, quanto menos desfavorável for a correlação de forças e mais disperso estiver o invasor no teatro de operações, mais o defensor poderá arriscar, com razoável expectativa de sucesso, engajamentos ofensivos localizados ou sequenciados.

No caso do lado com objetivos políticos positivos em uma guerra ilimitada, a suspensão da ofensiva antes da concretização da mudança política e do que for preciso para quebrar a resistência do oponente é, no melhor dos casos, um "mal necessário". Porém, esse mal, com frequência, significa perda de superioridade suficiente para seguir lutando e, diferentemente do que se aplica às condições do lado na defensiva, a pausa não suspende os elementos que desgastam o lado na ofensiva. Isso ocorre porque o lado defensor, estando em seu próprio território, geralmente tem mais facilidade para movimentar suas forças no teatro de operações e pode escolher conduzir batalhas em condições mais vantajosas para si, concentrando-se em áreas específicas nas quais o invasor é mais fraco, ou em condições equivalentes às do oponente, mas desafiando em terreno mais desfavorável ao contingente e à forma de combate do invasor.

Neste ponto, cabe destacar um fato importante: guerras ilimitadas são encerradas com campanhas ofensivas, por meio, por exemplo, da invasão original, de uma contraofensiva do lado invadido para libertar seu território, do desarme do invasor como garantia de que ele desistirá de seus objetivos ou mesmo da realização de novos objetivos políticos positivos diante das possibilidades do contexto.

Em contraposição a isso, o sucesso das guerras limitadas envolve uma combinação mais variada de campanhas ofensivas e defensivas. Assim, há a tomada de objetos considerados de valor pelo oponente e a destruição ocasional de suas forças combatentes, de modo a reduzir a utilidade desses dois elementos como recursos de barganha política em relação aos objetos de valor pertencentes ao outro lado/grupo do conflito. Contudo, ao mesmo tempo, por parte de cada lado, há a defesa tanto de suas próprias forças combatentes, para sua economia e a manutenção de um equilíbrio de poderes sempre vantajoso, quanto daqueles objetos subtraídos do oponente. Dessa maneira, o lado em ofensiva evita ultrapassar o chamado *ponto culminante do ataque*, ou seja, uma condição de correlação de forças em que o lado mais forte não tem superioridade suficiente para manter a iniciativa, o avanço e a condução de enfrentamentos ofensivos com alguma expectativa razoável de sucesso.

A partir do momento em que se constituem vantagens nos equilíbrios de forças e de recursos de barganha, é necessária a consolidação de tais vantagens por meio de operações majoritariamente defensivas. Em outras palavras, se um grupo conquistou objetos de interesse do oponente, deve ser capaz tanto de retê-los até o momento mais oportuno à permuta quanto de continuar protegendo seus próprios objetos valiosos, evitando que o oponente os tome e, dessa forma, eleve os recursos de barganha. Por outro lado, se não existem objetos de valor político disponíveis para negociação, é importante a produção de uma vantagem estratégica no teatro de operações em termos de equilíbrio relativo de forças, o que envolve impor ao oponente taxas de perdas superiores ao longo do tempo, assim como dominar o terreno mais favorável a enfrentamentos futuros. Resumidamente, os métodos de conduta de guerras limitadas têm contornos com alguma variação, dependendo do caráter de seus objetivos.

Em circunstâncias de objetivos políticos predominantemente negativos em guerras limitadas, Clausewitz aponta que a simples resistência passiva será insustentável em algum momento. Pois, uma postura plenamente negativa apenas posterga uma decisão, mas não a realiza. Assim, se "se chega a um momento em que mais espera traz excessivas desvantagens, então o benefício de uma política negativa foi exaurido". Isso implica na necessidade de alguma medida de destruição das forças combatentes do oponente para que ele desista de seus objetivos (CLAUSEWITZ, 1984, p. 99).

Em circunstâncias de objetivos políticos positivos em guerras limitadas, a conquista e a defesa do objeto podem trazer a guerra imediatamente para um acordo de paz. Isso porque, primeiro, a campanha defensiva nesse estágio de uma guerra limitada não sofre das desvantagens da defesa em uma guerra ilimitada, os efeitos morais e materiais de perda de território [...]. Portanto, é uma posição bastante forte, permitindo inclusive o sucesso estratégico de forças menores sobre maiores [...].

É possível que os esforços necessários de contragolpe em comparação ao valor do objetivo político e outras agendas que o oponente possua gerem mais perdas que ganhos. Ou seja, o oponente faz a avaliação que ultrapassou o ponto culminante da vitória. Segundo Clausewitz [1984, p. 570], esse fenômeno é mais provável de ocorrer em guerras limitadas que ilimitadas, sendo, portanto, a razão da possibilidade de sua manipulação na maioria das guerras e ser a razão pela qual o objetivo de todo plano de campanha ofensiva deva ser o momento de conversão para uma defensiva [...].

Mas pode ser necessário [...] um terceiro estágio [da guerra]: uma segunda campanha ofensiva, [mas] distinta da primeira, "na qual se busca exercer pressão geral sobre o oponente para fazê-lo aceitar a situação adversa em que ele foi colocado" (CORBETT, 2005, p. 46, 74). Idealmente, essa se daria pela condução de uma ofensiva estratégica servida de enfrentamentos defensivos. (Duarte, 2015, p. 129-130)

A teoria de Clausewitz se distingue da de seus antecessores, e da perspectiva de muitos sucessores, em razão de quatro aspectos:

1. É produto de um longo processo de refinamento por meio de estudos conceituais preliminares e de teste em estudos/casos históricos.
2. Tem uma ambição principalmente pedagógica de formar tomadores de decisão sobre a guerra – líderes políticos e comandantes – e de funcionar como "mapa" de orientação intelectual.
3. Como Clausewitz afirmou categoricamente, ela só é útil enquanto "viva", ou seja, quando é progressivamente emendada e melhorada.
4. É capaz de explicar os fenômenos bélicos do passado e do presente melhor que as perspectivas alternativas a ela.

(1.3) Exemplificando a teoria da guerra de Clausewitz

A proposta de estudo e os conceitos de Clausewitz tornam-se mais compreensíveis quando exemplificados em estudos de caso. Por isso, escolhemos apresentar, aqui, um exemplo de guerra ilimitada e outro de guerra limitada. Devemos ressaltar ainda que eles não são exemplos plenos do método de estudo da guerra de Clausewitz, uma vez que isso superaria o espaço e o objetivo deste livro. Ainda assim, é possível aprofundar os dois casos resumidos neste ponto mediante consulta às referências bibliográficas sugeridas.

(1.3.1)
GUERRA DE INDEPENDÊNCIA DOS ESTADOS UNIDOS[1]

Considera-se teoricamente que a Guerra de Independência dos Estados Unidos foi ilimitada, isto é, trata-se, como vimos antes, de um caso em que não existiu possibilidade de solução negociada para finalizar o conflito e foi necessário que um dos dois lados estivesse prostrado, com seus meios de força destruídos e com sua vontade de resistir quebrada.

Essa guerra teve três fases:

1. Entre 1774 e 1776, houve ofensivas política e estratégica dos revolucionários norte-americanos.
2. Entre 1776 e 1777, houve ofensiva estratégica britânica, com campanhas a partir do Canadá e de Nova York.
3. Entre 1778 e 1781, com apoio francês, houve a ofensiva norte-americana nas colônias do Norte, enquanto os britânicos responderam com uma ofensiva nas colônias do Sul. A derrota britânica final ocorreu na Batalha de Yorktown, em 19 de outubro de 1781.

Entre 1781 e 1783, houve guerras limitadas, para a conquista de colônias, do Reino Unido contra a Espanha, os Países Baixos e a França. Por isso, o acordo de paz entre todas as partes envolvidas foi celebrado apenas em 3 de setembro de 1783.

---

1 *Para uma análise completa deste caso, ver Duarte (2013a). Para outros estudos sobre guerras ilimitadas, ver os do próprio Clausewitz (1993, 1995, 2010b) e Clausewitz e Wellesley (2010).*

Como podemos notar, a ofensiva política e a primeira ofensiva estratégica foram dos revolucionários norte-americanos. Eles tomaram a ofensiva política ao destituírem sistematicamente toda a autoridade e instituição imperial nas 13 colônias, alterando completamente o *status quo* político do continente norte-americano. Por conseguinte, é consistente o entendimento de que a primeira ofensiva estratégica deveu-se aos revolucionários ao longo do primeiro ano da guerra e que o restante da guerra foi uma contraofensiva britânica aos resultados produzidos.

Os objetivos revolucionários não eram simplesmente a expulsão da presença britânica e dos colonos legalistas, mas a instauração definitiva de uma estrutura política distinta da imperial e que fosse reconhecida plenamente pelo Rei Jorge III. Tal resultado, a paz segundo as condições políticas almejadas pelos revolucionários, foi alcançado apenas em 1783 mediante o estabelecimento de um acordo de paz em Paris e o recebimento pela Corte londrina do primeiro representante diplomático das Colônias Unidas, John Adams.

Em termos estratégicos, enquanto os revolucionários tinham superioridade de força e era necessário um tipo de empenho armado positivo para a transformação política desejada, eles se mantiveram na ofensiva estratégica. Ao longo de 1775, os revolucionários contavam com aproximadamente 15 a 20 mil tropas; já as forças imperiais contavam com menos de 8 mil. Quando esse equilíbrio foi alterado em virtude do reforço de forças britânicas e alemãs, em 1776, os revolucionários tomaram a defensiva estratégica. Tal posição foi viável por uma relação de fins e meios. Por um lado, os revolucionários dispunham de meios de combate da defesa: forças combatentes, fortificações, uso do terreno e população armada. Por outro lado, seus objetivos políticos estavam sendo realizados: havia a transformação institucional, o alargamento da porção popular que apoiava a revolução, o desgaste das forças britânicas e o alinhamento internacional contra os britânicos.

Os líderes políticos revolucionários basearam-se em cálculos de correlação de forças, estimando, então, que os britânicos nunca teriam a capacidade de enviar mais que 20 mil soldados. Nesse contexto, se as forças revolucionárias alcançassem um efetivo de 55 mil soldados, os britânicos não teriam uma superioridade numérica que possibilitasse a efetivação de suas metas bélicas. Essas eram estimativas irrealistas, pois se supunha que 10% da população capaz de tomar armas o faria de maneira voluntária ao mesmo tempo e que isso resultaria na constituição de um exército regular em um curto prazo de preparação. Nesse ponto residiu uma segunda má avaliação estratégica dos revolucionários: a de que soldados amadores maximizados por fortificações seriam suficientes para combater soldados profissionais e veteranos. No entanto, a realidade era que os revolucionários não dispunham de meios táticos em termos de forças combatentes, artilharia e engenharia para compor fortificações que resistissem aos britânicos. Com raras exceções, os britânicos tomaram com sucesso por assalto todas as fortificações que encontraram pelo caminho desde 1776 até o fim da guerra.

Uma estratégia baseada no uso combinado de milícias e fortificações não era viável, e a sobrevivência da revolução sem um exército permanente, regular e efetivo não seria possível. Enquanto isso não foi alcançado pelos revolucionários, sua única opção estratégica viável foi adotar um método defensivo de desgaste e recuos, plenamente compatível com as características geográficas e da população. Essa mudança de postura foi uma difícil decisão, aceita apenas a muito contragosto pelo Congresso e com riscos políticos permanentes à constituição das Colônias Unidas e à posição de George Washington como comandante. Ele se esforçou para conduzir uma estratégia de desgaste até o momento em que as forças britânicas estivessem fracas demais e ele contasse com um novo exército reforçado com aliados franceses, o que ocorreu em 1778. A partir daí, ele foi capaz de fazer frente às forças britânicas.

Os britânicos mantiveram a ofensiva estratégica enquanto tiveram meios superiores de força para tal. Quando essa superioridade se tornou insuficiente para se sobrepor à defesa estratégica revolucionária, ocorreu o impasse. Isso se deu com a derrota britânica em Saratoga, em outubro de 1777, quando houve a perda de um terço das forças britânicas. A partir de 1778, houve o reforço considerável às tropas americanas pelas tropas francesas terrestres, a concentração de forças terrestres espanholas na Flórida e a coalizão de Marinhas (francesas, espanholas e holandesas) nos mares, o que ameaçava outras colônias britânicas no restante do globo. Em consequência disso, ocorreram o desgaste e a dispersão irrecuperável das forças britânicas nas 13 colônias, e a integridade do Império foi contestada em todo lugar.

Os britânicos, então, optaram pelas posses mais antigas, as consideradas mais valorosas e aquelas com elevada expectativa de sucesso estratégico, o que resultou em uma simetria de forças com as 13 colônias – equilíbrio que se deteriorou a favor dos revolucionários em dois anos, condição estratégica esta que eles não desperdiçaram como os britânicos. A guerra entre britânicos e norte-americanos encerrou-se, de fato, na Batalha de Yorktown em 1781, quando menos de um terço das forças que desembarcaram em 1776 ainda restava distribuído entre as colônias do Norte e do Sul.

Os dois últimos anos foram de acomodação política da guerra limitada particular entre o Reino Unido e a aliança entre a França, a Espanha e a Holanda. Em 1783, por fim, houve dois tipos de acordos de reconhecimento: da independência dos Estados Unidos e dos novos protetorados além-mar das potências europeias, como marco da redistribuição do equilíbrio de poder europeu.

(1.3.2)
A Guerra entre China e Estados Unidos na Coreia[2]

A Guerra Sino-Americana foi um dos conflitos com as maiores implicações políticas do século XX, que envolveu em torno de 3 milhões de soldados de 26 diferentes nacionalidades e consternou Pequim, Washington e Nova York – e as demais capitais de Estados e organismos internacionais de então.

Com os sucessos de suas ofensivas na península coreana contra a coalizão de forças sob o comando dos Estados Unidos e da Organização das Nações Unidas (ONU), a China se apresentou, pela primeira vez em sua história contemporânea, como uma potência. Ela desafiou o país e a ordem hegemônicos do pós-Segunda Guerra Mundial, clamando para si a posição que considerava sua por direito no Conselho de Segurança das Nações Unidas (e não do regime instalado em Taiwan), na Ásia e no mundo. A entrada da China comunista na Guerra da Coreia transformou esse embate em uma Guerra Sino-Americana.

Devemos, então, distinguir a Guerra Sino-Americana, que ocorreu a partir de outubro de 1950, da Guerra entre as Coreias, que se iniciou em julho do mesmo ano e teve participação norte-americana logo no mês seguinte. As duas Coreias tinham objetivos inconciliáveis e que apenas seriam atendidos quando um dos lados deixasse o outro sem condições de resistir, ou seja, trata-se de um conflito que se caracteriza como uma guerra ilimitada.

Quanto ao confronto entre Estados Unidos e China, a partir de novembro de 1950, ele se deu por uma composição não polar e fixa

---

2   *Para uma análise completa deste caso, ver Duarte (2019). Para outros estudos sobre guerras limitadas, ver Clausewitz (1979), Duarte (2013b) e Duarte e Machado (2018).*

de objetivos políticos. Por um lado, os Estados Unidos, inicialmente, desejavam a salvaguarda da Coreia do Sul, principalmente como área tampão para proteção e base econômica do Japão. Por outro lado, a China desejava salvaguardar a Coreia do Norte como área tampão para proteção da Manchúria. Entretanto, ambos os lados ambicionaram, em algum momento, a unificação das Coreias e a destruição das forças combatentes oponentes. Na celebração do acordo de cessar-fogo, em 21 de julho de 1953, as partes contavam com uma comissão de delegados chineses e norte-coreanos, de um lado, e norte-americanos (que representavam ainda a coalizão das Nações Unidas) e sul-coreanos, do outro. Nesse momento, porém, não se vislumbrava um tratado de paz, muito menos a unificação – condição política que perdura até os dias atuais.

Com base na teoria da guerra de Clausewitz, é possível compreender que os objetivos políticos e as motivações originais de ambos os lados permitiram a intermediação negociada para o fim da guerra. Esse foi um tipo de guerra em que, para seu encerramento, não era necessária, desejável ou possível a prostração de um dos lados envolvidos. Existia uma possibilidade de entendimento entre as lideranças políticas chinesa e norte-americana, porque ambas as sociedades mal se reconheciam e havia entre elas grande indefinição de alteridade. Isto é, do ponto de vista das populações, havia uma tábula rasa de sentimentos, por isso grande volatilidade deles, e não apenas escalada linear aos extremos. Nesse sentido, ainda que pudesse surgir – e mesmo se manipular – um mútuo sentimento de hostilidade, não existia um histórico que alimentasse reações exacerbadas. A hostilidade entre Estados Unidos e China era essencialmente em termos de intenções de seus líderes, motivadas pelo contexto da Guerra Fria e por choques de visões de mundo e de interesses.

Como uma guerra limitada – uma negociação enquanto se luta –, a Guerra Sino-Americana é um caso em que foi razoável a expectativa de uma articulação entre fins e meios, em constante atualização na medida em que ambas as partes interagiam. Adicionalmente, as condições políticas domésticas e as inserções internacionais de Estados Unidos e China eram transientes, provocando vieses nos cálculos de suas lideranças políticas ao passo que suas instituições governamentais eram ajustadas, assim como os compromissos com seus aliados. Por sua vez, essa foi uma guerra de coalizões, por isso sujeita a flutuações e a descompassos na delimitação dos fins políticos entre parceiros que nutriam interesses particulares que nem sempre eram compatíveis ou mesmo reconhecidos. A confrontação sino-americana foi, portanto, uma guerra limitada em que o que estava em disputa era um equilíbrio de forças que impusesse ao outro lado o reconhecimento de mudança ou manutenção de um *status quo* político regional de impacto internacional. Esses eram, respectivamente, os pleitos chinês e norte-americano.

Quando houve a intervenção chinesa em outubro de 1950, a coalizão das Nações Unidas ainda tinha como objetivos políticos a unificação da Coreia e a destruição das forças da Coreia do Norte. A capacidade de produção de inteligência pelos Estados Unidos ainda se encontrava em formação e não houve qualquer antecipação a entrada da China no conflito, o que acarretou a mais completa surpresa e um desastre quase iminente e completo no teatro de operações ante essa "segunda ofensiva chinesa".

Em dezembro de 1950, os Estados Unidos visaram à acomodação política com a China, utilizando os canais das Nações Unidas para a realização de negociações, e aceitaram um comitê de cessar-fogo proposto pelo Reino Unido. Para que a manutenção do *status quo* ocorresse, era necessário "salvar" a Coreia do Sul e impor uma condição de desvantagem estratégica à coalizão comunista por meio de uma campanha ofensiva, além de alterar as condições diplomáticas internacionais, de modo a justificar o esforço da coalizão das Nações Unidas nessa última empreitada. Entretanto, tais metas bélicas, suas justificativas políticas e os meios para executá-las eram inviáveis/insuficientes em dezembro de 1950, o que deixou os Estados Unidos em desvantagem diplomática e estratégica.

A China buscava tanto uma vitória decisiva que expulsasse as forças não comunistas da Coreia do Norte quanto, posteriormente, uma defensiva ao longo do Paralelo 38° que desgastasse a coalizão das Nações Unidas. O sucesso da "segunda ofensiva" produziu uma condição de vantagem estratégica além da expectativa inicial chinesa. Mao Tsé-Tung e seu principal aliado, o *premier* soviético Josef Stalin, passaram a considerar objetivos mais ambiciosos, principalmente em virtude da apresentação daquela proposta de comitê de cessar-fogo por parte dos países aliados aos Estados Unidos e também de nações neutras no conflito. A percepção dessa vantagem levou a uma contraproposta chinesa, com a exigência de retirada do bloqueio de Taiwan, reconhecimento da China comunista pelos Estados Unidos e seus aliados e destituição da posição da China nacionalista no Conselho de Segurança das Nações Unidas. Ou seja, a instância de deliberações para o cessar-fogo converteu-se em uma ampla conferência de reenquadramento do equilíbrio de poder na Ásia. Antes de qualquer tréplica, que foi aceita inclusive pelo representante norte-americano nas Nações Unidas, os chineses abandonaram e rejeitaram qualquer negociação.

A condição estratégica de vantagem da China prometia uma vitória decisiva e a expulsão de todas as forças não comunistas da península coreana, assim como a possibilidade de imposição de termos sem condicionantes e concessões. Esse foi o preâmbulo da preparação da "terceira ofensiva chinesa" na passagem de dezembro de 1950 para janeiro de 1951.

Nesse período, a coalizão das Nações Unidas contava com um contingente terrestre de 310 mil de um total de 500 mil soldados, se incluídos os efetivos das marinhas e das forças aéreas. Já a coalizão entre China e Coreia do Norte tinha um total de mais de 650 mil soldados, porém com um efetivo em campo de apenas 262 mil, sendo o restante – 336 mil – soldados das reservas que não eram de fato "aplicados" no teatro de operações.

Considerando-se essa correlação de forças e os contornos de uma guerra limitada, era de se esperar que os chineses convertessem sua atuação para uma defensiva estratégica, sustentando sua condição de vantagem no teatro de operações. Todavia, essa não foi a decisão tomada, e o caminho seguido pela China a partir daí resultou em fracassos e em nenhuma nova vantagem política para o país. Assim, a condução de operações imposta por Mao Tsé-Tung culminou em um desequilíbrio contínuo da correlação de forças, o que apenas favoreceu os objetivos políticos dos Estados Unidos.

Ainda que se aponte que o armistício de 1953 foi empate ou impasse, é importante levar em conta as condições políticas e estratégicas de ambos os países após a guerra. Por um lado, os Estados Unidos saíram muito fortalecidos. Durante e por causa da guerra contra a China, firmaram um tratado de paz com o Japão, convertendo-o em importante aliado, e efetivaram a diretiva presidencial NSC-49, que ofereceu os meios para contenção da União Soviética. Entre as medidas relacionadas, houve ainda a expansão e a consolidação da Organização do Tratado do Atlântico Norte (Otan). Por outro lado, a China teve enormes baixas, sua economia sofreu contração por quase duas décadas e o país tornou-se dependente e parcialmente subordinado à União Soviética, revertendo esse último cenário apenas após dois expurgos das Forças Armadas Chinesas e por meio do conflito sino-soviético de 1969.

Considerações finais

A guerra é um fenômeno sério e merece ser tratado com o maior rigor possível. Portanto, qualquer tratamento a ela conferido, na busca por compreendê-la, que seja pseudocientífico ou inconsistente com a definição científica contemporânea de conhecimento útil deve ser descartado. Igual postura deve ser adotada ante a subordinação desse entendimento da guerra a expedientes corporativistas, seja para a proteção de uma burocracia, seja para a consolidação de "tradições e valores".

Síntese

No presente capítulo, apresentamos a principal trajetória de produção de conhecimento sobre a guerra, buscando contrastá-la com alternativas reconhecidamente fracassadas. Com isso, oferecemos uma perspectiva mais ampla da teoria de Carl von Clausewitz, que ensejam um programa completo de estudo científico: demarca o fenômeno da guerra e as possibilidades de seu entendimento acumulado e com consequências positivas sobre a realidade; constitui um método de educação e pesquisa sobre a guerra; e, por fim, contempla um conjunto de conceitos operacionais que permitem a análise, a avaliação e a decisão sobre as possibilidade de uso e conduta das guerras.

CAPÍTULO 2
Geopolítica e estudos estratégicos

Conteúdos do capítulo:

- A relação entre guerra e geografia.
- Geografia e estratégia na formação do Estado e da cultura estratégica.
- Níveis da estratégia de Estado sob a perspectiva da geopolítica.
- Geopolítica e estudos estratégicos no caso brasileiro.

Após o estudo deste capítulo, você será capaz de:

1. compreender como o desenvolvimento do pensamento estratégico se articula com a geografia e, posteriormente, com a geopolítica;
2. analisar os níveis da estratégia dos Estados nas relações internacionais sob a ótica geopolítica;
3. debater criticamente sobre os principais desafios geopolíticos e estratégicos do Brasil contemporâneo.

PEDRO HENRIQUE LUZ GABRIEL[1]

"A guerra precede o Estado, a diplomacia e a estratégia por vários milênios" (Keegan, 1995, p. 19). Foi com essa afirmação que o historiador John Keegan iniciou uma breve análise crítica da mais conhecida proposição de Carl von Clausewitz: a guerra é a continuação da política por outros meios[2]. A crítica de Keegan aponta para a questão de que, para fazer sentido, a afirmação do oficial prussiano necessitava de pressupostos como a existência de Estados, dos interesses dos Estados e de cálculos racionais sobre como esses interesses poderiam ser atingidos; no entanto, Keegan desconsiderou a possibilidade de existência de estruturas pré-estatais ou grupos de interesse internos ao Estado que fossem ou sejam capazes de empreender a guerra[3].

De fato, lacunas no conhecimento humano são reveladas por meio da fragilidade de seus conceitos, e o termo *guerra* é um exemplo dessa situação. Não há uma definição específica de quando e onde ocorreu o primeiro evento que possa ser chamado de *guerra*

---

1   *As opiniões expressas neste texto são as do autor e não necessariamente representam a posição do Exército Brasileiro.*
2   *Há uma série de interpretações distintas sobre a frase escrita por Clausewitz, principalmente no que diz respeito à correta tradução da expressão – ver o que dizem Liddell Hart (2005, p. 403-406), Keegan (1995, p. 19) e Colin S. Gray (2016, p. 55). Gray, por exemplo, traduziu como: "A guerra é simplesmente uma continuação do intercurso político, com a adição de outros meios" (Gray, 2016, p. 55).*
3   *Para melhor entendimento da discussão entre Keegan e Clausewitz, um texto interessante é o de Diniz (2010).*

e provavelmente nunca haverá um consenso sobre isso[4]. O que se pode afirmar, contudo, é que a guerra é tão ou mais antiga do que a própria humanidade, a ponto de o professor britânico Lawrence Freedman (2013, p. 3), ao analisar as origens e a evolução da estratégia, iniciar sua argumentação explicando como chipanzés construíram coalizões, por vezes oferecendo comida, sexo e cuidados aos potenciais aliados como forma de prevalecer nos conflitos[5].

Recentemente, arqueólogos estudaram fósseis em Nataruk, na região do Lago Turkana, no Quênia, e apresentaram evidências de um evento ocorrido ainda na Pré-História e que poderia ser identificado como guerra, envolvendo humanos caçadores-coletores (Lahr et al., 2016, p. 394), muito antes, portanto, do surgimento do Estado como estrutura social, o que remete à ideia de que a guerra precede tal estrutura.

Na análise feita pelos arqueólogos, foram levantadas duas hipóteses. A primeira é a de que teria havido o encontro fortuito comum entre dois grupos de caçadores-coletores que entraram em um conflito violento, sem alterações significativas em seus modos de vida.

---

[4] *Jared Diamond (2017, p. 37) ilustra com desenvoltura o dilema vivido pela ciência ao mencionar: "Cada vez que alguns cientistas afirmam ter descoberto 'o mais antigo X' – em que X pode ser o primeiro fóssil humano encontrado na Europa, a primeira prova de cultivo de milho no México ou a coisa mais antiga encontrada em qualquer lugar –, o anúncio desafia outros cientistas a acharem algo ainda mais antigo". O mesmo pode ser dito sobre o primeiro evento a ser entendido como guerra.*

[5] *Freedman (2013) faz sua análise citando o pesquisador de primatas holandês Frans de Waal, o qual produziu extensa obra sobre comportamento social (e político) de chipanzés.*

A segunda hipótese é a de que os grupos teriam tido como motivação a disputa pela região do Lago Turkana, em sua porção ocidental, que, há cerca de 10 mil anos, caracterizava-se como um local fértil, capaz de sustentar uma "população substancial de caçadores-coletores". A presença de cerâmica junto aos fósseis seria um indicativo da capacidade de armazenamento, como de alimentos, por exemplo, desses grupos. Essa capacidade, por sua vez, apontaria para a possibilidade da redução da condição nômade dos caçadores-coletores, o que ampliaria o valor atribuído à região, gerando a possível disputa entre os referidos grupos.

Assim, o massacre em Nataruk poderia ser visto como resultado de uma invasão por recursos – território, mulheres, crianças, alimentos armazenados em vasos – cujo valor seria semelhante ao das sociedades produtoras de alimentos em que ataques violentos contra assentamentos e estratégias de defesa organizadas tornaram-se parte da vida. Nessa perspectiva, a importância do que aconteceu em Nataruk seria em termos de extensão da cronologia e grau das mesmas condições socioeconômicas subjacentes que caracterizam a guerra inicial em períodos mais recentes. (Lahr et al., 2016, p. 397, tradução nossa)

Nesse sentido, ao trabalharem com a segunda hipótese, os arqueólogos destacaram a disputa por um espaço geográfico e a aplicação de determinado poder (no caso, a violência) para conquistar esse espaço, ou ao menos para obter acesso a alguns de seus recursos. A aplicação de poder, em qualquer de suas formas, sobre um espaço geográfico é um dos principais elementos que caracterizam a geopolítica, sem, porém, defini-la por completo[6]. As bases teóricas sobre o que é e do que trata a geopolítica somente vieram à tona nos séculos XVIII e XIX.

A disputa por espaços geográficos por si só não caracteriza essencialmente o uso da estratégia. Mesmo que alguns dos aspectos desta se façam presentes, como a própria oposição de vontades ou o possível uso da força como solução do antagonismo, ainda faltam elementos que a definam plenamente.

Freedman (2013, p. 6) exemplificou essa definição insuficiente da estratégia com o caso clássico da guerra entre colônias de formigas, que apresenta um claro propósito: a luta por comida e por território. Entretanto, nesse caso, não há espaço para barganha ou negociação, não há uma trégua que possibilite a recomposição das forças. As formigas simplesmente ficam juntas, constituem uma massa superior e atacam constantemente até suplantarem as defesas inimigas e, quando vencem, levam a comida armazenada aos seus ninhos. A colônia derrotada é, enfim, morta ou expulsa[7].

O uso da estratégia, para aplicação do poder em qualquer de suas expressões, requer alguns elementos específicos, como avaliação,

---

[6] Mattos (2002, p. 33) define sinteticamente a geopolítica como "a política aplicada aos espaços geográficos sob a inspiração da experiência histórica". É interessante notar que Tuathail, Dalby e Routledge (1998, p. 1-2) mencionam, em seu texto introdutório (da primeira edição), que a geopolítica é mais bem entendida em seu contexto histórico e discursivo. Então, em sua descrição, eles partem do termo cunhado por Rudolf Kjéllen no contexto do imperialismo do início do século XIX, passando pelas teorias que ofereceram suporte ao nazifascismo e, posteriormente, ao balanço de poder da Guerra Fria, de tal forma que as constantes presentes na definição de Mattos são as mesmas, ou seja, política (poder em qualquer de suas formas), espaços geográficos e construção histórica. Em outras palavras, ao analisarmos os contextos citados por Tuathail, Dalby e Routledge, neles percebemos as mesmas constantes apontadas por Mattos.

[7] Para fazer essa analogia com as colônias de formigas, Freedman (2013) se utiliza do estudo de Bert Höllbroder e Edward O. Wilson, de 1994, intitulado Journey to the Ants: a Story of Scientific Exploration.

direção e organização. A estratégia pressupõe cálculos racionais e lógicos, inclusive considerando elementos como a moral, as emoções e as ambições humanas. Foi englobando todos esses aspectos que Clausewitz expôs sua trindade (povo, Forças Armadas e governo) e retratou de maneira ímpar seu modelo de guerra ideal. No entanto, essa visão de Clausewitz somente foi possível mediante a existência do Estado, organização social em que todos aqueles elementos há pouco citados se fizeram sentir com maior intensidade e com a nitidez teórica que o Iluminismo[8] proporcionou.

Hervé Coutau-Bégarie (2010, p. 43) escreveu em seu livro *Tratado de estratégia*:

> *No começo era a guerra, fonte de todas as coisas, como já dizia Heráclito: na origem de grandes movimentos ou regressões demográficas, de formidáveis acelerações técnicas, de subidas ao poder espetaculares ou de regressões irremediáveis. Ela é provavelmente, mais que qualquer outro fator, a matriz da História, como afirmaram inúmeros autores.*

Assim, o espaço natural foi e continua sendo um componente fundamental para que o homem fizesse a guerra e com ela emergissem o Estado e a estratégia. A dinâmica entre o ser humano e a natureza é uma das bases essenciais do conhecimento científico e configura-se como componente essencial também para o entendimento da relação entre a estratégia e a geopolítica, que será o foco principal deste capítulo.

---

[8] O historiador Peter Paret (2001, p. 276), no livro Construtores da estratégia moderna, apresenta uma explicação sucinta e bastante elucidativa sobre a tríade (ou trindade) da guerra e do modelo de guerra ideal de Clausewitz.

(2.1)
A GEOGRAFIA, A ESTRATÉGIA E A FORMAÇÃO DO ESTADO E DA CULTURA ESTRATÉGICA

A organização no uso da violência é o que talvez constitua o fator de distinção necessário ao entendimento da guerra nos termos como a conhecemos hoje. Foi com base nessa organização que surgiram os primeiros ensaios redigidos sobre a guerra em textos da Antiguidade, em obras como *A arte militar*, de Vegécio, e *A arte da guerra*, de Sun Tzu. Esses textos, entre outros da época, abordaram a temática de como deveria ser conduzida a guerra ainda sem o refinamento teórico das literaturas que vieram à tona a partir do século XVII e ganharam impulso durante os séculos XVIII e XIX, porém com a apresentação de considerações importantes sobre o papel da geografia[9] como fator para obtenção da vitória no campo de batalha.

Quando Sun Tzu escreveu *A arte da guerra*, aproximadamente entre 481 e 221 a.c., lançou cinco pressupostos[10] para se avaliar e prever o desfecho de uma guerra, entre os quais dois estão diretamente relacionados à condição geográfica: "o tempo", que corresponde à mudança no regime das estações e, portanto, está relacionado

---

9   Embora a geografia abranja um amplo espectro de estudos, muitas vezes sendo dividida em campos de atuação, como a geografia física e a humana, neste texto, ao falarmos em geografia, estamos nos referindo ao sentido que remete à parte física, como o relevo, a vegetação e as condições climáticas. Para maior compreensão sobre como o conceito de geografia se relaciona com os conceitos de geografia humana e geopolítica, sugerimos a leitura do Capítulo 1 da seguinte obra: FLINT, C. **Introduction to Geopolitics**. New York: Routledge, 2006.

10 Os pressupostos, ou "coisas", que se devem conhecer para prever o desfecho de uma guerra são: "Primeiro – Caminho" (ou método), "Segundo – Tempo", "Terceiro – Terreno", "Quarto – Liderança" (características humanas como sabedoria, sinceridade, humanismo, coragem e disciplina) e "Quinto – Regras" (organização, hierarquia e aprovisionamento regular) (Tzu, 2011, p. 27-28).

às condições climáticas, e "o terreno", que corresponde às distâncias, à facilidade de movimentação das tropas, abrangendo "os espaços abertos ou fechados e a possibilidade de sobreviver" (Tzu, 2011, p. 27). Além de dedicar um capítulo de seus escritos a uma classificação dos diversos tipos de terreno, ao descrever como deveria ocorrer a movimentação das tropas diante das possibilidades do inimigo, Sun Tzu (2011, p. 89) observou:

> *atravesse as montanhas e mantenha-se nos vales. Fique no alto, a favor da luz.*
>
> *Combata na colina, não suba para atacar. Isso basta para um exército acampado nas montanhas.*
>
> *Quando atravessar um rio, afaste-se logo da margem. Não lute contra o inimigo enquanto ele estiver na água; deixe metade de seu exército sair e então, ataque-o.*

No Ocidente, Vegécio, cerca de 300 d.C., ao testemunhar a progressiva decadência romana, procurou escrever um tratado que resgatasse os métodos do exército do Império Romano como exemplo de organização. Mesmo sendo a organização militar em si o foco de Vegécio, são vários os trechos em que o autor destacou as condições geográficas como condicionantes que devem ser observados em batalha ou na fortificação de cidades. Cabe ressaltar que Vegécio ainda dedicou um capítulo à guerra naval, preocupando-se com as condições do vento, o regime de marés e a influência de outros elementos da geografia física.

> *As cidades e castelos são fortificados pela natureza, pela mão humana ou por ambos os fatores. Considera-se a terceira solução mais válida.*

Pela natureza, graças a pontos elevados, escarpados ou próximos do mar, pântanos, ou rios; pela mão humana, graças a fossos ou muralhas.

Quem prefere os primeiros encontra segurança na localidade que oferece vantagens naturais; mas, em se tratando de terrenos planos, exige-se maior habilidade do construtor.

Vemos cidades muito antigas que, embora estruturadas em campo aberto, foram-no com tamanha argúcia que, sem a ajuda do terreno, tornaram-se ainda assim inexpugnáveis em virtude de artifícios e obras. (Vegécio, 1995, p. 126)

Tanto na obra de Sun Tzu como na de Vegécio, é possível notar o caráter prescritivo ao se descrever como os chefes militares deveriam conduzir a guerra e utilizar o terreno para a obtenção de vantagens sobre o inimigo, o que evidencia a geografia física como relevante fator que modela o comportamento humano para a guerra, conforme afirmamos antes.

De outra maneira, a formação dos Estados e o desenvolvimento das cidades passaram a transformar a natureza por meio da construção de fortificações, alterando a paisagem geográfica. Assim, o processo de estruturação do Estado foi o grande articulador da organização da violência, por meio das cidades e de suas necessidades em termos de segurança. O Estado foi determinante tanto para o aparecimento do pensamento da tática e da estratégia quanto para a sua posterior teorização.

O historiador, sociólogo e cientista político Charles Tilly (1996, p. 46) afirmou que, em "algum momento entre 8000 e 7600 a.C., o povoado que mais tarde receberia o nome de Jericó possuía um templo e casas de pedra", sendo que, "nos mil anos seguintes, adquiriu uma espessa muralha e construções diferenciadas", ou seja, Jericó passou a ser um dos exemplos da modificação do espaço geográfico em virtude de uma demanda de segurança, por meio da construção de fortificações.

O modelo de formação de Jericó se repetiu em inúmeras outras cidades que, de alguma forma, necessitavam proteger suas populações, seus víveres e suas riquezas contra invasões, incursões e saques de toda ordem. Tilly (1996, p. 46) resumiu o fenômeno de aparecimento das cidades e dos Estados da seguinte forma: "Cidades plenamente desenvolvidas e estados identificáveis emergiram, então, mais ou menos no mesmo instante da história do mundo, um momento de grande expansão da capacidade humana de criar e destruir".

Em outras palavras, os dois modos de usar o espaço geográfico – a utilização do terreno para empreender guerras e a alteração da paisagem geográfica por meio de fortificações – foram elementos formadores do Estado, desde suas formas mais básicas até, com o passar dos tempos, se tornarem cada vez mais complexas. Foi nesse sentido que Charles Tilly (1996, p. 46) definiu o Estado como

> *aquelas organizações que aplicam coerção, distintas das famílias e dos grupos de parentesco e que em alguns aspectos exercem prioridade manifesta sobre todas as outras organizações dentro de extensos territórios. O termo abrange, portanto, as cidades-estado, os impérios, as teocracias e muitas outras formas de governo, mas exclui como tais as tribos, as linhagens, as firmas e as igrejas.*

Na definição de Tilly, é possível perceber a questão do poder coercitivo como componente importante, se não fundamental, para o processo de formação dos Estados. Foi, portanto, diante dessa condição que o professor de história internacional e militar Daniel Moran (2010, p. 126, tradução nossa) afirmou que os exércitos (terrestres) constituem a forma de poder militar proeminente em quase todos os lugares e que, "históricamente, exércitos e Estados se criaram mutuamente".

Neste ponto, é importante observar que os Estados não se desenvolveram de maneira uniforme em todos os lugares. As condições ambientais e geográficas de cada local, entre outros aspectos, influenciaram e ainda influenciam a forma como cada estrutura estatal foi constituída, cada qual com sua história, cultura e demandas de segurança. Por sua vez, as condições geográficas interferiram também nas formas de combater, de construir fortificações, de desenvolver Forças Armadas e mesmo nos equipamentos bélicos usados pelos soldados. Essa é a base do que, posteriormente, já no século XX, foi chamado de *cultura estratégica*, que, segundo Coutau-Bégarie (2010, p. 323, grifo nosso),

> *é o produto de um conjunto de fatores dos quais nenhum é verdadeiramente único, por consequência, as mesmas funções se reencontram, em diversos graus, quase todos em países e em quase todas as épocas, mas cuja combinação chega a um resultado específico. Os autores variam, consideravelmente, ao enunciar esses fatores determinantes.* **Há um consenso sobre a influência da geografia e da história.** *As divergências começam a partir de quando se tenta precisar e aprofundar.*
>
> *Dizer que a cultura estratégica é o produto de uma* **situação geográfica ou geopolítica evidencia uma verdade trivial.** *A posição de um país, sua extensão, seus recursos, suas defesas naturais ou, ao inverso, suas vulnerabilidades vão condicionar mais do que qualquer outro fator, sua história e, particularmente, sua história militar.*

Obviamente, a citação de Hervé Coutau-Bégarie está em outro contexto, já às portas do século XXI[11], momento em que a formação e o desenvolvimento dos Estados já abarcavam outras condicionantes. No entanto, não podemos descartar que a afirmação do articulista francês é uma constatação do papel da geografia e da geopolítica na forma de pensar e de agir, em termos estratégicos, por parte de uma determinada cultura.

Ainda que o conceito de cultura estratégica tenha surgido pela primeira vez em um relatório da RAND (Research and Development Corporation) de 1977 intitulado *The Soviet Strategic Culture: Implications for Limited Nuclear Operations*, de autoria de Jack Snyder, conforme Coutau-Bégarie (2010, p. 319-320), há antecedentes bem mais antigos, como Wu Zi na Antiguidade chinesa, Públio Cornélio Tácito no Império Romano[12], entre outros tantos estrategistas que estudaram seus inimigos e suas respectivas culturas com vistas a obter vantagens no campo de batalha.

Segundo o professor Colin S. Gray (2006b, p. 139, tradução nossa)[13], "a cultura estratégica pode ser entendida como um conjunto de atitudes socialmente transmitidas, crenças e procedimentos preferenciais que os membros de uma sociedade aprendem, praticam e ensinam aos novos membros". Nesse sentido, a cultura estratégica de uma comunidade ou sociedade não tem somente a geografia como fonte, mas uma série de outros aspectos. Conforme explicaram Lantis

---

11 Aqui nos referimos ao texto original de Hervé Coutau-Bégarie, Traité de strategie, *publicado pela primeira vez em 1999, e não à tradução para a língua portuguesa lançada no Brasil em 2010, indicada na bibliografia deste trabalho.*

12 Ao citar Wu Zi, Coutau-Bégarie *faz referência à obra* The Seven Military Classics of Ancient China, *de Ralph D. Sawyer (1993), e, ao citar Tácito, à obra* Les limites de l'empire, *de Pierre Laederich (sem data).*

13 *A referência está datada de 2006, porém trata-se de uma republicação de artigo de 1991.*

e Howlett (2010, p. 89-91), em linhas gerais a cultura estratégica é o resultado de diversas condições, como clima, recursos naturais, experiência histórica específica daquela comunidade, estrutura e sistema políticos, organizações militares, seus símbolos e mitos, contexto externo, entre outras.

Gray, assim como Coutau-Bégarie, redigiu seus textos em um contexto muito posterior ao dos exemplos mencionados neste trabalho até o momento. Para eles, autores dos séculos XX e XXI, a noção de Estado é muito mais nítida, até em virtude da existência, nos períodos em questão, de Estados nacionais, cuja definição se distingue do conceito de Estado de Charles Tilly, já mencionado neste capítulo. Para termos uma ideia, o título do texto de Gray, *Geography and Grand Strategy*, já traz implícita a noção de Estado ao se referir à *grande estratégia*, termo cunhado por Basil Liddell Hart para diferenciar a estratégia de Estado da de outros níveis. De acordo com Hart (2005, p. 406), "O termo 'grande estratégia' serve para dar o sentido de 'execução de uma política', pois seu papel é o de coordenar e dirigir todos os recursos de uma nação ou de um grupo de nações, para a consecução do objetivo político, visado com a guerra, que é definido pela política".

É por essa razão que, em grande medida, há certa dificuldade de se encontrar um conceito único de estratégia. De igual modo, há certa confusão ao se discernir estratégia de vários outros conceitos que surgiram para tentar diferenciar seus níveis, com os quais, de alguma forma, se procurou delimitar, em teoria, a ação dos diversos entes que tomam parte da guerra. Nesse sentido, alguns autores propuseram a distinção entre estratégia política e estratégia militar; outros, entre grande tática, nível ou arte operacional[14].

Clausewitz, por exemplo, encontrou uma solução para a questão da delimitação entre a tática e a estratégia ao definir um modelo segundo o conceito de engajamento: "De acordo com a nossa classificação, portanto, a tática ensina o emprego das forças armadas no engajamento. A estratégia, a utilização dos engajamentos para atingir o propósito da guerra" (Clausewitz, 1996, p. 138).

É preciso ressaltar que, para Clausewitz, a guerra deve obedecer ao propósito político e, mesmo que a destruição do inimigo seja algo desejável para a obtenção de uma vitória completa, isso pode não ser o único meio de se atingir o propósito político pelos quais a guerra é travada. Desse modo, "esses outros propósitos podem tornar-se também o propósito de determinadas operações militares e, assim, o propósito dos engajamentos" (Clausewitz, 1996, p. 138).

Ou seja, *grosso modo*, o nível político, para Clausewitz, como componente determinante do objetivo a ser atingido pela guerra, por meio da estratégia em sua "sucessão de engajamentos", é um fator proponderante a ser considerado pois influencia todas as demais instâncias decisórias.

Colin S. Gray (2016, p. 40-41)[15], ao definir a estratégia como "a ponte que liga o poder militar ao propósito político" e compará-la com a definição de Clausewitz, assim se pronuncia:

---

14 *Para verificar como alguns autores trabalham essa divisão, especialmente quando se trata das relações civis-militares ou da relação do poder político com o poder militar, ver Basil Liddell Hart (2005, p. 404-409), André Beaufre (1998, p. 37-39) e Hervé Coutau-Bégarie (2010, p. 89-115).*

15 *O texto original data de 1943.*

> *Amplamente traduzido, ele [Clauzewitz] nos conta que estratégia é o **uso de ameaças tácitas e explícitas**, assim como de reais batalhas e campanhas, para dar avanço a propósitos políticos. Além disso, **a estratégia em questão pode não ser estratégia militar; ao contrário, pode ser uma grande estratégia que use "engajamentos"**, significando todos os instrumentos relevantes de poder como ameaça ou emprego, para os objetivos da estadística.* (Gray, 2016, p. 41, grifo nosso)

Dessa forma, se compararmos o que Gray interpretou das palavras de Clausewitz com a definição de grande estratégia de Liddell Hart aqui apresentada, por exemplo, encontramos uma definição mais abrangente e completa em Clausewitz, sem, no entanto, ser demasiadamente vaga. A estratégia, para ser trabalhada em termos geopolíticos, abarca necessariamente ações políticas que vão além do campo militar, além da preparação para a guerra, mas também considera, em grande medida, essas outras ações. Assim, como já mencionado neste texto, a geografia é um pressuposto para a formulação estratégica, desde os seus níveis mais elementares, sendo possível constatar uma interação entre os conceitos aqui trabalhados, quer dizer, uma dinâmica entre a geografia e a estatística.

Guardadas as diferenças de contexto entre os escritos de Gray, Coutau-Bégarie e os exemplos que citamos de Sun Tzu e Vegécio e mesmo Clausewitz, o fato que precisa ficar claro é como, desde os níveis mais elementares do combate individual, passando pela tática e chegando até os mais complexos, a geografia se traduz em fator basilar e relevante na origem e no desenvolvimento da estratégia e do próprio Estado, tendo como fio condutor a história e como produto a cultura estratégica.

A geopolítica, como parte da geografia humana, justamente por ter como foco de análise a dinâmica entre espaço (geográfico) e poder, está, assim, intrinsecamente relacionada à estratégia, dada a sua correlação com a aplicação do poder propriamente dito (sob quaisquer de suas formas), ou, como resumiu o analista Robert D., "a geografia é o próprio fundamento da estratégia e da geopolítica" (Kaplan, 2013, p. 62).

(2.2)
O Estado nacional, os níveis da estratégia e a geopolítica

Para uma compreensão adequada da correlação entre os estudos estratégicos e a geopolítica, é preciso antes discernir a qual nível da estratégia necessariamente estamos nos referindo.

A palavra *estratégia* era utilizada pelos gregos na Antiguidade, ainda nos tempos das estruturas pré-estatatais, para representar a arte ou as habilidades do general, denominado *estratego* (*strategós*), que era aquele que praticava a estratégia. Essa função apareceu em Atenas no século V a.C.: as tribos elegiam dez estrategos, que, por sua vez, formavam um colegiado, com um deles exercendo a chefia sobre os demais. Contudo, nos textos gregos, mesmo nos séculos posteriores, não há uma distinção sistemática entre os níveis da estratégia (Coutau-Bégarie, 2010, p. 52; Heuser, 2010, p. 4).

A distinção entre os níveis da estratégia somente apareceu no Ocidente a partir dos séculos XVI e XVII, fruto das intensas modificações que estiveram em curso nesse período e que se refletiram de forma substancial principalmente no século XVIII, tanto no campo essencialmente militar como no político. Textualmente, figurou, a partir de 1721, nos escritos do General Guibert e, mais especificamente no que se refere à subordinação da tática em relação à estratégia, a partir dos escritos e traduções de Paul-Gédéon Joly de Maizeroy, em 1771 (Coutau-Bégarie, 2010, p. 55; Heuser, 2010, p. 5). Foram mudanças profundas e que não se limitaram aos exércitos, mas que afetaram toda a administração do Estado.

> *No século XVII, ocorreu crescimento sem precedentes dos exércitos e avanços nos princípios do controle e da administração com ordem. Nele houve maior ênfase na disciplina, criação de uma hierarquia mais complexa de unidades táticas e de cadeias de comando mais definidas, transformação de líderes militares em funcionários públicos, colocação da força armada a serviço do governo.* (Palmer, 2001, p. 133-134)

A necessidade de fazer a distinção entre os níveis de condução da guerra emergiu em meio a um período crítico da construção do Estado nacional, justamente em seu surgimento, período este em que os Estados deixaram seu caráter monárquico para dar campo ao nacionalismo. Mais uma vez, uma definição nos foi apresentada de forma sucinta mas bastante elucidativa pelo historiador Charles Tilly (1996, p. 47, grifo nosso):

> *Durante a maior parte da história, os estados nacionais – aqueles que governam múltiplas regiões adjacentes e as suas cidades por intermédio de estruturas centralizadas, diferenciadas e autônomas – surgiram muito raramente. A maioria deles eram não nacionais: impérios, cidades-estado, ou algo semelhante*[16]. *[...]*

---

16 *Charles Tilly faz ainda uma distinção entre os termos* Estado nacional *e* Estado-nação. *O Estado-nação seria "um estado cujo povo compartilha uma forte identidade linguística, religiosa e simbólica" (Tilly, 1996, p 47), podendo-se citar a Suécia e a Irlanda como casos que se aproximam desse modelo, ao passo que pouquíssimos Estados nacionais poderiam ser classificados como Estados-nação. Grã-Bretanha, França, China e a antiga URSS são interpretados por Tilly como sendo Estados nacionais.*

Somente nos últimos séculos é que os estados nacionais enxamearam o mapa do mundo com seus territórios separados um do outro, inclusive as colônias. Somente a partir da Segunda Guerra Mundial é que quase o mundo inteiro passou a ser ocupado por estados nominalmente independentes cujos governantes reconhecem, mais ou menos, a existência mútua e o direito de existência dos demais.

Em outras palavras, a estrutura social que, mais tarde, protagonizou no papel de grande articulador da estratégia (na acepção clausewitziana) foi o Estado nacional, mas isso somente ocorreu nos séculos mais recentes, ou seja, durante o processo de formação dessa estrutura e após. Cabe a ressalva de que outras estruturas sociais mais antigas, como o Estado dinástico ou Estados não nacionais e mesmo estruturas não nacionais, continuaram a existir simultaneamente ao Estado nacional.

No campo militar, esse processo crítico de formação do Estado nacional coincidiu justamente com o início do sistema de conscrição, pois, como efeito da Revolução Francesa, os exércitos deixaram de ser exclusivamente dos reis e passaram a ser compostos pelos chamados *cidadãos-soldados*, conforme apontado por Liddel Hart (2005, p. 138) ao mencionar como o espírito revolucionário inspirava os cidadãos-soldados da França.

As guerras, então, deixaram de ser dinásticas e passaram a ser nacionais[17], ou, como descreveu Sheehan (2010, p. 46, tradução nossa),

---

17 Parafraseando o texto de Robert Roswell Palmer (2001) intitulado "Frederico, o Grande, Guibert, Bülow: da guerra dinástica à guerra nacional", capítulo publicado na obra Construtores da estratégia moderna.

> *O enorme exército francês produzido pela conscrição foi mais do que uma versão maior de um típico exército do século XVIII. As circunstâncias em que foi criado o fizeram diferente tanto em tipo como em tamanho. Ele representou a nação em armas, e uma nação marcada pelo fervor ideológico e patriótico. Isso contribuiu de forma crucial para a mudança na natureza da guerra.*

O colossal aumento dos efetivos obrigou a França, e posteriormente os demais Estados, a colocar em prática diversas modificações nas estruturas dos exércitos, como a organização em divisões, sendo estas partes autônomas do exército que operavam separadamente, mas que poderiam ser conjugadas para a conquista de um mesmo objetivo (Hart, 2005, p. 139). Para termos uma ideia do aumento de efetivo dos exércitos no período, Maurice de Saxe, "um dos maiores generais franceses da Era da Razão", afirmou que "50.000 homens era o efetivo máximo prático de um exército" (Sheehan, 2010, p. 44, tradução nossa). Entretanto, em 1812, Napoleão Bonaparte invadiu a Rússia com um efetivo próximo a 600.000 homens, sendo que, ao todo, na Europa havia mais de 1 milhão de soldados a serviço do imperador francês, distribuídos por um território que compreendia da Espanha até a Rússia (Sheehan, 2010, p. 44; Keegan, 1995, p. 359).

O tamanho dos exércitos se fez sentir para além do campo militar. A ameaça efetiva que eles passaram a representar ao poder político dos Estados, nacionais ou não, ampliou de forma significativa as preocupações políticas dos governantes.

> *Depois de 1792, combinados, eles revolucionaram a arte dos conflitos armados, substituindo a guerra "limitada" do* Ancien Régime *pela "ilimitada" dos períodos subsequentes. A transição veio com a mudança da forma do estado, de dinástico para nacional, e foi consequência da Revolução Francesa.*

[...] *A partir dela, tornou-se progressivamente um conflito entre povos, passando a ser cada vez mais "total".* (Palmer, 2001, p. 134)

A política, que inegavelmente já estava presente nas guerras, ganhou de novo a conotação da Antiguidade Clássica, pois dela dependia a própria sobrevivência do Estado, este com suas fronteiras cada vez mais definidas. Tal fato passou a ser gradativamente mais observado pelos autores dos estudos da guerra, como Carl von Clausewitz (1780-1831), com seu conceito de guerra total (e abstrata), e Antoine-Henri Jomini (1779-1869), assim como pelos primeiros autores em geopolítica, como Friedrich Ratzel (1844-1904) e Rudolf Kjéllen (1864-1922), todos com algum grau de influência do Iluminismo.

Liddell Hart (2005, p. 406)[18] propôs uma articulação da estratégia em três níveis: 1) a grande estratégia; 2) a estratégia; e 3) a tática. A grande estratégia é caracterizada como o nível mais elevado, cuja função é "coordenar e dirigir todos os recursos de uma nação ou de um grupo de nações, para a consecução do objeto político, visado com a guerra, que é definido pela política". Já a estratégia é concebida como "a arte de distribuir e aplicar os meios militares para atingir os fins da política" e, por fim, a tática é entendida como a aplicação da estratégia em um escalão mais baixo.

Além disso, Liddell Hart preocupou-se em definir a correlação entre os níveis, pois, embora haja uma hierarquia entre eles, existe uma interação que dificulta a identificação de seus limites. Para ele, a grande estratégia tem como objetivo a "execução de uma política", ao passo que a estratégia já requer um "campo especializado", na prática, um campo militar, pois "a estratégia se interessa não somente

---

18   As definições originais de Liddell Hart datam da década de 1920.

pelo movimento das forças, como também pelo efeito provocado pelo seu emprego"; por sua vez, as medidas tomadas para controlar a ação do instrumento militar caracterizam a tática (Hart, 2005, p. 406).

Outros autores posteriormente trataram dos níveis da estratégia por nomes diferentes, como o general francês André Beaufre (1998, p. 37)[19], que chamou a "grande estratégia" de Liddell Hart de "estratégia total" e a "estratégia" de "estratégia operacional", mantendo a denominação de "tática" para o terceiro nível. De qualquer forma, para efeito deste trabalho, interessa particularmente a grande estratégia ou estratégia nacional, quando envolve o poder político e a estratégia militar (ou somente a estratégia, para Liddell Hart).

O poder político do Estado vai operar, em termos geográficos, em uma área muito maior e mais abrangente do que os demais níveis, uma vez que cabe ao poder político traçar os objetivos que deverão ser alcançados pela estratégia nacional (ou grande estratégia) e definir os meios que serão empregados para efetivá-los, com base em um cálculo que considera os recursos e os custos necessários.

O Estado pode empregar diversos meios e formas de ação, como a negociação comercial e diplomática, os recursos militares e as várias formas de pressão política e econômica. No caso dos meios militares, só a capacidade de possuí-los e de poder empregá-los já pode funcionar como uma forma de pressão, como o posicionamento de tropas, a capacidade de projeção de poder de combate por meio de embarcações como navios-aeródromos e forças anfíbias, os meios de lançamentos aeroespaciais e outros no próprio espaço geográfico e, mais recentemente, a atuação no espaço cibernético.

A amplitude estratégica que cada Estado consegue atingir em determinado período depende das capacidades que ele tem, em razão

---

19 *Originalmente publicado na França em 1963.*

da concentração de poder que sua própria construção histórica lhe permitiu alcançar ao longo do tempo, com o aproveitamento das janelas de oportunidades dentro do sistema internacional. O chamado *ordenamento internacional* é justamente um dos maiores indicadores da concentração de poder de certo Estado, isto é, quanto mais poderoso for esse Estado, em qualquer dos campos do poder, maior será sua capacidade de aplicar tal poder em meio ao espaço geográfico, sendo, então, nesse contexto que se inserem as teorias geopolíticas.

O comportamento mais comum dos Estados é o de procurar concentrar cada vez mais poder, ao passo que os Estados que já dispõem de uma condição desejável de poder, em linhas gerais, buscarão manter o *status quo*.

(2.3)
O CASO BRASILEIRO

A construção histórica do Estado brasileiro não seguiu exatamente todos os passos de formação do Estado nacional como descritos neste capítulo até o momento. O processo de colonização europeu em todo o continente americano, a partir do final do século XV e início do século XVI, trouxe o efervescente processo de formação do Estado nacional direto para o Novo Mundo, entremeando-se ao desenvolvimento das sociedades que ali existiam.

Nesse contexto, o Brasil vivenciou um intenso processo de transformação ao ser colonizado por Portugal, do qual herdou em grande medida a religião, o idioma, a arquitetura, as expressões culturais, os modelos institucionais, sua burocracia, seu pensamento estratégico e geopolítico, abarcando toda a sua complexidade.

> *O poder monárquico da metrópole de ambos os países [Portugal e Espanha] desempenha um papel decisivo na conformação das*

estruturas socioeconômicas, institucionais, políticas e culturais da América hispano-portuguesa. É um fator constitutivo da dependência externa que se impõe à região, e da organização e dinâmica da sociedade colonial. Determina, assim, características e tendências que perduram, modificadas em maior e menor grau, para além desta fase inicial. Ambas as coroas imperiais assumem o papel essencial de transmissão de um tipo de organização e cultura europeias nas Américas Central e do Sul. (Kaplan, 1976, p. 55, tradução e grifo nosso)

Em um contexto ainda mais específico, as colônias também importaram a rivalidade que marcou as disputas territoriais e por poder entre portugueses e espanhóis, ocasionando o processo que culminou nas Grandes Navegações e se traduziu na América nas diversas questões de delimitações fronteiriças.

Foi nesse processso que nasceu o pensamento geopolítico brasileiro, mesmo na condição de colônia, sendo inicialmente moldado pela disputa territorial com as colônias espanholas, na busca pelo estabelecimento dos limites fronteiriços. É por isso que autores em geopolítica como Carlos de Meira Mattos costumam citar Alexandre de Gusmão pelo sucesso nas negociações do Tratado de Madri de 1750; José Bonifácio pela ideia de transferir a capital, já no Brasil Império, para o Planalto Central como forma de povoar o meio-oeste brasileiro; o Visconde do Rio Branco e posteriormente seu filho, o Barão do Rio Branco, por suas ações nas diversas questões arbitrais de limites do Brasil com seus vizinhos[20].

---

20 Em mais de uma oportunidade, Carlos de Meira Mattos cita os primórdios da geopolítica na história do Brasil, mas seu principal texto sobre o assunto está no livro Brasil: geopolítica e destino, *de 1975, no qual inclusive descreve os diversos planos para a povoação do interior do país e analisa a necessidade de integração do espaço geopolítico nacional.*

Mesmo com as mudanças de contexto ao longo dos séculos XIX, XX e até mesmo XXI, o pensamento geopolítico brasileiro teve como tema recorrente a formação e a consolidação do espaço territorial do Brasil como precondição para a projeção de poder do país no contexto internacional, primordialmente no continente sul-americano.

Essa movimentação teórica, segundo autores como Miyamoto (1981, p. 79) e Child (1979, p. 90), iniciou-se na década de 1930 com obras de Everardo Backheuser e do Capitão Mário Travassos. Este último, com sua teoria dos antagonismos sul-americanos, buscou neutralizar uma já consolidada influência da Argentina sobre o Paraguai e a Bolívia, que já haviam realizado uma ligação ferroviária e hidroviária entre La Paz e Buenos Aires, passando pelo Paraguai, facilitando o escoamento da produção dos países mediterrâneos. A proposta de Travassos era interligar a Bacia Amazônica ao triângulo Sucre/Santa Cruz de la Sierra/Cochabamba e, dessa forma, conectar a rica região boliviana ao Atlântico, neutralizando a influência platina.

De forma semelhante, embora em outro contexto, Golbery do Couto e Silva preocupou-se com o que chamava de *áreas anecúmenas* (isto é, despovoadas) do território nacional, principalmente no noroeste e no norte do Brasil, onde o poder do Estado brasileiro não se fazia presente, propondo para tal uma "manobra geopolítica" da seguinte forma:

> *1° articular firmemente a base ecumênica de nossa projeção continental, ligando o Nordeste e o Sul ao núcleo central do país; ao mesmo passo que garantir a inviolabilidade da vasta extensão despovoada do interior pelo tamponamento eficaz das possíveis vias de penetração;*
>
> *2° impulsionar o avanço para noroeste da onda colonizadora, a partir da plataforma central, de modo a integrar a península centro-oeste no todo ecumênico brasileiro (para o que se combinarão o processo da mancha de*

azeite preconizado por Lyautey e o dos núcleos avançados atuando como pontos de condensação);

3º inundar de civilização a hileia amazônica, a coberto dos nódulos fronteiriços, partindo de uma base avançada constituída no Centro-Oeste, em ação coordenada com a progressão E-O segundo o eixo do grande rio.
(Silva, 1981, p. 47)

No âmbito internacional, Golbery adotou a ideia de que o Brasil deveria ter uma postura de alinhamento natural com os EUA no contexto da Guerra Fria, em virtude de laços culturais e da percepção do valor estratégico do Brasil no Atlântico Sul, mas que tal alinhamento deveria ser sempre negociado. A ideia era a adesão ao Sistema de Defesa do Ocidente idealizado por Nicholas Spykman[21], cabendo ao Brasil a responsabilidade pela defesa do Atlântico Sul.

Outro autor importante para o entendimento do pensamento geopolítico do período é o General Carlos de Meira Mattos, citado anteriormente, que tem uma obra mais longeva e, assim, retratou uma alternância de contexto em relação a Golbery já com o fim da Guerra Fria.

Com base no binômio "segurança e desenvolvimento" da Escola Superior de Guerra (ESG), instituição onde tanto Meira Mattos

---

21 Autor da teoria das fímbrias *(ou* rimland*), que, inspirada na teoria do* heartland, *do geógrafo britânico Halford Mackinder, influenciou a chamada* estratégia de contenção dos EUA, *formulada por George Kennan, em relação à expansão do comunismo soviético no decorrer da Guerra Fria. A ideia era o domínio direto, ou por meio de alianças, das áreas que circundavam o Leste Europeu e a União Soviética, o que, grosso modo, pode ser comparado à área pivô de Mackinder. Foi com base nessa estratégia que foram formulados os acordos que originaram alianças militares como a Organização do Tratado do Atlântico Norte (Otan), a Organização do Tratado do Sudeste Asiático (Otase) e o Tratado Interamericano de Assistência Recíproca (Tiar), bem como houve o envolvimento dos EUA na Guerra do Vietnã.*

como Golbery estudaram ou foram instrutores em algum momento, o desenvolvimento nacional (econômico e social) se configurava como o suporte à segurança do Estado e, portanto, uma estratégia no sentido enfocado neste trabalho.

Meira Mattos revela a preocupação com as linhas de comunicação do Brasil ao discorrer sobre as dificuldades que o Império encontrara ao mobilizar tropas para a expulsão dos paraguaios quando eles invadiram o Mato Grosso no transcurso da Guerra da Tríplice Aliança (1864-1870). A ineficiência das comunicações terrestres havia ficado comprovada pela expedição militar que demorara mais de um ano para percorrer o itinerário de São Paulo ao Mato Grosso, sendo que aproximadamente metade do efetivo pereceu no caminho, em face das dificuldades do sertão, comprovando-se, então, que o único acesso para se chegar aos rios formadores do Rio da Prata se dava por Buenos Aires e Assunção. Tal fato reforçou a ideia de que as ligações terrestres eram ineficientes para a defesa do imenso território brasileiro (Mattos, 1975, p. 131).

A análise de Meira Mattos, voltada para o desenvolvimento do Estado como necessidade militar e que se faz presente pela construção de eficientes linhas de comunicação e transporte, está alinhada com as preocupações de Travassos em relação à influência argentina na década de 1930 e com as de Golbery quanto aos vazios demográficos. Contudo, tal análise faz sentido principalmente se pensarmos que Halford Mackinder, ao formular a teoria do *heartland*, no caso do Império Britânico, concedeu grande importância à construção das ferrovias que cortaram o vasto território russo (Mackinder, 1904, p. 424) e à ligação Berlim-Bagdá, como possível ameaça de um poder terrestre eurasiano em condições de se contrapor ao poder naval britânico (Mello, 1999, p. 51).

Conforme assinalado pelo historiador William McNeill (2014, p. 267), as ferrovias desenvolvidas com a Revolução Industrial na Europa, mesmo no que chamou de "início da industrialização da guerra, entre 1840-1884", mostraram-se capazes de movimentar homens, armas e suprimentos em escalas sem precedentes. Por isso, na ótica de Meira Mattos, a ineficiência das linhas de comunicações terrestres no Brasil já deveria ter sido uma lição aprendida após a Guerra da Tríplice Aliança, sendo alvo de seu entusiasmo, em vários de seus livros e artigos, a possível realização dos diversos planos de viação nacional produzidos desde o Brasil Império. Assim, Meira Mattos sugeriu a "vertebração" do território nacional como forma de garantir que a construção histórica empreendida pela colonização portuguesa na América do Sul fosse preservada, de modo a assegurar o desenvolvimento de todas as potencialidades nacionais e transformar o Brasil em uma grande potência.

No contexto internacional, Meira Mattos a princípio defendeu[22], da mesma forma que Golbery, a adesão do Brasil ao Sistema de Defesa do Ocidente postulado por Spykman. No entanto, os rumos tomados pela política externa dos EUA no período decepcionaram pelo retardamento e ineficiência de uma política de assistência econômica e social para a América Latina, simbolizada pelas dificuldades em concretizar a Operação Pan-Americana (OPA) e pelas trativas na década de 1970, por parte do governo dos EUA, para impedir o Brasil de ter acesso à tecnologia nuclear. A partir de então, pelas obras de Meira Mattos, é possível identificar uma substancial redução do apoio e propagação do discurso de aproximação com os EUA. De igual forma, podemos perceber o crescimento da ideia de integração sul-americana, em especial no projeto de uma Pan-Amazônia como forma de congregar

---

22 *No livro* Projeção mundial do Brasil, *de 1958.*

os oito países da região e promover, finalmente, a integração daquele espaço ao projeto de desenvolvimento nacional.

A geopolítica brasileira focalizou ainda uma série de outros temas, não somente pelas mãos de militares, mas pelas de geógrafos e historiadores, como o professor Carlos Miguel Delgado de Carvalho e a professora Therezinha de Castro. Delgado de Carvalho, por exemplo, contribuiu para a mudança do enfoque da geografia no início do século XX (Miyamoto, 1995), "até então preocupada apenas com o simples arrolamento de dados, alicerçando seus estudos nos fatores povo, Estado, posição e fronteiras" (Freitas, 2004, p. 16).

Já Therezinha de Castro produziu extensa obra nos campos das relações internacionais e da geopolítica entre 1960 e 1999, abordando considerável amplitude de temas, como a reivindicação do espaço brasileiro no continente antártico, as relações com a costa ocidental da África e a Comunidade de Países de Língua Portuguesa (CPLP).

Ainda sobre a professora Therezinha de Castro, entre suas abordagens, destaca-se um tema nelas recorrente e que nos interessa neste capítulo – sua preocupação com a questão da Amazônia como espaço territorial ainda a ser integrado ao restante do Brasil.

É nesse sentido que a linha mestra do pensamento estratégico brasileiro esteve quase sempre atrelada à ideia de consolidação da ocupação territorial, como revela a preocupação da formulação teórica dos autores que escreveram sobre geopolítica. Ou seja, para o Brasil cumprir seu destino como uma potência, ele deveria ser capaz de integrar seu próprio *heartland* e ser um fator de estabilidade e segurança do Atlântico Sul e na África Ocidental; a liderança sul-americana seria, assim, uma consequência.

Considerações finais: opções estratégicas

Em uma artigo intitulado *Geografia e grande estratégia*, originalmente publicado em 1991, Colin S. Gray afirma que nada provou ser mais arraigado e persistente do que a geografia, como um limitador do poder dos Estados, tomando o cuidado de dizer que, ao se tentar explicar a influência direta ou indireta da geografia sobre o Estado e a estratégia, há sempre o risco do determinismo para "emboscar" os incautos (Gray, 2006b, p. 137).

Em outra interessante passagem do mesmo artigo, o autor comenta: "As circunstâncias geográficas individuais dos Estados e de seus inimigos não têm determinado os detalhes da grande estratégia, mas têm moldado a política e os problemas estratégicos que precisam de solução" (Gray, 2006b, p. 138, tradução nossa).

Ou seja, no caso do Brasil, que procuramos analisar por meio de alguns de seus autores em geopolítica, como ocorreu com o pensamento estratégico, ainda que de forma bastante resumida, o grande problema geopolítico identificado ainda parece ser a consolidação territorial. Como assinalaram autores como Meira Mattos, Golbery, entre tantos outros, o legado da colonização portuguesa se constitui na dimensão territorial do país, mas que ainda não teria sido consolidada.

Claro que não estamos nos referindo aqui a um problema exclusivamente de caráter econômico, e sim a uma política de desenvolvimento mais ampla. De qualquer forma, o dimensionamento territorial do Brasil é um dos desafios que, de um modo ou de outro, exige um esforço do Estado em termos de recursos financeiros, físicos e materiais; basta observar a necessidade de distribuição geográfica das sedes de instituições como Forças Armadas, Polícia Federal, Receita Federal, hospitais e escolas públicas, entre outras, ou ainda a demanda de recursos para manutenção das redes de comunicações, energia e transportes.

Na visão dos geopolíticos brasileiros, o processo de construção histórica do Estado brasileiro ainda não lhe permitiu um acúmulo de poder necessário para uma projeção de poder compatível com sua própria dimensão territorial, de tal forma que se torna vulnerável à ação externa.

Para citar Gray (2006b, p. 137-150) novamente, cabe destacar que ele fez uma análise da situação britânica como potência militar e de sua posição geográfica insular, condição pela qual teve, ao longo de sua história, de escolher entre privilegiar ser uma potência naval e, em alguns momentos, ainda prover uma força terrestre compatível com o seu papel no plano internacional. Esse é um exemplo de um dilema que a geografia impõe ao quadro estratégico de um Estado.

Transportando-se essa situação para as condições do Brasil, o dilema se impõe de forma semelhante, mas, tendo em vista a extensão territorial, a quantidade e a extensão de fronteiras terrestres, a extensão litorânea, as potenciais ameaças e, principalmente, o papel desempenhado no plano internacional, as opções estratégicas são completamente distintas.

As decisões estratégicas que o Brasil se viu obrigado a tomar – como privilegiar o investimento em forças terrestres por ocasião da Guerra da Tríplice Aliança (1864-1870)[23], o envio de tropas aos campos de batalha da Itália na Segunda Guerra Mundial ou a opção pela não participação da coalizão da Guerra da Coreia – perpassaram os da área os mesmos problemas nos níveis políticos e militares vivenciados por qualquer outra nação do mundo e levaram em consideração sua própria cultura estratégica e, por conseguinte, as influências das próprias condições geográficas.

---

23 Ainda que, de fato, a Batalha Naval do Riachuelo (1865) tenha sido o ponto de inflexão do conflito.

É interessante notar que áreas do conhecimento como estratégia e geopolítica costumam ser revisitadas em momentos de crise dos Estados, e não, surpreendentemente, quando o mapa político sofre alterações significativas. Talvez quem tenha melhor expressado, de modo sintético, essa questão tenha sido o geógrafo Robert D. Kaplan (2013), que parafraseou Napoleão Bonaparte em duas oportunidades:

> *Períodos de convulsão global, por mais que ponham à prova nossas premissas acerca da perenidade do mapa político, conduzem a um renascimento nas ideias sobre a geografia.* ***Isso especialmente pelo fato de que a geografia é o próprio fundamento da estratégia e da geopolítica.*** *Estratégia, tal como definida por Napoleão, é a arte de fazer uso diplomático do tempo e do espaço. A geopolítica consiste no estudo do ambiente externo com que cada Estado se depara ao traçar sua própria estratégia – ambiente que envolve a presença de outros Estados, também lutando pela sobrevivência e por vantagens. Em suma, a geopolítica é a influência da geografia sobre as divisões humanas. Como disse Napoleão, conhecer a geografia de uma nação é conhecer sua política externa.* (Kaplan, 2013, p. 62, grifo nosso)

É por essa razão que os estudos estratégicos ocupam lugar de destaque em diversas instituições de nível superior, tanto nas universidades como nas escolas militares de Estado-Maior (ou Conjunto) e nos institutos de diplomacia, nos mais diversos países. São os profissionais de carreira diplomática, os da área de relações internacionais, os cientistas políticos e os militares quem compõe os gabinetes de crise junto aos decisores, de forma a assessorá-los. Assim, os estudos estratégicos revelam sua característica marcante de interdisciplinaridade, demandando conhecimentos de diversas áreas, incluindo a geografia, a geopolítica, a história, a cultura estratégica e a própria teoria estratégica.

Síntese

No presente capítulo, exploramos a relação entre a geopolítica e os estudos estratégicos. Com isso, oferecemos a você, leitor, um panorama dessas áreas do conhecimento, evidenciando suas correlações para um melhor entendimento das relações internacionais. Em adição, apresentamos uma breve visão de como essas áreas impactaram o pensamento estratégico e geopolítico no Brasil. Por fim, após uma análise do tema da geopolítica e da estratégia à luz do caso brasileiro, discorremos, nas "Considerações finais", sobre algumas opções estratégicas para o país.

Capítulo 3
Teoria da dissuasão

CONTEÚDOS DO CAPÍTULO:

- Problema e teoria da dissuasão nos estudos estratégicos.
- Tipos e variações da dissuasão.
- Componentes e fatores da dissuasão.
- A teoria da dissuasão no pós-Guerra Fria.

APÓS O ESTUDO DESTE CAPÍTULO, VOCÊ SERÁ CAPAZ DE:

1. entender os principais debates sobre dissuasão (convencional e nuclear) nos estudos estratégicos e nas relações internacionais;
2. utilizar os conceitos centrais das teorias da dissuasão na análise de casos históricos;
3. analisar os principais desafios contemporâneos que envolvem coerção e dissuasão.

MARCO TULIO DELGOBBO FREITAS
ALEXANDRE GONÇALVES

Em qualquer campo (ou sistema) no qual haja liberdade para que as interações entre os seres humanos (e suas entidades derivadas) ocorram, estas serão pautadas pela dialética de vontades antagônicas. Assim, os diferentes matizes da imposição da vontade de uns sobre outros são definidos pelo objetivo político final que essa imposição encerra, são graduados pela intensidade do emprego da violência e são limitados pela capacidade de – efetivamente –, após um cálculo racional de sua potência, empreender a ação que se objetiva.

Quanto a esses espectros, eles podem variar desde a atuação da persuasão, por meio da qual as relações políticas se desenvolvem sem o emprego da violência – entre aliados ou entre antagonistas –, até a atuação da força bruta, em que o poder se manifesta para impor a vontade mediante o emprego da violência (Schelling, 1966; Nogueira, 2008).

A dissuasão, também como estratégia de imposição da vontade sobre outra unidade, está em uma posição intermediária entre a persuasão e a força bruta: visa a deter o oponente e antepor-se à vontade dele, a evitar que o outro se valha do recurso do uso da força, em uma ação hostil, para perseguir os respectivos objetivos. De acordo com Freedman (2004, tradução nossa), a dissuasão pode ser conceituada como "tentativas deliberadas de manipular o comportamento de outros através de ameaças condicionais". Também para o referido autor, a dissuasão é uma postura derivada da coerção e, por meio dela, tenciona-se agir antes que uma agressão (pontual ou ampla) se desenvolva: por exemplo, se um ator compreende que outro tomará ações que não combinam com seus interesses, ele toma medidas para persuadir o outro de que tal postura não será tão lucrativa quanto lhe parecia em primeiro plano e poderá, na verdade, acarretar-lhe consideráveis perdas.

Augusto W. M. Teixeira Júnior e Antonio Henrique Lucena Silva

Embora o efetivo emprego da violência seja o fator que caracteriza a falha no processo dissuasório, a ameaça do uso da violência, seja para negar o sucesso da ação do antagonista, seja para punir o antagonista de maneira que isso supere o ganho pretendido, a fim de influenciá-lo a não perseguir certa linha de ação, é o que caracteriza a dissuasão (Schelling, 1966; Huth; Russett, 1990).

Portanto, a dissuasão é uma tentativa de manutenção do *status quo*. É uma ameaça condicional do tipo negativa, como "não cruze a fronteira" ou "não desenvolva armas de destruição em massa", seguida de uma condicionante de retaliação (Freedman, 2004). Em suma, a ação dissuasória visa a **impedir o início de uma ação**, transferindo para a parte transgressora o ônus do primeiro movimento; se o agressor nada fizer, ocorrerá o sucesso da dissuasão, o *status quo* será mantido e nada acontecerá. A dissuasão é, nessa perspectiva, um elemento de estratégia: objetiva antecipar as possíveis respostas do oponente (ou tentar fazê-lo) agindo de maneira reativa.

A literatura que se debruça sobre esse conceito teve como marco introdutório o advento da arma nuclear. Durante o decurso da Guerra Fria, a teoria da dissuasão foi talhada conforme uma lógica eminentemente nuclear, levando, pela característica do armamento, a definição a extremos, em que havia muita preocupação, por exemplo, com a capacidade de retaliação em caso de um ataque nuclear maciço que objetivasse a destruição do oponente. Por ocasião da invenção da arma nuclear, o poder de destruição de tais armas ofereceu à humanidade a perspectiva de destruição mútua, ou, no caso de nenhuma resposta, de aniquilação completa do adversário, aproximando-se do que Clausewitz (1976) previu como batalha decisiva, de acordo com o conceito de guerra ideal. A conceituação de dissuasão, entretanto, foi expandida ao longo do tempo pelas obras de diversos autores[1], de maneira a compreender também os conflitos convencionais ou não nucleares, ampliando-se a capacidade explicativa da teoria para abarcar a extensão dos conflitos armados nos quais está presente, inicialmente, a ameaça.

Assim, a dissuasão pode ser exercida em duas modalidades: nuclear e convencional. A primeira, a dissuasão nuclear, dadas as especificidades do tipo de armamento empregado e seu poder devastador, bem como seus mecanismos redundantes[2] de aplicação, é aquela que tem maior potencial para funcionamento da dissuasão: a ameaça é mais bem avaliada e, portanto, poderá gozar de maior credibilidade ou não, como defendeu Brodie (1946). Segundo Sheehan (2013), durante a Guerra Fria, a arma nuclear foi creditada como uma grande inibidora de agressão, que poderia evitar guerras com a advertência de sua possível utilização. A orientação estratégica para essa arma foi, como Freedman (2004) sintetizou, estritamente quanto ao seu "não uso", isto é, parte-se do pressuposto de que o oponente deve entender que seus possíveis ganhos obtidos por meio de uma aventura militar não compensarão em virtude do medo de uma retaliação,

---

1 Por exemplo, há a obra seminal de Schelling (1966), que introduz o conceito de coerção e o subdivide em dissuasão e compelência. Mearsheimer (1983) reafirma a aplicação do conceito a partir do emprego de armamento convencional; Jervis (1976) explora o mecanismo de emissão e percepção da ameaça dissuasória; e Freedman (2004), além de organizar os conceitos presentes na literatura, também explora diversas modalidades de dissuasão.

2 Vários autores refletiram sobre os imperativos tecnológicos concernentes ao desenvolvimento do instrumento nuclear, bem como sobre a necessidade de diversos vetores militares redundantes para a sua garantia. Entre esses teóricos, podemos destacar Wohlstetter et al. (1954) e seus estudos pioneiros sobre a vulnerabilidade do Comando Estratégico do Ar (SAC) da Força Aérea dos EUA. Entre aqueles que analisaram a concepção de uma segunda força de ataque nuclear, segura e capaz de retaliar um primeiro ataque, ressaltamos Wohlstetter, Hoffman e Rowen (1959) e Howard (1979).

independentemente do tipo de artefato militar que poderá ser utilizado: convencional, nuclear, químico ou biológico, ou até mesmo uma combinação desses tipos.

Já a segunda, a dissuasão convencional, foi analisada por Mearsheimer em sua obra *Conventional Deterrence* (1983), na qual caracterizou esse conceito como focado no cálculo político e racional de se ir à guerra, apartando-se da destruição mútua assegurada: para Mearsheimer (1985), as armas nucleares, por terem um caráter devastador, são inúteis para fins de defesa[3]. Dessa forma, para esse autor, a dissuasão se estabelece na interação direta entre os motivos (eminentemente políticos ou com méritos militares) de se ir à guerra e um cálculo racional dos riscos e custos dessa ação militar, em todos os campos, inclusive no político: se tal cálculo é maior do lado dos riscos e dos custos e o agente não vai à guerra, a dissuasão teve sucesso (Mearsheimer, 1983).

Exemplo simples que ilustra a dissuasão convencional é o episódio conhecido como *Guerra da Lagosta*, em 1963. A constante exploração da lagosta na costa brasileira, por parte de pesqueiros franceses, perturbava o governo brasileiro. Após diversas investidas de caráter diplomático, caracterizadas pela ausência de um regime internacional que regulasse tal exploração, e a sucessiva proibição brasileira daquela exploração, as tensões entre os Estados foram ampliadas

---

[3] *Art (1980) faz uma distinção positiva entre dissuasão e defesa: a primeira consiste na existência de uma ameaça de bloqueio ou de punição, pacífica, mediante uma tentativa de perverter o* status quo; *a segunda corresponde ao uso da força militar para deter um ataque ou minimizar suas consequências, de maneira cinética, se preciso for, garantindo-se o* status quo. *Byman, Waxman e Larson (1999) já admitem o uso moderado cinético da força para o sucesso da dissuasão, desde que a tentativa não tenha sido fisicamente repelida, e sim que o adversário tenha desistido por crer que seus custos em prosseguir seriam maiores. Segundo Freedman (2004), as armas nucleares táticas têm de 0,5 a 5 kilotons. Em alguns casos, é possível, diante do fim da dissuasão, utilizá-las.*

quando a França enviou para a costa do nordeste brasileiro o contratorpedeiro Tartu, a fim de garantir a continuidade da exploração. Inconformado, o governo brasileiro ordenou a suspensão de uma força-tarefa naval para a cena de ação, chegando primeiramente ao local os contratorpedeiros Pará e Paraná, belonaves datadas do período da Segunda Guerra Mundial (Braga, 2004).

Em se tratando de embarcação solitária, que dependia de reabastecimento e de gêneros alimentícios para se manter na cena de ação, o Tartu não poderia sustentar muito tempo a posição. A belonave foi, com o tempo, substituída pelo contratorpedeiro Paul Goffeny, de menor capacidade militar. O governo brasileiro manteve os navios Pará e Paraná no mesmo local, para fazer frente àquela nova embarcação, de poder inferior. Três dias depois, preocupados com o avanço do resto da força-tarefa naval brasileira para a cena, o Paul Goffeny e quatro lagosteiros deixaram o litoral brasileiro, rumo a Dakar. A situação de crise foi, então, solucionada (Braga, 2004).

A Guerra da Lagosta demonstra, com clareza, os pressupostos da dissuasão. Em um primeiro momento, o governo francês moveu-se para manter o *status quo* da pesca de lagosta em litoral brasileiro, deslocando uma embarcação militar de modo a tentar dissuadir o Brasil de tomar qualquer ação, sob o risco de um conflito armado. Para fazer frente a essa ameaça, o Estado brasileiro decidiu manipular o governo francês para que cessasse a pesca do crustáceo, enviando para a cena de ação duas belonaves que, embora obsoletas, eram militarmente superiores. A ameaça francesa de "não impeça a pesca ou usarei a força" foi contrastada pela ameaça brasileira de "cesse a pesca ou usarei a força", garantida pela ação de enviar os navios Pará e Paraná. O cálculo racional francês das dificuldades logísticas de empreender o conflito e do custo político de levá-lo a cabo resultou na concordância francesa com a ameaça brasileira e no cessar da exploração do recurso natural na costa do Nordeste.

No caso citado, o governo brasileiro foi bem-sucedido em dissuadir um comportamento específico: a pesca de lagosta em seu litoral. Por meio da ameaça, demonstrou ao governo francês que evitar um conflito armado entre os dois Estados era mais valioso do que essa questão comercial. A dissuasão, como instrumento estratégico, porém, pode ser utilizada também em uma multiplicidade de contextos, para impedir um conflito armado – seja ele qual for – contra si ou contra aliados ou para impedir uma determinada ação tática do oponente.

Na próxima seção, vamos discutir algumas subdivisões conceituais relativas ao emprego da dissuasão, em diferentes cenários. Essas clivagens, oriundas da pretensão acadêmica, podem ser muito turvas quando aplicadas à realidade: é muito difícil classificar situações empíricas em somente uma das definições ou permanecer classificando-as, em todos os momentos do desenrolar das ações, da mesma forma. Entretanto, essa tipologia é especialmente útil para a compreensão acadêmica desse fenômeno e da consequente interação entre os atores, nas diferentes circunstâncias em que a estratégia é aplicada. Passemos, então, a discutir as variações da dissuasão: os diferentes momentos nos quais a ameaça pode ser empregada e suas utilidades.

(3.1)
VARIAÇÕES DA DISSUASÃO

Freedman (2004) aponta algumas dicotomias entre posturas dissuasivas, para melhor compreensão da ameaça e dos atores envolvidos: dissuasão pontual (quando se visa a impedir um ataque específico no âmbito de um conflito armado) *versus* dissuasão ampla (em que se visa impedir o conflito como um todo); dissuasão central (quando se protege o próprio território) *versus* dissuasão estendida (quando se protegem os aliados); dissuasão por negação (em que se limitam as escolhas estratégicas do adversário no que tange a atacar) *versus* dissuasão por punição (em que se permitem escolhas mais amplas, mas se sinaliza uma retaliação maciça); e dissuasão imediata (quando se pretende reverter o andamento de uma crise) *versus* dissuasão geral (quando se usa a dissuasão diluída como estratégia permanente).

Ao contrário do que se crê, intuitivamente, a dissuasão também pode desenrolar-se no decurso de um conflito armado, com o objetivo pontual de evitar que o inimigo invista contra determinado objeto ou avance nas hostilidades. Essa modalidade, chamada por Freedman (2004) de *dissuasão pontual*, opõe-se ao exercício corriqueiro da dissuasão, de que vínhamos tratando até o momento, em que o objetivo dela é o impedimento de uma ação em específico, nesse caso, a deflagração de um conflito armado.

Exemplo do uso limitado da força para dissuasão pontual pode ser encontrado no ataque cirúrgico feito pelos Estados Unidos, em 6 de abril de 2017, contra uma base aérea controlada pelo governo sírio, em retaliação ao suposto uso de armas químicas por parte da Síria contra a população civil, dias antes. A vedação do uso de armas de destruição em massa – mormente químicas –, por parte do governo Assad, fora largamente sinalizada pelos Estados Unidos e pela Organização do Tratado do Atlântico Norte (Otan), em diversas ocasiões anteriores, por meio do Conselho de Segurança das Nações Unidas ou de organismos multilaterais de controle de armamentos. Alegadamente, o propósito dessa retaliação foi dissuadir futuros usos de tais armamentos sírios contra a população, sob a ameaça de novos ataques (Henriksen, 2018)[4]. Embora disponham de capacidade bélica para tal, os Estados Unidos e seus aliados não tencionaram, com esse ataque, destruir os depósitos de armas químicas sírias ou inviabilizar as capacidades estratégicas das Forças Armadas dessa nação, nem encerrar a Guerra Civil Síria, mas impedir que armas químicas fossem utilizadas, reforçando o regime internacional de prescrição de armas químicas (Henriksen, 2018).

Por sua vez, a dissuasão também pode ser empregada para proteger aliados ou coalizões de maior envergadura: em sua versão estendida, a estratégia se concretiza em uma coalizão que visa a dissuadir um oponente de perpetrar ações contra um aliado. Uma aliança militar, um tratado de assistência militar ou um regime de segurança coletiva são exemplos de dissuasão estendida[5]. Nesse caso, o que a faz mais "fraca" do que a dissuasão central – aquela que, em oposição, só dissuade ações relativas ao próprio território – é o acréscimo de um novo cálculo racional: o de arcar com as consequências (políticas e militares) de uma ação armada para prestar socorro a um aliado, situação intuitivamente menos premente e provável de ser honrada do que um ataque ao próprio território.

Outras das divisões acadêmicas mais importantes são a dissuasão por negação (mediante a ameaça a alvos caracterizados como *contraforça*, tais como forças militares, redes de comando e controle,

---

4   *Até o momento da elaboração desta obra, não há indícios de novos usos desse armamento na Guerra Civil Síria.*

5   *Segundo Davis (1975), ao relacionar a dissuasão estendida com o artefato nuclear, algumas questões surgiram no seio da Otan durante a década de 1960. A discrepância, em números absolutos, entre as tropas convencionais da aliança militar ocidental e as forças convencionais do Pacto de Varsóvia fez com que se buscasse um meio de compensar esse quadro. Para isso, foi desenvolvida durante a administração Kennedy a estratégia da "resposta flexível", a utilização de bombas nucleares táticas – de curto e médio alcance – para incrementar a dissuasão estendida contra o perigo soviético.*

armas de destruição em massa – assim como seus meios de entrega –, indústrias envolvidas no esforço de guerra e líderes políticos inimigos) e a dissuasão por punição (por meio de ameaças a alvos identificados como *contravalor*, como cidades, infraestruturas econômicas e líderes políticos).

A dissuasão por negação destina-se a incutir no oponente a ideia de que, pela configuração das forças e capacidades militares disponíveis para a proteção do objetivo, ele não será capaz de lograr êxito em uma operação militar. Já a dissuasão por punição consiste em ameaçar o dissuadido de que, mesmo que seja capaz de lograr êxito em uma operação militar, tal sucesso será temporário e o dano posterior que sofrerá em retaliação será superlativamente maior do que os lucros que, a princípio, poderia auferir (Freedman, 2004, p. 35)[6]. É possível, entretanto, trabalhar com componentes de ambas as modalidades, simultaneamente: a negação pode agregar um componente de punição, e a punição pode ter um componente negativo, em um primeiro momento. Contudo, a dissuasão pela punição é muito mais fraca do que a pela negação, pois desloca o controle da situação para as mãos do dissuadido: quando se espera a punição, a dissuasão já falhou, a relação já se encontra no campo da coerção, há o compromisso moral do dissuasor de cumprir a ameaça outrora feita, frequentemente podendo esta ser interrompida por uma distensão do oponente (Freedman, 2004, p. 39). Ainda, o ônus da iniciativa militar

---

6   Como foi destacado por Waltz e Sagan (2012), a dissuasão por negação pode ser chamada de dissuasão pela defesa, e a por punição, de dissuasão pela deterrência. No primeiro caso, sua tarefa é alertar o possível agressor de que ele sofrerá um grande gasto em uma possível agressão às forças ou território do dissuasor. Já a segunda indica a possibilidade de punição, sendo transmitida a mensagem clara de: "se formos atacados, podemos puni-lo com uma força capaz de anular seus possíveis ganhos". É aí que se insere a capacidade de deferir o segundo golpe possibilitado pelas armas nucleares.

é transferido para o agredido, que precisa, para retaliar, enfrentar as forças de defesa do agressor ou de seus aliados.

A próxima dicotomia que vamos abordar guarda profunda relação com a anterior. A dissuasão geral é a mais típica e mais constante, com a qual se estabelece uma ameaça branda (mas crível) de resposta por parte do dissuasor caso algum ator venha a atacar; porém, não se crê que haja uma crise latente. O objetivo desse comportamento é meramente que, mediante a presença de tal ameaça crível, um eventual dissuadido não leve a cabo a solução da controvérsia por meio da força militar. Essa é a postura dissuasória tradicional, que se vale também da retórica diplomática e de outros elementos para reforçá-la, sendo moldada, principalmente, por fatores políticos, econômicos, técnicos e culturais, focada no tamanho da força do oponente e sujeita às vicissitudes de cortes orçamentários e oscilações na política de defesa (Freedman, 2004, p. 40-42).

É exatamente a dissuasão geral a adotada pelo Brasil em sua Política e Estratégia Nacional de Defesa (Brasil, 2018). Ao elencar que "[a] Capacidade de Dissuasão, por sua vez, configura-se como fator essencial para a Segurança Nacional, na medida em que tem como propósito desestimular possíveis agressões" (Brasil, 2018, p. 19), a estratégia brasileira conjuga uma série de meios militares, navais, aéreos e terrestres, para, somados à diplomacia, desestimular possíveis agressões à sua soberania, aos seus interesses e ao seu território. Como não elenca nem nomeia um agressor ou uma ameaça clara em seus documentos de defesa, o Brasil visa, com essa postura, a empregar a dissuasão geral, a fim de atingir um amplo espectro de atores e seus respectivos objetivos possivelmente antagônicos, em uma estratégia temporalmente perene.

Por sua vez, em oposição à geral, a dissuasão imediata é a modalidade empregada em tempos de crise, em que uma emergência se faz premente e, dentro de uma carência de tempo, é necessário dissuadir um lado de atacar, quando o fato já é considerado iminente e deve ser rechaçado. Tal postura é fortemente calcada na crença de que o dissuadido vai empreender, em breve, um ataque e pretende dirimir as contendas pelo uso da violência. Esse tipo de dissuasão, alicerçado na eficiência militar e na prontidão ao combate e que assume mais as características de uma dissuasão negativa, tenciona suspender, imediatamente, a ação do dissuadido por meio do aumento dos custos que ele poderá sofrer ao perpetrar tal ataque (Freedman, 2004).

E, por fim, há de se destacar a modalidade da dissuasão mínima. Segundo Waltz (2012), a incerteza sobre a garantia nuclear americana motivou que seus aliados europeus buscassem por si a constituição de artefatos nucleares próprios e, com isso, verificou-se uma expansão do número de países detentores de armas nucleares. De acordo com o autor, a dissuasão mínima é uma consequência direta dos tratados voltados para o controle de armamentos – com vistas ao artefato nuclear –, entre os quais podemos destacar o Tratado de Não Proliferação, de 1968, cujos objetivos eram bem claros: reduzir horizontalmente o número de países com tal instrumento e promover uma economia por meio da estabilidade em paridade no número de armas entre as superpotências.

Portanto, como vimos, a dissuasão é uma interação estratégica – como o jogo de xadrez – que visa a alterar o cálculo racional de custo e benefício do oponente, em prol de um objetivo político a ser protegido. Como toda comunicação, a dissuasão também depende de alguns fatores para que a transmissão dessa mensagem aconteça de maneira apropriada e para que ela cumpra seus objetivos, seja em cenários de crise iminente, seja na proteção de aliados, seja na condição de estratégia de longo prazo. Na próxima seção, discutiremos esses fatores e sua importância na construção da ameaça dissuasória, bem como as condicionantes de entendimento e absorção dessa ameaça por parte do oponente.

(3.2)
Fatores da dissuasão

Qualquer estratégia de dissuasão, para que seja efetiva, deve ser composta de um conjunto de variáveis: a fim de que a sucessão de ameaças manipule o comportamento do oponente, em primeiro lugar, a ameaça deve ser crível (credibilidade); em segundo lugar, ela deve ser comunicada com clareza (sinalização); ainda, ela deve ser compreendida corretamente pelo oponente (percepção) e deve infundir, conforme uma lógica racional (racionalidade), a percepção de que o risco da ação é maior do que, efetivamente, os lucros políticos que se poderiam auferir por meio dela (custo-benefício), fazendo com que o dissuadido, dessa forma, limite as próprias ações (Freedman, 2004).

Freedman (2004) acrescenta que, mesmo que sejam ambos os agentes (o dissuasor e o dissuadido) parte de uma mesma racionalidade[7], para que uma dissuasão tenha efeito, é necessária a correta interpretação dos sinais dela por parte do dissuadido: tanto

---

7   Conforme Gonçalves (2019, p. 26-28), em resumo, "o ente político toma uma decisão, unitária, baseada em um cálculo racional, antevendo resultados possíveis para cursos de ação e visando maximizar a obtenção de resultados previamente definidos. Tal visão de racionalidade pura é derivada da noção do homo oeconomicus, dos utilitaristas econômicos e da microeconomia, e é fundamentada em alguns princípios: o mesmo cálculo é desprovido de emoções e obedece uma racionalidade pretensamente universal, baseada em causa e efeito e em informação completa, e não deve, em nenhum momento, ser baseada em acontecimentos históricos predecessores [...]". Entretanto, "algumas decisões puramente racionais, visando às preferências estatais estabelecidas (concebidas de maneira não necessariamente racional e por processos políticos exógenos a essa formulação), poderão se chocar com os interesses de perpetuação no poder desses grupos e, dessa forma, na realidade, jamais virão a ser empreendidas pelos mesmos. [...] os objetivos de perpetuação no poder estão hierarquicamente acima de demais objetivos, e são moderados pela capacidade e popularidade do ator, perante a elite que o sustenta, de tomar um conjunto de decisões. Ainda, o custo da desmoralização política e da exposição dos custos de fracasso (sunk costs) muitas vezes faz com que o formulador continue perseguindo resultados sub-ótimos para o Estado".

a falha na análise ou na interpretação por parte do dissuadido quanto "excentricidades"[8] no processo decisório do dissuasor – decorrentes da personalidade do decisor, das regras e normas da tomada de decisão doméstica do Estado ou até mesmo das diferenças de poder relativo entre os órgãos decisórios internos – podem contribuir para a falência da dissuasão. Embora os sinais das ameaças sejam perfeitamente transmitidos e compreendidos, ainda é preciso que tal ameaça seja factível e material e que haja a credibilidade do dissuasor em executar a retaliação, alterando o cálculo de custo-benefício feito pelo dissuadido, de modo a elevar consideravelmente o módulo dos custos.

A credibilidade é um fator importante para o sucesso da dissuasão. Para Morgan (2003, p. 15, tradução nossa), "credibilidade é a qualidade de ser acreditado". Não é suficiente gerar uma ameaça condicional, é estritamente necessário que o oponente acredite que aquela ameaça pode ser levada a cabo, mesmo quando se empreendem negociações para uma solução favorável ou uma *détente*. Há três facetas que devem ser consideradas no que tange à credibilidade: 1) a existência de capacidade de efetivar a ameaça; 2) a congruência e o comprometimento entre os objetivos políticos do dissuasor e a ameaça; e 3) a reputação do dissuasor.

Quanto à primeira faceta, é necessário que o dissuadido perceba, por meio da análise das capacidades do dissuasor, em um amplo espectro, que o último dispõe de meios de trazer a ameaça à realidade, perpetrando o ato. Embora a dissuasão não se limite somente ao uso da violência, na maioria dos casos, a existência de meios militares que respaldem a ameaça é vital para o desencadeamento da dissuasão.

---

8 Sobre outras excentricidades no processo decisório, ver *Jervis (1976), Allison (1999) e Mintz e DeRouen Jr. (2010)*.

A segunda faceta é baseada na proporcionalidade entre o objetivo político e a ameaça: não é possível crer que motivos de baixa importância desencadeariam retaliações maciças. Portanto, é essencial que o dissuadido creia que a ameaça não é uma hipérbole, e sim que ela resulta de um cálculo racional de custo-benefício e, pelo mesmo motivo, será implantada.

Com relação à terceira faceta, trata-se de um fator importante na definição da credibilidade. Dadas circunstâncias semelhantes, se o dissuasor já se olvidou de propugnar ameaças feitas quando desafiado, a ameaça pode passar a ser considerada blefe, o que, por conseguinte, abala a credibilidade pela possibilidade de o blefe se repetir. Há a crença, ainda, de que o recurso sucessivo à força, em pequenos episódios, expõe o desembaraço e a habilidade com o que o dissuasor lida com decisões de emprego da força e pode aumentar a credibilidade da consecução de uma ameaça (Freedman, 2004). De acordo com Gray (2014), a doutrina da preempção (ou seja, de investir antes contra um inimigo que se encontra na iminência de atacar também, a fim de impedi-lo de materializar tal ação) pode reforçar a dissuasão, em um segundo momento, uma vez que fortalece a credibilidade do intento de retaliar e, principalmente, a capacidade de levar a retaliação a cabo, mesmo que contra ameaças difusas.

A sinalização também é outro fator crítico de sucesso para a dissuasão. Sinalização bem-sucedida consiste em informar, de maneira clara, ao dissuadido que aquela questão ou situação é passível de dissuasão. Isso pode ocorrer de diversas formas, pelo movimento de meios militares, pela declaração explícita da ameaça em meios de comunicação etc., com o objetivo direto de se fazer claro quanto às intenções de impedir ou retaliar se algo – bem definido – acontecer. Contudo, independentemente dos esforços envidados na consecução de uma ameaça clara por parte do dissuasor, quando o dissuadido não a percebe ou o faz de maneira incompleta, há o fenômeno da *misperception* (Jervis, 1976)[9].

Com o intuito de evitar a *misperception*, fator que pode arruinar um processo dissuasório, há, novamente, três aspectos importantes que devem ser observados sobre a recepção de uma sinalização: 1) o nível de tensão quando a sinalização é feita; 2) a moldura cultural em que ambos os envolvidos se encontram colocados; e 3) a maneira como a sinalização é propugnada.

Quanto ao nível de tensão, a capacidade de discernimento do dissuasor é inversamente proporcional ao nível de pressão ao qual está submetido (Nogueira, 2008). Logo, em tempos de crise, a clareza do sinal da ameaça pode ser ofuscada pela atribulação do dissuadido (Freedman, 2004), sendo exigido que uma clareza e obviedade ainda maiores sejam empreendidas. Quanto à moldura cultural, é preciso haver compatibilidade de linguagem entre dissuasor e dissuadido: peculiaridades culturais fazem com que gestos e palavras tenham valores distintos entre culturas diferentes. A compreensão da racionalidade do dissuadido por parte do dissuasor, bem como dos fatores que a compõem, é importante para o sucesso da dissuasão, como buscaremos demonstrar mais adiante. Por último, a maneira como a sinalização é propugnada, em seus graus de sutileza, interfere na percepção por parte do dissuadido.

Ademais, o grau de tensão (ou sua aparência) nos sinais da dissuasão pode escalar ou distender a querela entre as partes envolvidas, e a natureza dessa sutileza e sua ambiguidade podem fazer com que o sinal seja desconsiderado ou não entendido como tal. A respeito disso, Freedman (2004, p. 28, tradução nossa) observa que "sinais

---

9   Para Jervis (1976), o fenômeno de misperception pode ser definido como uma visão equivocada por parte do dissuadido.

de cunho militar, particularmente, são notoriamente ambíguos, e os problemas de interpretação aumentam com a intensidade psicológica da crise".

A questão da racionalidade é mais profunda na definição da dissuasão, visto que ela depende, em grande parte, da acepção de que o dissuadido agirá com base em uma análise objetiva de custo-benefício e consequências de suas ações[10]. O conceito de racionalidade empregado pelos teóricos da dissuasão – bem como pela corrente realista da teoria das relações internacionais – provém dos pressupostos gerais da economia, em que o ator é racional na medida em que ele perpetra, permanentemente, um cálculo racional[11] e autointeressado de custo-benefício, fundamentado em um conjunto de preferências previamente definidas, com o intuito de perseguir um dado objetivo (no caso da teoria econômica neoclássica, a maximização do lucro; no caso da teoria realista neoclássica, o poder, por exemplo) (Neumann; Morgenstern, 1944; Keohane, 1986; Freedman, 2004).

---

10 Destacamos, neste ponto, que o pressuposto racional é importante também para a elaboração de estratégias referentes ao emprego das armas nucleares. Para termos uma ideia do quanto esse fator é imprescindível, alerta Schelling (1980) que a ameaça não poderia apenas partir de elementos como a sorte. Assim, o autor tratou do dilema político *ex ante ex post, segundo o qual o agressor em potencial poderia ser vulnerável diante de um possível e enigmático terceiro ataque nuclear.*

11 *Ganghua e Yongxian (2007) situam, no âmbito da lógica da dissuasão, a diferença de racionalidade entre a lógica do custo-benefício e a lógica da escolha racional. No primeiro caso, um cálculo binário preciso da diferença entre os benefícios esperados e os custos previstos é necessário para decidir se (e somente se for positivo) se vai à guerra. No segundo caso, a partir da escolha racional, acrescenta-se o custo de não agir (ou seja, não ir à guerra) à equação, passando a ser esse um outro componente importante da decisão. De qualquer modo, ambas as categorias consideram o agente objeto da análise como racional e autointeressado, isto é, que busca a maximização do lucro para si, por meio de um objetivo.*

De acordo com Mearsheimer (1983), tomadores de decisão, ao executarem o cálculo racional de ir ou não à guerra, preocupam-se com o equilíbrio de forças em ambos os lados. Assim, a dissuasão convencional é função específica das estratégias militares: quando se encara a guerra, os tomadores de decisão estão principalmente preocupados sobre a forma como suas próprias forças se desdobrariam no campo de batalha, bem como com os resultados prováveis obtidos em caso de um confronto; o terreno e as capacidades de defesa também são levados em consideração em face da guerra. Para perseguir objetivos militares ilimitados, o agressor pode exercer qualquer uma das duas seguintes estratégias: atrito ou *blitzkrieg*.

A estratégia do atrito consiste em envolver o adversário em diversas batalhas de aniquilação: o sucesso depende da habilidade do agressor de desgastar a defesa do oponente até a resistência não ser mais possível. É provável que os danos ao agressor sejam maiores (em termos humanos e materiais) para alcançar o sucesso por meio dessa estratégia. Há dissuasão contra essa estratégia quando o agressor acredita que uma guerra de atrito consistirá em mais batalhas de aniquilação do que ele consegue suportar, militar e politicamente.

A estratégia da *blitzkrieg* visa a uma paralisia estratégica da defesa: depende da capacidade do agressor de agir rapidamente, destruindo as principais linhas de comunicação do oponente, deslocando e desmoralizando psicologicamente o adversário, a fim de evitar uma série de batalhas e o custo alto de uma guerra de atrito. Há dissuasão contra essa estratégia quando o agressor acredita que não será capaz de desferir uma ação rápida e decisiva contra o oponente e que a *blitzkrieg* se transformará em uma guerra de atrito.

Por outro lado, uma estratégia de objetivos militares limitados intenta tomar, com sucesso, uma porção do território do adversário e defender essa nova aquisição. O objetivo a se atingir é conquistar território e lançar-se na defesa da porção ocupada antes que o adversário seja capaz de mobilizar as próprias defesas. Se o agressor consegue ter, a seu favor, o elemento surpresa estratégica, essa estratégia tende a ser bem-sucedida e, nessas circunstâncias, é provável que a dissuasão falhe. Ainda, o sucesso depende da configuração da defesa. No pior cenário, até mesmo uma estratégia de objetivos militares limitados pode resultar em uma guerra de atrito.

No entanto, para Mearsheimer (1983), são as decisões políticas que levam um Estado ao caminho da guerra. Quando considerações políticas exigem uma ação militar, os líderes políticos podem colocar imensa pressão sobre os líderes militares para conceberem soluções militares que prometam vitória rápida a um custo mínimo, de modo a se atingirem objetivos políticos. A decisão final é o resultado da dialética de considerações políticas e militares e não culminará em uma guerra se nenhuma estratégia militar viável for delineada.

De todo o legado de Clausewitz (1976), um dos mais importantes é o embasamento teórico que relaciona a teoria da guerra a uma origem política. Com base nessa perspectiva política, segundo a qual "a guerra nunca deveria ser pensada como algo autônomo, mas sempre como um instrumento da política" (Clausewitz, 1976, p. 88), estabelece-se o pilar para um cabal entendimento das peculiaridades/particularidades de cada trajetória rumo a um conflito armado.

Clausewitz indicou o caminho a trilhar: a natureza da guerra advém, em primeiro lugar, da análise dos objetivos políticos dos beligerantes. Segundo Howard (1979), perguntas como até que ponto o líder político é capaz de mobilizar o povo e se ele terá habilidade suficiente para angariar o apoio de outros Estados para seu intento são a chave para o correto entendimento político, que, por sua vez, orientará o desenvolvimento de planos estratégicos e operacionais eficazes.

Ao estabelecer de forma definitiva o primado da política sobre os desdobramentos da guerra, Clausewitz associa o montante dos meios empregados ao valor que tem o objetivo político, ou seja, "afirma uma proporcionalidade não constante e necessária, mas frequente ou normal entre a grandeza das apostas [políticas] e a intensidade da violência" (Aron, 1986, p. 219).

Entretanto, há várias críticas ao conceito de racionalidade dos atores. Reconhecendo a pluralidade do debate a respeito dessas críticas e a validade do uso da teoria da escolha racional nas ciências humanas, não pretendemos fazer aqui uma revisão extensiva dessas críticas. Assim, para efeito deste estudo, apresentaremos duas críticas objetivas ao princípio da racionalidade.

A primeira reside no fato de que o Estado não é monolítico e, quase invariavelmente, há uma miríade de estruturas que permeiam a tomada de decisão em um Estado, seja por meio dos meandros da (má) burocracia, seja por meio das pressões da influência política. A concepção de que as decisões do Estado são monolíticas, e há um consenso interno quanto a ela – em detrimento de uma dialética de influências –, é uma das assunções que fundamentam o caráter racional das decisões (Freedman, 2004, p. 28).

É preciso considerar, também, o regime de governo do Estado em que se processa a dissuasão: regimes autoritários têm mais objetividade e desembaraço em decisões de uso da força, enquanto há toda uma corrente teórica das relações internacionais segundo a qual, quanto mais *accountability*[12] houver em um regime de governo (Doyle,

---

12 Accountability *(ou "responsividade", em português) é o conceito que exprime, gradualmente, a quantidade de dependência de um representante em relação a seus representados e a necessidade de legitimar suas ações pela aprovação dos eleitores. É uma grandeza que mede a necessidade do representante de "prestar contas" e responder por seus atos aos seus eleitores e representados. Para mais informações, ver Campos (1990).*

1997), mais aversão a baixas e ao recurso à violência haverá. Putnam (1988) é emblemático ao estabelecer a simbiose entre política interna e política externa e afirma que ações visando a um dos dois âmbitos, ao serem empreendidas, terão impacto sobre o outro âmbito e também sobre a política interna dos demais países, na medida em que eles as compreendem como estímulo e respondem a elas.

A segunda crítica reside na já mencionada cesta de preferências, relacionada ao senso dos decisores sobre prioridades, justiça e custos. A cultura, o senso de justiça e outros fatores subjetivos podem influenciar a decisão, bem como o sentimento de honra, o ressentimento, a vingança e o revanchismo, por exemplo. Trata-se de características puramente humanas e alheias à racionalidade que podem influir diretamente na perspectiva do decisor final (Femenia, 2000).

Embora essas variáveis tenham sido cunhadas para explicar o fenômeno da dissuasão nuclear, o esforço de autores como Schelling (1966) e Mearsheimer (1983) serviu para expandir suas aplicações, como interação válida, para a dissuasão convencional. Com o término da Guerra Fria e a eclosão preferencial de conflitos não convencionais, a teoria da dissuasão foi posta à prova: sua aplicação a atores não estatais e a necessidade de abarcar outras modalidades de ameaças fizeram com que a pesquisa sobre o tema fosse expandida.

Na próxima seção, passaremos a tratar do emprego da dissuasão, na qualidade de estratégia, nesse novo cenário, que engloba outros atores, e contextualizaremos a interação entre as variáveis descritas também nessa nova circunstância.

(3.3)
A TEORIA DA DISSUASÃO
NO PÓS-GUERRA FRIA

O período da Guerra Fria, sem sombra de dúvida, foi a época em que a teoria de dissuasão teve seu maior desenvolvimento, em especial após o advento do artefato nuclear. No entanto, a extinção da União Soviética não significou, necessariamente, o fim ou a invalidade dessa perspectiva teórica.

A dissuasão nuclear não foi completamente abandonada no contexto de fim da bipolaridade. Segundo Sloan (2008), em 2001, nos EUA, ocorreu uma modificação na chamada *revisão da postura nuclear* (NPR)[13] que alterou o papel da arma nuclear na teoria da dissuasão. Essa teoria não se centraria mais na capacidade nuclear, e sim em elementos que comporiam uma "nova tríade", constituída por elementos convencionais e por defesas ativas e passivas, principalmente defesas antimísseis. Nesse caso, houve o distanciamento da ideia de destruição mútua assegurada e emergiu a tentativa de adaptar as respostas a circunstâncias particulares, mediante uma abordagem mais flexível composta pelo aumento da credibilidade da dissuasão por meio do uso de forças convencionais.

Ao alinhar as forças convencionais com as armas nucleares, o NPR tem como objetivo tornar a dissuasão mais crível, pois, quando um Estado tem posse de armas nucleares, em virtude de seu potencial de destruição, torna-se muito mais difícil convencer o oponente de que se estaria disposto a usá-las, mesmo no caso de ameaças provocadas por atores não estatais (Chalmers; Lunn, 2010).

---

13 Nuclear posture review, *no original, em inglês.*

Portanto, a retaliação nuclear, mesmo limitada, não pode ser totalmente confiável. Particularmente nesse caso, as capacidades convencionais de precisão de longo alcance foram consideradas para aumentar a credibilidade da dissuasão por duas razões básicas. Primeiro, sentiu-se que as capacidades convencionais se tornaram tão poderosas e precisas que agora poderiam impor custos inaceitáveis, como destruir os objetivos estratégicos e de alto valor de um adversário, e, assim, ser empregadas em missões reservadas para as forças nucleares. Em segundo lugar, tais capacidades estavam mais "disponíveis" porque, enquanto a guerra nuclear limitada era um oximoro, a guerra convencional limitada era claramente possível.

Em uma outra frente, a teoria da dissuasão ainda poderia oferecer um ferramental para lidar com uma modalidade de ameaças mais frequentemente impostas ao Estado: as oriundas de atores não estatais. Podemos considerar que a dissuasão está enraizada no comportamento humano e é aplicável a todos os tipos de coletivos, desde Estados até atores não convencionais. Essa consideração segue a linha do que foi afirmado por Quinlan (2004, p. 11):

> *Deterrence arises from basic and permanent facts about human behavior: that in our decision-making we [...] take into account the probable consequences of ours actions; that we refrain from actions whose adverse consequences seem [...] likely to outweigh the beneficial ones; and that we exploit these universal realities as one means of helping to influence others against taking action that would be damaging to ourselves.*

Sloan (2017) alerta que, na era pós-Guerra Fria, os Estados não têm mais o benefício de concentrar suas preocupações em um único desafiante. A respeito disso, os documentos oficiais dos EUA escritos após aquelas mudanças, já apontadas parágrafos antes, mostram uma confiança cada vez maior na dissuasão. Vemos no *Quadrennial Defense*

Review de 1997 um exemplo dessa reiterada confiança, ao expressar que "[a garantia da] estabilidade internacional a curto prazo [será alcançada] por meio da presença global e da dissuasão de ameaças regionais, enquanto se prepara para desafios mais substantivos de segurança, no futuro" (Cohen, 1997, p. 21, tradução nossa). Entretanto, a revalidação dos pressupostos da dissuasão, atualizada para um contexto pós-Guerra Fria, não é um ato exclusivamente realizado por agências governamentais ou tomadores de decisão. Esse processo também ocorreu a partir da academia, especialmente na tentativa de compreender quais seriam os pacientes dessa dissuasão atualizada.

Podemos citar o trabalho de Paul, Morgan e Wirtz (2009) para analisar como a política de dissuasão pode ser orientada no pós-Guerra Fria. Segundo os autores, a teoria deve envolver desde atores estatais até atores não convencionais. Para tanto, cabe observar o que podemos chamar de *dissuasão complexa*, caracterizada em cinco situações:

1. entre grandes potências;
2. dissuasão entre Estados por meio de armas nucleares;
3. dissuasão entre Estados por meio de armas biológicas e químicas;
4. entre Estados e atores não convencionais;
5. dissuasão coletiva.

Atzili e Pearlman (2012, p. 302, tradução nossa) mesclam essa classificação ao formularem o conceito de *dissuasão triádica*, definida pelos autores como um instrumento em que "Um Estado usa punições e/ou ameaças contra outro Estado para dissuadi-lo de apoiar um ator não estatal, senão para obrigá-lo a parar de ajudá-lo". Dessa forma, possíveis ameaças destinadas a atores não estatais seriam compartilhadas pelos Estados que os fomentam e lhes dão guarida, potencializando a ameaça.

Um exemplo da aplicação da dissuasão contra atores não convencionais, inclusive em sua modalidade triádica, é o episódio conhecido como "a Segunda Guerra do Líbano". Em 2006, foguetes lançados pelo Hezbollah a partir do Líbano contra o território israelense, bem como o posterior ataque a duas patrulhas israelenses que culminou no sequestro de dois de seus soldados, infligiram a Israel uma severa percepção de ameaça (Kober, 2008). Israel já tinha a informação de que um aeroporto localizado no Líbano servia como ponto de chegada de armas provenientes da Síria e do Irã, para abastecer o Hezbollah. Complexa, a ameaça envolveria não só a organização terrorista, mas também três outros Estados financiadores desse grupo.

Como explicam Inbar e Sandler (1994), a dissuasão exerceu, historicamente, um papel central no pensamento estratégico israelense. Seu objetivo, como dissuasão geral, é persuadir os Estados árabes de que, mesmo juntos, não têm como derrotar militarmente Israel e, por isso, devem reconhecer que a paz é necessária. Recorrendo à teoria e analisando o caso israelense, podemos afirmar que a função da dissuasão é manter o *status quo* através da ameaça aos adversários por meio da possibilidade de emprego de estratégia negativa ou punitiva.

A resposta israelense a esse desafio foi, então, punir o Hezbollah e passar-lhe uma mensagem clara de que mais punições se sucederiam caso a postura de enfrentamento violenta a Israel não cessasse. Conforme Lambeth (2011), Israel visava a cessar os ataques de foguetes do Hezbollah contra seu território e responder à afronta desproporcionalmente; o meio para atingir essa finalidade foi a aplicação do poder aéreo, a fim de reduzir os recursos dos terroristas, sua capacidade de ataque e o prejuízo causado por eles.

O que transcorreu foram pesados bombardeios, contra aeroportos e bases de apoio ao Hezbollah, e o desdobramento de uma incursão terrestre ao norte do Rio Litani, em 11 de agosto de 2006, que resultou em um cessar-fogo proposto pelo Conselho de Segurança das Nações Unidas, estabelecendo uma força de paz ao sul do Líbano, a United Nations Interim Force in Lebanon (Unifil). Como resultado, de acordo com os dados apresentados pela Global Terrorism Database (GTD, 2019), as atividades dessa guerrilha, as quais tinham Israel como alvo principal, diminuíram após 2006.

Sobre a estratégia tomada pelos israelenses, Creveld (2008), em um artigo publicado no *The Jewish Daily*, foi enfático:

> *By the time the guns fell silent, hundreds of Hezbollah fighters had been killed. The organization had been thrown out of southern Lebanon, and to make sure it would not return, a fairly robust United Nations peacekeeping force was put into place.*
>
> *At least for the time being, Hezbollah appears to have had the fight knocked out of it. For well over a year now, Israel's border with Lebanon has been almost totally quiet — by far the longest period of peace in four decades. This was something that neither Golda Meir, nor Yitzhak Rabin in his two terms as prime minister, nor Menahem Begin, nor Shimon Peres, nor Yitzhak Shamir, nor Benjamin Netanyahu, nor Ehud Barak, nor even the formidable Ariel Sharon.*

Salientamos, por fim, que a questão sobre a dissuasão e o ator não convencional ainda é cercada por polêmicas. Alguns autores, como Adler (2009) e Stein (2009), argumentaram que a violência promovida por atores não estatais não tem como ser dissuadida porque os algozes são motivados por ideologias extremistas e, assim, não enxergam a racionalidade implícita da relação custo-benefício na qual a dissuasão é baseada. Contudo, podemos afirmar que, como Clausewitz propôs, já que a guerra é um instrumento da política e seu meio de comunicação com o oponente se dá por meio da violência, o cálculo racional de custo-benefício imposto ao oponente também se aplica no referido caso.

Entretanto, para resolver aquela questão, a proposta sairá do entendimento de Sloan (2017) sobre como a dissuasão pode atender atores estatais e não estatais: conforme a autora, uma orientação seria a "dissuasão sob medida". Sua ideia central é adaptar a dissuasão ao perfil do dissuadido, ou seja, mediante a identificação de seu processo decisório, identificar os fatores particulares que podem ser críticos para seu funcionamento e, desse modo, determinar qual é a abordagem mais apropriada.

Considerações finais

Segundo o general André Beaufre (1965, p. 22), a estratégia é "a arte da dialética das vontades que emprega a força para resolver seu conflito". Portanto, para conseguirmos, por meio da violência – de acordo com a explicação de Clausewitz –, impor nossa vontade, é extremamente necessário compreendermos os limites dos meios disponíveis e, assim, optarmos por um caminho a seguir. Tal pressuposto é a base de qualquer evento que implique o uso da força.

A dissuasão é uma ferramenta de cunho estratégico. É importante evidenciar que seu objetivo não é utilizar a força, e sim a ameaça de uso dela. Ao se usar a força, a dissuasão é comprometida. Para que esse estágio não seja alcançado, o dissuasor deve recorrer aos instrumentos possíveis para que o dissuadido mude seu comportamento conforme a vontade do primeiro.

Ao se relacionar muito mais ao desgaste do que à vantagem relativa, a dissuasão não pressupõe, necessariamente, a comparação entre a possibilidade militar de vencer ou ganhar um embate físico entre os atores, mas a ideia de que a violência empregada – potencial ou cineticamente – seja suficiente para causar um dano considerável, transformando-se em um capital político com o qual o dissuadido não quer lidar. Essa é a razão da influência do cálculo de custo-benefício impingido ao oponente e presente na coerção: não é o temor de ser subjugado pelo oponente que motiva a capitulação, mas a percepção de que a ameaça inflige inconveniente suficiente para que a opção de ceder seja mais vantajosa.

Dispositivos nucleares, *per se*, reúnem todas as características para que tal objetivo seja alcançado. No entanto, os meios convencionais, por acarretarem um impacto menos destrutivo, também têm um papel fundamental, como aponta Mearsheimer (1985), na elaboração desse cálculo para a contenção do inimigo.

Desse modo, mostramos que a teoria da dissuasão está presente umbilicalmente na teoria política da guerra e que, apesar das inovações de outrora, qualquer que seja o campo – nuclear, convencional ou quaisquer outros nos quais a força figure –, a dissuasão sempre estará no cálculo político dos decisores, seja contra Estados, seja contra atores não convencionais. Ainda, não obstante as inúmeras mudanças teóricas, essa teoria sempre estará presente na concepção da política, ao se empregarem certos instrumentos para manter a paz ou evitar a guerra.

Síntese

Neste capítulo, analisamos como se caracteriza a dissuasão. Além disso, vimos que ela foi um instrumento-chave para as decisões estratégicas utilizadas por políticos e grandes potências por muitos séculos e que se tornou a principal ferramenta na luta entre Estados Unidos e União Soviética durante a Guerra Fria. Ademais, demonstramos como a literatura tratou desse conceito, considerando desde a análise da relação da dissuasão com o uso de armas de destruição em massa e a avaliação de sua utilidade juntamente com armas convencionais até sua aplicação após o fim da bipolaridade, inclusive contra atores não convencionais.

Capítulo 4
Tecnologia e guerra

Conteúdos do capítulo:

- O emprego da tecnologia em guerras.
- As vantagens que as tecnologias oferecem no campo de batalha.
- As teorias que buscam explicar a invenção e a inovação de armas e tecnologias.
- O debate sobre a quantidade e a qualidade do material bélico usado em conflitos.

Após o estudo deste capítulo, você será capaz de:

1. compreender o emprego da tecnologia ao longo da história e como ele gera vantagens para as Forças Armadas no campo de batalha;
2. utilizar analiticamente conceitos e entender as diferentes eras da ordem militar internacional;
3. analisar como a tecnologia atua com a guerra e seus efeitos disruptivos.

"Abraham Lincoln tornou todos os homens livres, Samuel Colt os tornou iguais" (Gardner, 1961, p. 88, tradução nossa). Com essa frase, que visava promover o novo revólver da Colt, a empresa buscou transmitir a ideia de que não importava a força física ou o poder do indivíduo: a arma era uma tecnologia capaz de anular essas variáveis. Fundada por Samuel Colt (1814-1862), a Colt's Patent Firearms Manufacturing Company[1] tornou viável a fabricação em massa do revólver. Colt foi o primeiro armeiro a desenvolver um revólver de seis tiros com cilindro removível, o Colt 45, que foi patenteado na Inglaterra no ano de 1835. Em virtude da popularidade e do sucesso dessa pistola de culatra rotativa, a empresa cresceu e absorveu outros concorrentes.

Considerando-se o exposto (a ideia de que a tecnologia iguala combatentes), na atualidade, ocorre tanto nos meios militares como no civil um debate sobre o papel, a aplicabilidade e as consequências morais e éticas do emprego da tecnologia em conflitos e guerras. No âmbito militar, a vantagem tecnológica é considerada fulcral, um instrumento importante que pode levar a uma vitória no campo de batalha. Ilustra tal fato uma cena, repetida por muitos oficiais como emblemática, da película *Os caçadores da arca perdida*, de 1981. Estrelada por Harrison Ford no papel de Indiana Jones, a cena em apreço é a da "arma de fogo *versus* arma branca (espada)". Ao procurar Marion Ravenwood (interpretada por Karen Ellen), Jones se depara com um espadachim árabe, vestido de preto, fazendo malabarismos

---

[1] Atualmente, a companhia se chama *Colt's Manufacturing LLC*. Para mais informações, acesse o site da fabricante. Disponível em: <https://www.colt.com>. Acesso em: 22 jul. 2020.

com uma espada e convocando-o para um duelo. De imediato, o caçador de tesouros dispara seu revólver e mata o experiente guerreiro, causando perplexidade em todos ao seu redor. A cena icônica é por vezes usada como exemplo do que a superioridade tecnológica contra um adversário pode fazer, tornando insuficientes as grandes habilidades de combate que o rival detém.

A decisão política das Forças Armadas dos Estados Unidos de estar duas gerações tecnologicamente à frente de seus inimigos demonstra o valor atribuído àquela questão (Spear; Cooper, 2010). A inferioridade tecnológica diante de seu adversário pode significar uma derrota sem até mesmo ter ido à guerra efetivamente. Durante a Guerra da Iugoslávia, por exemplo, a frota de caças MiG-29 do país ficou "groundeada"[2] em decorrência da total incapacidade de rivalizar com as aeronaves mais modernas dos membros da Organização do Tratado do Atlântico Norte (Otan)[3]. Esses cenários apontam o porquê de haver uma constante busca pelo avanço das condições tecnológicas.

Há muitas formas de analisar a associação entre a tecnologia e a guerra. A respeito disso, duas questões são levantadas por historiadores militares: 1) De onde vem a tecnologia militar? e 2) Como podemos entender a relação entre tecnologia, guerra e a procura pela vitória? Tomando essas perguntas como ponto inicial, neste capítulo trataremos daquela associação e de sua importância ao longo da história. Na primeira parte do capítulo, abordaremos questões teóricas, temas contemporâneos e a produção de armas. Mostraremos como a institucionalização de uma rede burocrática voltada para a pesquisa

---

2   *Terminologia militar que sinaliza a situação de aeronaves no solo sem voar.*
3   *Os caças da Otan geralmente eram equipados com mísseis ar-ar AMRAAM com capacidade BVR (Beyond Visual Range, ou seja, além do alcance visual) e aptos a abater alvos a 80 km de distância, enquanto os sérvios apenas possuíam mísseis de curto alcance.*

e o desenvolvimento (P&D), que adquiriu maior força no século XIX, tornou-se responsável pelo aumento no volume de inovações tecnológicas, impactando principalmente a esfera militar. Na segunda parte, focalizaremos a relevância da tecnologia nas guerras: não apenas o processo de utilização em si, mas o modo como a incorporação de tecnologias civis suscitou fundamentais avanços no meio militar, considerando-se também que, com frequência, as características dos conflitos igualmente tendem a influenciar a forma como ocorre essa incorporação. Por último, apresentaremos um balanço do futuro da tecnologia militar e do debate contemporâneo.

(4.1)
Teorias, produção de material bélico e a ordem militar internacional

O progresso tecnológico tem uma evolução longa que envolve várias áreas, sendo também um processo de construção social, analisado sob múltiplas perspectivas. Geralmente, pensa-se no advento de novas tecnologias da seguinte maneira: os cientistas desenvolvem tecnologia na guerra da mesma forma que as pessoas andam por corredores com portas fechadas, mas os primeiros conseguem abrir portas de locais que abrigam "baús do tesouro". Os benefícios da tecnologia ficam para aqueles que obtêm as chaves para abrir os "baús". Diversos historiadores militares rejeitam essa visão (Cohen, 2013, p. 133) argumentando que as forças que moldam a tecnologia dificilmente são predeterminadas.

Quanto ao exposto, a noção mais comum é a da *form follows function*[4], segundo a qual as tecnologias militares são desenvolvidas para atender a determinadas demandas. Outra visão é a da *form follows failure*[5], um conceito que foi aplicado primeiro para se entender o avanço da tecnologia de construção de pontes, mas que é aplicável também ao setor militar (Petroski, citado por Cohen, 2013). De acordo com essa última perspectiva, novas tecnologias surgem como uma resposta à identificação de alguma falha ou equívoco em uma tecnologia preexistente. Outras teorias sobre a invenção dos referidos artefatos sugerem que eles são construídos por conveniência organizacional (Creveld, 1991a). Como o próprio historiador Martin van Creveld destaca, não obstante a pluralidade de explicações possíveis, essas teorias são insuficientes para se compreender plenamente o processo de invenção ou inovação tecnológica.

Convém ressaltar que as características singulares dos países onde a tecnologia é concebida também importam. Alguns exemplos referentes a carros de combate/tanques[6] e caças-bombardeiros, respectivamente, podem ser aqui citados. No primeiro caso, trata-se da clássica amostra da diferença entre o Merkava israelense e o M1A2 Abrams americano. O *design* dos veículos reflete as filosofias de combate e a expectativa quanto aos locais em que os Estados terão de travar suas guerras. O Merkava foi concebido para ser usado em lugares como as Colinas de Golã, com bastantes rochas e de solo íngreme. Já o Abrams consegue atingir altas velocidades em confrontos no deserto. Outro ponto importante é que Israel confere um valor

---

4   *"Forma segue a função", em tradução livre. Optamos por manter em inglês essas e outras expressões pelo fato de seu uso nesse idioma ser canônico.*
5   *"Forma segue a falha", em tradução livre.*
6   *Comumente conhecidos como tanques; carros de combate é a terminologia brasileira para carros sobre lagarta portando canhão rotatório de 360 graus.*

excepcional à proteção da equipe, razão pela qual os motores dos tanques localizam-se na parte frontal do veículo, o que faz com que ele perca eficiência, mas garanta maior proteção para a tripulação. Quanto aos americanos, o tanque conta com um motor de turbina, que consome muito combustível, uma escolha que sugere que eles não têm problemas de logística para abastecer os veículos[7].

Outro tópico relevante diz respeito às concepções doutrinárias de um exército ou força aérea e à conexão entre tal organização e a indústria de defesa de um país. Voltando ao caso de Israel, detendo-nos agora no exemplo dos caças-bombardeiros, em virtude da longa história de guerra contra países árabes, o país buscou privilegiar a potência do ataque contra seus adversários. Como as distâncias no Oriente Médio são curtas, isso possibilitou o desenvolvimento de aviões com alta capacidade de bombardeio, porém com pouco alcance. Assim, o caça-bombardeiro Nesher foi trabalhado para ser um substituto do Mirage 5 e logrou êxito contra as aeronaves sírias, egípcias e líbias nas guerras em que foi empregado[8]. Posteriormente, ele foi exportado para a Argentina, onde recebeu a designação de Dagger. Empregado em um teatro de operações distinto daquele para o qual fora idealizado, na Guerra das Malvinas (também chamada de *Falklands War*), em 1982, o Nesher sofreu com a distância entre as ilhas e o continente, levando os militares de Buenos Aires a reduzir a carga bélica desse avião, a fim de adicionar tanques de combustível subalares e, por conseguinte, aumentar o raio de ação da aeronave. Esse caso evidencia

---

7   Mais detalhes podem ser vistos em: ARMY TECHNOLOGY. Disponível em: <http://www.army-technology.com/projects/merkava/> e <http://www.army-technology.com/projects/abrams/>. Acesso em: 22 jul. 2020.
8   As especificidades da aeronave podem ser consultadas em: IAI NESHER, a cópia israelense do Mirage 5. 8 jun. 2017. Disponível em: <http://www.aereo.jor.br/2017/06/08/iai-nesher-copia-israelense-do-mirage-5/>. Acesso em: 22 jul. 2020.

a necessidade de adaptação ou fabrico de material bélico de acordo com as condições efetivas de uso de tal recurso.

A Guerra das Malvinas também provocou um imenso debate sobre o uso dos mísseis antinavio Exocet durante as operações navais e o embargo francês. A Argentina não conseguiu receber o lote adicional de mísseis que havia comprado da França, em virtude do impedimento gerado, via Otan, pela Primeira-Ministra Margaret Thatcher em relação ao Presidente François Mitterrand (Callado, 1996). Assim, a quantidade de mísseis Exocet à disposição na guerra foi considerada insuficiente para combater um inimigo forte como a Marinha Real Britânica.

Uma das razões para o grande avanço tecnológico registrado nas últimas décadas é a institucionalização, tanto em termos organizacionais quanto burocráticos, das pesquisas científicas. A economia do século XIX foi amplamente influenciada pela Revolução Industrial e foi nesse contexto que surgiu a universidade do tipo humboldtiana, fundada no tripé formado por ensino, pesquisa e extensão (Silveira; Bianchetti, 2016, p. 79). A cooperação mais estreita com o Estado, assim como a alocação de recursos do orçamento militar para pesquisa, converteu-se em um elemento basilar de integração entre tal estrutura social e as universidades civis. Ao longo dos anos, os Estados começaram a perceber as vantagens proporcionadas pelas pesquisas, tanto na área civil como na militar.

Houve uma alteração significativa da era pré-moderna para a contemporânea quanto à organização da produção militar e da dinâmica da transferência de armas. Na era pré-moderna, era comum a "produção" de armas acompanhar os exércitos, onde eles estivessem, para moldar e fabricar suas espadas e escudos. A tendência era que cada cidade-Estado tivesse a própria fabricação de armas. Nos séculos XIX e XX, a difusão da capacidade produtiva de defesa e a criação em massa de produtos militares ganharam evidência. A partir de 1945, com o fim da Segunda Guerra Mundial, os arranjos das cadeias produtivas envolveram cada vez mais países, por meio da transnacionalização da produção, como forma de diluir os custos de pesquisa, cada vez mais altos, entre os Estados-membros de um projeto.

Após a Segunda Guerra Mundial e com o início da Guerra Fria, quando Harry Truman, presidente norte-americano, estabeleceu a doutrina de contenção[9], houve um incentivo aos altos gastos militares. Essa conjuntura favoreceu a expansão do envolvimento corporativo no setor de defesa, enquanto os elevados investimentos em P&D influenciaram a estrutura e o desempenho das empresas no geral. Paul Dunne (1995) argumenta que os custos com P&D militar tornaram as pesquisas desse setor mais caras do que as civis. Assim como a natureza da produção, a pequena quantidade, os produtos tecnologicamente avançados e a preocupação maior com a *performance* do material bélico do que com a minimização de custos limitaram as economias de escala. Todos esses fatores foram preponderantes para a compreensão acerca do tamanho e da estrutura das indústrias de defesa no pós-1945.

Normalmente, a tecnologia militar se materializa em maior ou menor velocidade e de forma desigual, ou seja, como algo não acessível a todos os países e seus respectivos cidadãos. No início do século XX, havia uma desconexão entre o setor civil e o de defesa no que se refere ao desenvolvimento de novas armas. De acordo com Jacques S. Gansler (2011), existem distinções críticas entre o mercado civil e o de material militar, as quais se encontram resumidas no Quadro 4.1.

---

9 *Aqui tomada como marco de referência do início da Guerra Fria, em 1947.*

Quadro 4.1 – Mercados civil e de material militar

Aspectos	Mercado civil	Mercado de defesa
Produtos	Tecnologia testada é rapidamente aplicada.	Tecnologias de ponta são aplicadas de forma lenta.
Estrutura do mercado	Muitos compradores e múltiplos produtores.	Um comprador; aquisição de grandes itens em pequenas quantidades.
Demanda	Competitiva; sensível a preço e qualidade.	Monopsônica; raramente sensível ao preço; setor dirigido pela *performance* do produto.
Oferta	Competitiva; ajustada à demanda.	Oligopsônica; grande excesso de capacidade.
Entrada e saída	Movimentos dentro e fora do mercado.	Barreiras amplas para entrada e saída, como requerimentos, percepção de custos altos em relação a dois fornecedores, *accountability* especial.
Preços	Restrições em torno da competição de mercado.	Baseado em custos e regulado.
Outputs	Restrições em torno da competição de mercado.	Determinado pelo governo.
Riscos	Companhia	Compartilhado entre companhia e governo.
Lucros	Restrições em torno da competição de mercado.	Regulação estatal.
Competição	Na produção.	Usualmente pela P&D.

Fonte: Elaborado com base em Gansler, 2011.

Diversas inovações tecnológicas somaram-se, ao longo das eras, e impulsionaram uma transformação mais ampla e profunda tanto no âmbito civil como no militar. Em meados do século XIX, por exemplo, a combinação do uso do telégrafo, que permitiu a comunicação com autoridades civis e militares; das ferrovias, que viabilizaram o transporte em massa de tropas e seus mantimentos durante o inverno ou cercos; e do fuzil, que facilitou às infantarias o engajamento letal a distâncias maiores, modificou a guerra de forma significativa. A Guerra de Unificação da Alemanha (finda em 1871) e a Guerra Civil Americana (1861-1865) foram conflitos armados que utilizaram parte dos inventos há pouco mencionados. Considera-se que esses dois enfrentamentos foram uma pré-configuração da carnificina que aconteceu na Primeira Guerra Mundial, com a industrialização da guerra e a considerável quantidade de mortos.

A Guerra do Golfo, em 1991, serviu de ilustração para o que vários tecnologistas tinham concebido como sistemas de armas bem articulados, que combinaram precisão, alcance e, sobretudo, "inteligência" – a habilidade das armas de selecionarem os próprios alvos. O desequilíbrio tecnológico na guerra transcorrida entre as forças americanas e as iraquianas, a eficácia inquestionável das armas de precisão e a emergência de tecnologias que deram suporte à guerra, como os bombardeiros F-117 *Stealth*[10], convenceram muitos de que as características do conflito entre Estados haviam mudado. Na Figura 4.1, é possível visualizar a destruição promovida na chamada *"Highway of Death"*, que se tornou um exemplo ou demonstração da superioridade tecnológica dos Estados Unidos.

---

10 *O F-117 Nighthawk entrou em operação em 1983, e a Guerra do Golfo foi a primeira em que essa tecnologia foi usada em larga escala.* O design *do avião consegue enganar os radares, que não o detectam. Durante a Operação* Desert Storm, *essas aeronaves realizaram um total de 1.271 surtidas. A história de seu uso pode ser lida em: U.S. AIR FORCE.* **F-117A Nighthawk.** *Disponível em: <http://archive.is/20120629101020/http://www.af.mil/information/heritage/aircraft.asp?dec=1970-1980&pid=123006550>. Acesso em: 22 jul. 2020.*

Figura 4.1 – *"Highway of Death"*

Autoestrada 80, entre o Kuwait e a cidade de Basra, no Iraque. Enquanto as tropas de Saddam Hussein fugiam com veículos civis e militares, em 26 de fevereiro de 1991, a Força Aérea Americana bombardeou as forças de Bagdá em retirada. O episódio evidenciou a desproporcionalidade da capacidade aérea entre os países.

Os progressos na conduta bélica observados na Guerra do Golfo perduraram por uma década mais tarde, como é possível notar nos bombardeios a alvos iraquianos e nas operações contra a antiga Iugoslávia, na Bósnia, em 1995 (*Operation Deliberate Force*), e no Kosovo, em 1999 (*Operation Allied Force*). Os ataques ocorreram diuturnamente com armas de precisão do tipo JDAM[11] e foram devastadores para as forças sérvias. As forças da coalizão também conseguiram reduzir

---

11 *Informações técnicas estão disponíveis no site da fabricante:* BOEING. **Joint Direct Attack Munition.** *Disponível em:* <http://www.boeing.com/history/products/joint-direct-attack-munition.page>. *Acesso em: 22 jul. 2020.*

o número de perdas ao executar bombardeios em grandes altitudes, evitando, assim, expor-se ao fogo das armas antiaéreas da Sérvia. Posteriormente, a combinação de forças especiais, veículos aéreos não tripulados e aviões atacando com bombas inteligentes causou um grande dano às tropas do Talibã no Afeganistão, em 2001. Dois anos mais tarde, em 2003, o obsoleto exército de Saddam Hussein foi derrotado em apenas três semanas de combate.

Na próxima seção, abordaremos alguns estudos de caso sobre o emprego da tecnologia nos conflitos e a relevância dela ao longo do tempo.

(4.2) A TECNOLOGIA NAS GUERRAS: UMA ANÁLISE HISTÓRICA

Em *Technology and War: from 2000 B.C. to the Present*, Martin van Creveld (1991a) apresenta uma análise histórica sobre a importância das armas e das tecnologias de apoio no decorrer das guerras e nos conflitos armados. A colocação inicial de Creveld (1991a, p. 1) é que a guerra é permeada pela tecnologia e governada por ela. Embora o autor inicie sua abordagem com essa afirmativa, ao longo do texto ele ressalta que a tecnologia, muitas vezes, não é fundamental para o resultado de um conflito, como foi o caso do Vietnã. O livro é dividido em quatro grandes eras: 1) a era das ferramentas, quando as limitações da guerra eram impostas pelo uso humano direto e com animais; 2) a era das máquinas, ponto em que a discussão recai na emergência de máquinas militares e não militares de construção humana; 3) a era dos sistemas, parte em que Creveld aborda a ascensão de multicomponentes dos sistemas militares; e, por último, 4) a era mais recente, a era da automação, que engloba de 1945 ao presente, parte em que o autor faz referência aos processos autônomos.

Em sua análise, Creveld considera a tecnologia como um meio fundamental para se ampliar a capacidade humana de combate.

O principal argumento de Creveld (1991a) quanto ao tema em questão é que o uso conjunto de tecnologias já existentes por meio de novas combinações entre elas mostrara-se mais eficaz em combate do que armas radicalmente novas ou secretas. Exemplifica essa perspectiva o uso de bigas somado ao arco e flecha, assim como os gládios romanos e o emprego simultâneo de dardos. Apesar dos avanços na tecnologia militar, nenhuma arma conseguiu manter o domínio tático por muito tempo, em virtude da difusão rápida das novas tecnologias. Tornou-se, assim, mais significativo acompanhar as inovações – em vez de se centrar no uso de apenas um recurso –, como a formação de campo e os projéteis auxiliados mecanicamente.

Quando as tecnologias de balística, de comunicação e de logística eram restritas, a guerra e a batalha "coincidiam" taticamente. A estratégia se tornou necessária e possível quando os armamentos projetados deram uma nova tônica aos combates (Creveld, 1991a). A importância estratégica de se permanecer no mesmo nível que os adversários, garantindo descobertas constantes de tecnologias militares, surgiu com maior força apenas no final do século XIX. Nesse período, a era da guerra total[12] teve início e exigiu uma burocracia organizada que controlasse e planejasse o grande consumo de recursos financeiros, logísticos e tecnológicos voltados para a produção militar. De acordo com Creveld (1991a), as revoluções tecnológicas mais relevantes derivaram da infraestrutura total de comunicação (semáforo, telégrafo, rádio), do transporte (ferrovia, automóvel,

---

12 Por guerra total *entende-se um conflito de alcance ilimitado, no qual as partes envolvidas mobilizam, para auxiliar/atuar no esforço da guerra, todos os seus recursos humanos, industriais, agrícolas, militares, naturais e tecnológicos.*

aeronave) e das tecnologias de "suporte" (como cartografia, criptografia, cronologia, televisão, fotografia, meteorologia e oceanografia), tendo sido todos esses elementos convertidos em instrumentos específicos de destruição.

Jeremy Black (2013) tem uma visão similar à de Creveld no que se refere ao fato de a tecnologia, por si só, não constituir um instrumento inovativo no campo de batalha. Em alguns casos, são fundamentais inéditas estruturas organizacionais. Consideremos o exemplo do exército napoleônico. A capacidade combativa do Exército Francês, nos anos 1800, não se deveu à introdução de novas armas, mas a alterações de comando e organizacionais. O desenvolvimento da infantaria, o poder de fogo em massa no nível tático e o uso misto de unidades armadas: tudo isso demonstrou, nas Guerras Napoleônicas (1803-1815), a superioridade francesa sobre as estruturas unitárias oponentes. E a guerra em massa do referido período teve relevantes repercussões no debate contemporâneo sobre a organização das Forças Armadas (Gates, 1997).

É importante observar que, de acordo com a análise de Creveld (1991a, p. 233-310), o debate "tecnologia x guerra" recai nos elementos da tecnologia militar que não estão apenas ligados a sistemas, mas orientados e direcionados por máquinas que podem detectar mudanças no ambiente e reagir a elas. O aumento da quantidade de informação que deve ser "digerida" para esses propósitos tornou-se tão esmagador que apenas a automação, geralmente a informatização, do processo de coleta e distribuição de informações permitiu que os quartéis militares ficassem a par da situação de cada local, operação etc., mesmo com o volume intenso de dados. Weigley (1989) já considerava no início dos anos 1990 que, na guerra aérea, a automação completa ou quase completa da captação e da distribuição de dados no momento de conduzir o combate tornara-se indispensável.

Enquanto algumas áreas, como os exércitos, ainda não se aproximaram da completude da automação, outras, como a guerra aérea e o emprego de mísseis nucleares de longo alcance, têm a tendência de prosseguir nessa direção.

Após 28 anos da publicação da análise de Weigley, Schulzke (2017) afirma ser inevitável a proliferação de drones na guerra aérea. Esses aparelhos são comumente associados às Forças Armadas Americanas ou a seus serviços de inteligência; outros exércitos, no entanto, criaram a própria força de drones. As Forças de Defesa de Israel (IDF) desenvolveram uma ampla gama de *Unmanned Aerial Vehicles* (UAVs) com capacidade de coordenar ações militares e de patrulha nos territórios palestinos (Zureik; Lyon; Abu-Laban, 2011). As aeronaves Heron e Eitan são similares ao Predator e ao Reaper americanos e têm sido usadas constantemente em missões de ataque a alvos selecionados. Os países europeus também estão buscando desenvolver sua tecnologia de drones, seja com a assistência dos EUA, seja com o apoio dos israelenses, seja de forma independente. Os EUA ajudaram a treinar operadores de drones de países aliados durante as guerras do Iraque e do Afeganistão, assim como venderam aviões desarmados durante anos e, a partir de 2015, passaram a comercializar variantes armadas (Faus, 2015).

O Reino Unido é outro Estado que vem fazendo uso intensivo de drones desde 2008. No início de fevereiro de 2015, o país tinha dez Reapers em serviço e, em junho do mesmo ano, utilizou essas máquinas para executar mais de 5 mil ataques no Afeganistão, no Iraque e na Síria (UK Drone..., 2020). Outras nações europeias têm sido mais vagarosas em utilizar drones de combate, e o caso alemão é sintomático: a oposição doméstica tem feito o governo atrasar seu uso em conflitos. Contudo, Alemanha, França e Itália estão desenvolvendo drones de reconhecimento que podem vir a ser veículos aéreos de combate no futuro. Acredita-se que essas aeronaves proverão a confiança necessária nesse tipo de armamento e que a oposição interna ao seu emprego será superada com o tempo.

China e Rússia também estão investindo em programas de drones; as evidências sugerem que ambos os países estão buscando aprimorá-los de forma célere. Suspeita-se ainda que, em outubro de 2015, Moscou possuía 800 veículos aéreos dos mais diversos tipos, em sua maioria UAVs de reconhecimento, porém, como a trajetória do programa americano mostra, os avanços tecnológicos nessa área tendem a levar à criação de drones armados (Pearson, 2015). Os chineses têm criado UAVs armados e não armados, os quais se parecem em *design* com seus congêneres americanos, evidenciando que Pequim adota uma estratégia de engenharia reversa para desenvolver seus veículos. É sobre a região de Xinjiang que a China tem realizado a maior parte de suas operações com uso de drones, e isso não por coincidência, já que essa parte do país é conhecida por abrigar suspeitos de terrorismo (Jia, 2017). Outro ponto que tem gerado estresse e preocupações para os EUA é que a China está financiando o desenvolvimento de drones capazes de empreender ataques a navios. Esse novo elemento pode colocar em xeque a supremacia naval americana e permitir que a China detenha maior controle sobre o Mar do Sul, localizado em seu próprio território. Tanto a Rússia como a China veem benefícios em dispor de uma política de desenvolvimento desse setor, o que sugere que eles enxergam os drones de combate como uma área promissora, em uma tentativa de replicar as práticas americanas e israelenses com relação ao emprego dessas máquinas.

Embora ainda permaneçam nebulosas questões sobre como os drones se parecerão no futuro e de que modo serão usados, as tendências apontam para a substituição de pessoal militar, em quase todos os tipos de combate e em missões de apoio, por tais ferramentas, uma vez que elas reduzem o risco de exposição do contingente militar ao fogo inimigo. Em virtude do forte incentivo ao uso daquele recurso, pode-se esperar que nos próximos conflitos haja uma introdução de UAVs, como visto na Guerra ao Terror, mas com uso e alcance distintos em áreas militares dependendo do país que os utilizará.

O principal apelo dos drones para uso militar é que eles são uma plataforma que possibilita a redução de riscos, como frisamos antes, ou facilita seu gerenciamento. Em razão das incertezas associadas aos riscos, tais ferramentas direcionam-se para a capacidade de reação a uma ampla gama de possíveis ameaças e para o cultivo da resiliência. Quanto ao gerenciamento de riscos, a postura ideal é buscar prever ameaças, ainda que não seja possível alcançar a perfeita segurança, porque novos riscos tendem a surgir como um "efeito bumerangue", anulando o risco inicial (Rasmussen, 2006).

As forças combatentes podem estar ou não preparadas para os riscos de uma guerra futura, assim como atualizadas no momento de sua eclosão. Os cenários hipotéticos de conflitos são trabalhados pelos estrategistas/militares, que, marcados pela incerteza sobre quando vão lutar e contra quem, desenvolvem doutrinas, sistemas de armas e habilidades que serão amplamente relevantes contra um leque significativo de perigos possíveis. Dessa forma, instituições militares, culturas e tecnologias podem ser interpretadas em termos de como são projetadas na tentativa de diluir riscos ou torná-los previsíveis (Schulzke, 2017). Nesse sentido, todas as armas são, de certo modo, um aparato de gerenciamento de riscos, permitindo que seus usuários ameacem inimigos, isto é, os coloquem sob perigo/risco de ataque, e elevem a própria chance de sobreviver no campo de batalha. Artefatos utilizados a distância, como javelins, arco e flecha e bombas, são bastante atraentes, porque impõem ameaças assimétricas aos combatentes opositores, favorecendo que seus operadores atinjam alvos que, via de regra, não conseguem responder efetivamente ao ataque. Ainda nessa direção, o desenvolvimento de armas, em particular as corridas armamentistas entre dois ou mais adversários em conflito ou em situação de antecipação de tal cenário, pode ser considerado um esforço para adquirir condições de administrar riscos prospectivos. Ou seja, os beligerantes procuram tanto confeccionar armas mais poderosas para atingir largos terrenos/objetivos quanto produzir melhores blindagens e sistemas de defesa capazes de conter o poder ofensivo de um inimigo.

Além dos recursos há pouco citados, os drones são tidos como fundamentais no controle de rateio de ameaças. O uso desses aparelhos foi intensificado durante a chamada *revolução dos assuntos militares* (RAM) americana, caracterizada pelo empenho em desenvolver soluções tecnológicas para os riscos da guerra[13]. Os drones aparentam ser uma estratégia de ganha-ganha para controlar impactos de diversos perigos, já que aprimoram a projeção de força à proporção que refinam a vigilância e a capacidade ofensiva dos Estados (Rasmussen, 2006, p. 54). A tendência é que tal emprego cresça exponencialmente nas guerras, uma vez que os veículos aéreos não tripulados representam a promessa de mudança radical na conduta de conflitos, especialmente quanto a vidas perdidas e dinheiro gasto, assim como conseguem tanto antecipar e conter uma ampla gama de ameaças ao pessoal militar, aos combatentes aliados e aos civis quanto direcionar/criar riscos para combatentes inimigos e civis em Estados

---

13 Há exemplos de usos de drones na Guerra do Vietnã e em outras ocasiões. Quanto à RMA como política, data dos anos de 1980-1990.

oponentes ou em áreas em disputa. Contudo, o principal foco da redução de risco é o pessoal militar[14].

Mobilidades aérea e marítima proeminentes propiciaram aos exércitos ao redor do mundo melhor projeção de forças, uma característica/capacidade da guerra contemporânea que resultou em mais "pontos de contato" (Black, 2013) entre oponentes, principalmente no caso dos Estados Unidos, cuja força é a maior desde 1945. A relativa facilidade de movimentação de tropas, assim como as guerras intraestatais que eclodiram desde a Segunda Guerra Mundial, colocou com maior frequência forças irregulares e regulares no mesmo campo de batalha, delineando um embate conhecido nos meios acadêmico e militar como *guerra assimétrica* (Drew, 1998; Malkasian, 2002; Bryant, 2004). Esse tipo de guerra gera inúmeras dificuldades para os dois lados em atrito, sobretudo quando aquele considerado mais fraco lança mão de mecanismos como guerra de guerrilha e terrorismo (Visacro, 2009). Em muitas situações, tais mecanismos convertem a guerra em um processo prolongado, demandando o emprego de táticas de contrainsurgência.

Em Guiné-Bissau as atividades de guerrilha se iniciaram em 1963. Em 1973, a introdução dos mísseis SAM-7 de ombro Strela pela União

---

14 *Para ilustrarmos essa questão, podemos comparar dois eventos históricos. Em 1960, o avião espião U-2 pilotado por Francis Gary Powers foi derrubado enquanto sobrevoava a União Soviética. Apesar de os EUA alegarem ser um avião de testes da National Aeronautics and Space Administration (Nasa), Powers confirmou que trabalhava para a Central Intelligence Agency (CIA). Posteriormente, Clarence Cannon, da House Appropriations Committee, e o Presidente Dwight Eisenhower reconheceram publicamente que eles estavam espionando os soviéticos, causando, assim, embaraço internacional. Os EUA admitiram seu plano de espionagem e, para conseguirem a libertação de Powers, foram forçados a trocá-lo por Rudolf Abel, um espião soviético capturado. Mais recentemente, em 2011, um UAV RQ-170 caiu no Irã. Tal fato também repercutiu bastante, mas, diferentemente do que se viu no caso de Powers, não houve humanos envolvidos e o custo de transação foi bem menor.*

Soviética foi responsável por alterar o balanço de poder naquela área (Hurley; Mattos, 2014). Ainda assim, os combatentes africanos conseguiram desafiar a superioridade aérea portuguesa, abatendo com relativa facilidade os aviões Fiat G91. Portugal teve, então, de "groundear" sua Força Aérea no país e isso contribuiu para que Lisboa perdesse a iniciativa na guerra. O grande número de perdas materiais e humanas causadas às Forças Armadas Portuguesas na África é concebido como fator relevante para a criação do movimento de 25 de abril de 1974, conhecido como *Revolução dos Cravos*.

De forma similar, os mísseis Stinger e Blowpipe (americanos e ingleses, respectivamente) desempenharam relevante papel contra as forças soviéticas no Afeganistão nos anos 1980. Centenas de caças e helicópteros Mi-24 Hind foram derrubados pelos *mujahidin* em razão do fornecimento desses aparatos bélicos pelo serviço secreto americano (Wasdin; Templin, 2015). Os helicópteros e os aviões de ataque foram, dessa forma, forçados a voar mais alto, reduzindo seu potencial de apoio às tropas em terra. Apesar disso, o uso desses mísseis contribuiu para que houvesse um senso de vulnerabilidade e intratabilidade na condução da guerra.

Um outro exemplo de como a tecnologia pode ser bastante útil refere-se à vigilância aérea e à mobilidade das forças aerotransportadas, recursos aplicados desde 2001 pelos americanos no Afeganistão. Mais recentemente, a Rússia efetuou uma ação militar de suporte ao governo de Bashar al-Assad (Lucena Silva; Freitas, 2015) com várias nuances políticas e estratégicas. O que se pode notar nos novos parâmetros de bombardeio russo na Guerra Civil Síria (2011-) é o ataque em elevada altitude, com munições de precisão, como bombas guiadas a *laser*, para evitar mísseis portáteis. Entende-se, com isso, que essa nova estratégia russa é um aprendizado decorrente da experiência vivida no Afeganistão.

As guerrilhas e outros movimentos de insurgência também se beneficiam do uso de tecnologia de baixo custo ou de baixa complexidade; o RPG (*rocket propelled grenade*), por exemplo, é muito utilizado por esses grupos para atacar veículos. Neste ponto, é preciso conferir destaque a uma arma em especial: o fuzil AK-47[15], que é capaz de realizar tiros de forma automática e é a preferência tanto de insurgentes quanto de Forças Armadas. Diferentemente do que se observa nos rifles semiautomáticos usados em conflitos regulares, como o M1 Garand ou o britânico L1A1, o fuzil russo apresenta grande cadência de tiro e é conhecido por sua robustez e flexibilidade, além de ser considerado a arma mais devastadora do planeta em termos de mortes ocasionadas por seu uso (Kahaner, 2007). De acordo com Larry Kahaner (2007), estima-se que o uso do AK-47 tenha sido responsável por mais de 250 mil mortes e que, desde o início de seu processo de fabricação em 1947, tenha sido atingida a marca de aproximadamente 100 milhões de unidades produzidas.

Ainda quanto ao AK-47, Kahaner (2007) destaca que a resistência dessa arma é igualmente impressionante. Os soldados americanos da Guerra do Vietnã relataram que tais armas eram enterradas nos cultivos de arroz e lá ficavam por meses; apesar disso, ao serem desenterradas, disparavam perfeitamente, sendo preciso apenas que se desse um "tranco" nelas. Em razão da leveza desse fuzil, exércitos rebeldes descobriram sua praticidade de manejo por crianças-soldado, bastando menos de uma hora de prática para que essas crianças, cujos braços

---

15 O nome deriva de Automática Kalashnikov, *uma referência ao russo Mikhail Kalashnikov, que, ao ser ferido por soldados nazistas, procurou desenvolver uma arma de fácil uso, para derrotar os soldados alemães rapidamente. Convém ressaltar que o AK-47 é muito parecido, estética e visualmente, com o Sturmgewehr 44. Acredita-se que seu desenho foi inspirado nessa arma usada na Segunda Guerra Mundial pelo Exército Alemão.*

e corpos são pequenos, sejam suficientemente treinadas para atirar com qualquer AK. Assim, é comum ver crianças-soldado portando esses fuzis no Congo, em Mianmar, no Sri Lanka e no Afeganistão. Outra razão para o AK ser tão onipresente nas guerras e nos conflitos ao redor do mundo é seu baixo custo: em alguns lugares, ele pode ser comprado por menos de 100 dólares (Andrighetto, 2011), tornando-se, por isso, a arma padrão em países pobres imersos em instabilidade, como em alguns casos da África e da Ásia.

Considerações finais: três questões e o futuro da tecnologia

O impacto da tecnologia na guerra pode ser avaliado de diversas formas. Porém, existe uma tendência de perceber a tecnologia como "absoluta", independente de outros fatores, como política e sociedade. Nesse contexto, cabe observar que, quando se coloca apenas a tecnologia como objeto da mudança militar, o fator humano nesse processo é, por vezes, negligenciado.

As mudanças tecnológicas ocorrem, em muitos casos, em resposta a problemas que precisam ser resolvidos. Nesse sentido, questões culturais, sociais e organizacionais emergem como elementos necessários à análise dessa conjuntura. "Destronar" a tecnologia de sua posição central na narrativa e na explicação das capacidades militares não significa, contudo, negar sua importância ou ignorar o fato de que a guerra apresenta características autônomas. As teorias sobre o nascimento de novas tecnologias e da RAM são, então, insuficientes para se entender a grande complexidade das transformações bélicas.

Três questões são levantadas a respeito do impacto da tecnologia nos exércitos: 1) a qualidade sobre a quantidade; 2) a especiação das armas; e 3) as tecnologias comerciais (Cohen, 2013). Com relação ao primeiro aspecto, as recentes guerras, como a do Golfo (1991), demonstram que a era do exército de massa está em declínio. A quase total aniquilação do Exército Iraquiano nesse conflito, considerado o quarto maior exército do mundo na época, marcou o início de uma fase em que tecnologias obsolescentes se tornaram mero alvo para armas mais sofisticadas. A China, por exemplo, vem investindo maciçamente em tecnologia ao longo das últimas décadas, o que se constitui em um movimento importante para Pequim, cuja política busca tanto a autossuficiência em tecnologia de defesa quanto a equiparação aos países mais desenvolvidos[16] nessa área. Já os ingleses, usando mísseis Sidewinder com seus jatos Sea Harrier, conseguiram paralisar com apenas 28 aviões a frota argentina, que tinha 200 aeronaves consideradas ultrapassadas (Vinholes, 2016).

A respeito da segunda questão, a tecnologia militar tem se diversificado de forma impressionante. Do século XIX ao início do século XX, as Forças Armadas ao redor do globo usavam armas semelhantes: os Mauser eram pouco diferentes do Lee-Enfield ou do Lebel. No passado, todas as potências mundiais tinham o mesmo tipo de armas. Hodiernamente, apenas os EUA possuem um bombardeiro invisível ao radar, com grande capacidade de armazenamento de bombas e ataque a longo alcance, como é o caso do B-2 Spirit.

Quanto à terceira questão apontada, a tecnologia comercial tem influenciado o desenvolvimento de armas. O famoso barco Higgins, por exemplo, que contribuiu para o desembarque de milhares de soldados na Normandia em 1944, resultou da modificação de uma embarcação projetada para ser usada nos pântanos da Flórida. Na atualidade, os *softwares* contribuíram para o avanço da tecnologia

---

16 *O levantamento dessas informações foi compilado em trabalhos anteriores. Para mais detalhes, ver Lucena Silva (2015).*

militar em virtude da criptografia. Convém ressaltar, neste ponto, que os países que têm uma sociedade aberta com uma base industrial sofisticada se beneficiam desse desenvolvimento tecnológico.

As novas tecnologias continuam exercendo pressão sobre os exércitos, compelindo-os a uma constante modernização. O fácil acesso ao espaço físico, com possibilidades de comunicação e navegação, o ciberespaço, a nanotecnologia e a robótica tendem a ser as fronteiras dos recentes empreendimentos militares. O novo cachorro-robô SpotMini da Boston Dynamics (2018), por exemplo, já é considerado pelos militares americanos um instrumento que pode, no futuro, levar suprimentos para as forças especiais em lugares remotos. Os avanços da biotecnologia e da robótica podem ainda facilitar a ascensão dos ciborgues ou de humanos modificados em conflitos. Tudo isso traz à tona, no presente, o debate acerca da moralidade e da ética na guerra do futuro.

Síntese

Neste capítulo, apresentamos o emprego da tecnologia ao longo da história por meio de exemplos relativos a armas convencionais[17] e às vantagens que elas possibilitaram às Forças Armadas. Na primeira seção, apontamos as diferenças entre a produção de material de emprego militar ao longo de três eras da ordem militar internacional e as teorias que buscaram entender a invenção e a inovação nesse campo. Posteriormente, ilustramos como algumas tecnologias foram fundamentais para as guerras e como, à medida que tais

---

17 *O foco deste texto recaiu nas armas convencionais, e não nas nucleares, porque armamentos atômicos são uma outra categoria com raro uso na história (Hiroshima e Nagasaki, em 1945). Nesse sentido, buscamos enfatizar tecnologias que foram incorporadas e regularmente utilizadas.*

recursos entraram em cena, outros tenderam a aparecer em resposta. Abordamos, ainda, o debate contemporâneo sobre a qualidade e a quantidade do material bélico, a especiação das armas e as tecnologias comerciais, debate este que se desdobra em novas discussões. Por fim, vimos que a introdução de drones e de armas robóticas pode suscitar novas disrupções no desenvolvimento dos últimos armamentos e que questões éticas e morais emergem em relação a esses processos disruptivos pela indústria de defesa.

Parte 2

Dimensões da guerra e domínios de operações

Capítulo 5
Poder terrestre na perspectiva
dos estudos estratégicos

Conteúdos do capítulo:

- Os conceitos de poder terrestre.
- Distinção das operações terrestres.
- Emprego do poder terrestre e as características da guerra contemporânea.
- As intersecções do emprego das Forças Armadas em operações de Garantia da Lei e da Ordem (GLO).

Após o estudo deste capítulo, você será capaz de:

1. compreender o conceito de poder terrestre e suas características, bem como as Forças Armadas, mais especificamente o exército, e sua empregabilidade no território;
2. identificar os espectros em que o poder terrestre é usado e o dilema atual ante a emergência de grupos subestatais;
3. entender o uso do exército tanto para ameaças externas quanto para internas, assim como os programas estratégicos do Exército Brasileiro para enfrentar tais ameaças.

Com o presente texto, objetivamos possibilitar a compreensão do poder terrestre no âmbito dos estudos estratégicos, seus conceitos, especificidades, aplicações e efetividades. Trataremos também, sumariamente, de como está organizado o poder terrestre no Brasil e quais são seus principais programas estratégicos e, mais importante, suas missões.

Em uma perspectiva mais pontual, Jarkowsky (2002) define o poder terrestre como a capacidade de conduzir operações sustentadas contra um adversário no meio terrestre. O autor, no entanto, em sua explanação, não se estende ao momento posterior ao enfrentamento nem faz referências ao fato de o adversário ser constituído por forças regulares ou por forças subnacionais.

O poder terrestre constitui parte das Forças Armadas, normalmente chamado de *exército* na maioria dos Estados[1], em contraste com as forças navais (marinha) e aéreas, representativas da guerra tridimensional, sem incluir as forças espacial e cibernética. Em algumas línguas, as forças terrestres são designadas pelo termo *armada*[2], proveniente do latim *armata* ("dotado de armas"), como em inglês (*army*) e francês (*armée*).

---

1   *Ainda que o poder terrestre extrapole o conceito de exército, pois pode também se expressar por outras forças.*
2   *No Brasil, o termo* armada *designa a força naval.*

(5.1)
Especificidades do poder terrestre

O exército tenciona adquirir, preservar e explorar, por meio do emprego ou da ameaça de emprego de forças terrestres, o controle sobre um terreno, seus recursos e sua população. Via de regra, ao atingir os resultados predefinidos, a força terrestre apenas estabelece o cenário que possibilita a atuação de instrumentos não militares, ou seja, a implantação de institutos políticos que visam à paz entre os homens. Assim, a vitória sobre um adversário não é um fim em si, mas tão somente uma necessidade para o estabelecimento de um ambiente seguro e estável, criando condições para o desenvolvimento social, político e econômico. Nesse segundo momento, as forças terrestres ainda podem ser essenciais para garantir esse ambiente seguro, de modo a contribuir para a satisfação das demandas fulcrais da população, mediante ajuda humanitária, reconstrução de infraestruturas essenciais ou mesmo auxílio à governança (IESM, 2010).

Em uma visão ampla, segundo Smith (2008b), a força armada em geral – e a terrestre em particular – serve como instrumento útil em diversas circunstâncias: para melhorar uma situação emergencial por meio, por exemplo, da instauração de um cordão sanitário, do controle de fronteiras, de isolamento etc.; para compelir comportamentos ou deter as partes em litígio ou uma delas; para desorganizar estruturas, como no caso da neutralização de fontes de financiamento, de fluxos de material, de liberdade de circulação e da negação de santuários; para mitigar ou impor uma situação.

O poder terrestre deve apresentar, conforme Tuck (2008), as seguintes qualidades: persistência, capacidade de decisão, complexidade e versatilidade. A persistência é a capacidade de uma força de atuar por extensos períodos. Já a decisão relaciona a persistência à relevância política do ambiente terrestre em questão, ou seja, representa o controle desse espaço e o diálogo com a população que o habita (ações transcorridas simultaneamente), algo que somente o poder terrestre é capaz de efetivar. A complexidade decorre da quantidade de unidades de força terrestre que estão em ação e da diversidade de papéis que elas exercem no campo de batalha, assim como do quanto estão dependentes do elemento humano e sujeitas à dispersão – a qual é usada para criar vantagens referentes a domínio do espaço, ocultação de grupos/recursos e redução da eficácia de fogos do oponente. Em contrapartida, a versatilidade confere às forças terrestres – em razão dos mesmos fatores que resultam na complexidade, como a multiplicidade funcional das tropas – a habilidade de adaptar-se, de tornar-se menos dependente de tecnologias bélicas.

O poder terrestre é o que exerce por excelência o conceito de fricção desenvolvido por Clausewitz (1984) em sua obra *Da guerra* – considerado por Simpkin (1985) a mais relevante contribuição desse teórico para o pensamento militar –, que se refere à tendência à entropia na aplicação da força durante as operações, à incerteza inerente a qualquer guerra. É um conceito relacionado ao elemento humano e sua interação com o ambiente terrestre e pode ser traduzido, por exemplo, pela falta de conhecimento de cada lado beligerante sobre as capacidades e os planos do inimigo.

O emprego da força terrestre apresenta algumas singularidades, a saber: a necessidade expedicionária, isto é, de projetar forças rapidamente, por vezes, a grandes distâncias de suas fronteiras geográficas[3]; a necessidade de conduzir operações por períodos prolongados; a natureza exigente do combate próximo, particularmente em conflitos contra forças irregulares; a incerteza (fricção) e a complexidade,

---

3 *É possível notar que vários países que priorizam o poder terrestre, entre os quais o Brasil, não têm esse atributo bem desenvolvido. Nações como a Índia têm problemas para projetar poder convencional nas próprias fronteiras, como pode ser observado na Guerra de Kargil (1999).*

exemplificadas por fatores imponderáveis, tais como condições meteorológicas adversas, informações imprecisas, cansaço e desgaste, presença de população civil etc. Dessa forma, um dos grandes desafios do poder terrestre é o equilíbrio entre a agilidade expedicionária e a capacidade de resistência, necessário para conduzir operações por períodos prolongados, tudo isso em um ambiente dinâmico, em constante mutação (IESM, 2010).

Quanto ao espaço de atuação das forças terrestres, segundo Tuck (2008), este apresenta quatro principais atributos: importância política, variedade, fricção e opacidade. A importância política advém do fato de que o ambiente terrestre, que só é efetivamente controlável pelo poder terrestre, é o único habitado pelo ser humano. A variedade se dá pela complexidade das condições (terreno, população e clima) desse espaço no momento das operações. A fricção corresponde ao atrito adicional inerente ao meio terrestre, realçado pelo impacto do fator humano. Por sua vez, a opacidade resulta da capacidade desse meio, incluindo sua população, em oferecer coberturas e abrigos, que funcionam como redutores das capacidades bélicas tecnológicas.

Para Simpkin (1985), existem três características, diretamente influenciadas pelo ambiente físico, que diferenciam as operações no meio terrestre. A primeira é que, dada a importância do território tanto para os Estados (importância política) como para atores não estatais (espaço de liberdade de ação e de vida), as operações terrestres se preocupam, essencialmente, com a posse ou o controle de parcelas de terreno, incluindo a população que nele habita[4]. A segunda é que, nos embates no meio terrestre, pode-se definir o grau de dependência

---

4   *Clausewitz divide os objetivos da guerra em limitados (conquista territorial, no sentido exposto aqui) e ilimitados (com a não sobrevivência da ordem política e/ou da comunidade anterior). Ou seja, o poder terrestre pode atender a finalidades mais amplas, dado que, como instrumento, a intensidade de seu emprego está em consonância com a intensidade dos objetivos do poder político.*

de tecnologias, o que possibilita a um ator com menor número de máquinas/recursos reduzir sua própria desvantagem recorrendo, por exemplo, a terrenos complexos, como áreas urbanas. Finalmente, como o meio terrestre varia em função do relevo, do clima, da densidade populacional etc., não é possível relacionar dimensão territorial e volume de forças terrestres. Isto é, não há uma correlação direta entre o tamanho de um território e a força terrestre necessária para defendê-lo; não se pode, portanto, considerar só a dimensão para determinar a força de que se precisa. Dessa forma, o ambiente físico terrestre tem um impacto diferenciado a cada nível da guerra. Por exemplo, nos níveis tático e operacional, os terrenos restritivos ou complexos beneficiam o agente defensor; já no nível estratégico, uma vez que a população é um elemento vital no conflito, procura-se construir um espaço seguro e estável (Simpkin, 1985; Smith, 2008b).

(5.2)
ESPECTRO DAS OPERAÇÕES DO PODER TERRESTRE

O espectro da conflitualidade demarca o pano de fundo das operações militares, ou seja, representa o grau de violência do ambiente onde o poder terrestre atua. A extremidade não violenta desse espectro é representada pela paz estável, o que significa dizer que, embora, nesse último cenário, possa haver competição nas relações internacionais, há a ausência de emprego de qualquer Força Armada e a predominância da cooperação e/ou da acomodação entre os atores internacionais (USA, 2011).

Situada em algum ponto do *continuum* paz-guerra está a zona da crise, "uma perturbação no fluir normal das relações entre dois ou mais atores do sistema mundial, com alta probabilidade de emprego da força" (Santos, 1983, p. 38). Nesse patamar intermediário, apesar de não haver o emprego da força, ela está na equação, percebendo-se inclusive uma corrida armamentista entre os atores envolvidos.

Avançando no entendimento do referido espectro, a ausência de paz, conjuntura em que há, de fato, o recurso à força ou sua ameaça, pode ou não caracterizar uma situação de guerra. Assim, é fundamental definir o que é guerra, distinguindo-a de outras manifestações de violência.

Em uma primeira acepção, mais tradicional, o que singulariza a guerra é o fato de ser um conflito violento, de considerável magnitude e duração, entre grupos políticos – especialmente Estados soberanos, isto é, que lutam por objetivos políticos – e travado entre Forças Armadas regulares, por combatentes que se reconhecem como tal. No entanto, para conceituar uma grande gama de conflitos, transcorridos principalmente após a Segunda Guerra Mundial, essa acepção conservadora, caracterizadamente westphaliana, torna-se insuficiente e disfuncional[5], ainda que haja referências atuais que questionam se as guerras interestatais são "coisas do passado" e que buscam desmistificar as denominadas *guerras de quarta geração* (Echevarria, 2005). Cabe neste ponto um breve parêntese ainda quanto à definição de *guerra*: especificamente a expressão *guerra fria* refere-se a uma vasta gama de formas de coação, de ordem política, econômica e/ou psicossocial, usadas de modo isolado ou simultâneo, contexto no qual o emprego da força militar está presente mais potencialmente do que efetivamente.

Quando a violência armada passa a ser uma realidade, configura-se a denominada *guerra limitada*, em que há o estabelecimento de um teto no uso da força. Tal situação tende a ocorrer não por falta

---

5 *Uma descrição pormenorizada da evolução do pensamento estratégico referente ao estudo das guerras encontra-se em Lourenção e Cordeiro (2016a).*

de recursos ou por limitação de objetivos, mas quando uma potência bélica está inibida de utilizar todos os seus recursos por razões morais, políticas ou mesmo estratégicas (Couto, 1987). Em oposição ao conceito de guerra limitada, a chamada *guerra ilimitada* é um conflito armado entre atores que empregam a totalidade de seus recursos, ainda que isso ponha em risco a própria sobrevivência desses atores (USA, 2011).

Com o advento de novas ameaças, apresentadas por atores subestatais, que se impõem ao poder terrestre, há de se alargar o conceito de guerra, uma vez que novas modalidades dela têm surgido. Há uma tendência a certa dissolução da distinção entre combatentes e não combatentes, entre guerra e crime internacional, entre insurreição e terrorismo, tudo isso em um contexto de desterritorialização da luta (Lourenção; Cordeiro, 2016a). Dessa forma, a guerra hoje pode ser definida como qualquer violência armada entre grupos organizados, cada um deles com vontade política própria, visando à manutenção do poder ou ao acesso a ele, normalmente buscando constranger o comportamento de um ou mais Estados-nação (Thornton, 2007; USA, 2015).

(5.3)
Formas de conduzir a guerra que afetam o poder terrestre

De modo geral, a força militar pode ser aplicada em dois tipos distintos de confrontos, que se denominam *guerra regular* e *guerra irregular*. Em uma primeira aproximação para definir essas duas modalidades de guerra, costuma-se distingui-las segundo os atores participantes: a guerra regular abarca os confrontos entre atores estatais, por meio do emprego dos respectivos aparatos militares, mesmo que com capacidades assimétricas, enquanto a irregular compreende os conflitos travados entre Forças Armadas e quaisquer outras entidades não estatais estrangeiras ou domésticas, adotando-se, via de regra, técnicas de guerrilha e/ou terrorismo (Gray, 2006a). Outro fator importante da guerra irregular é que o lado mais fraco da relação assimétrica busca criar efeitos estratégicos por meio de suas ações de nível tático. Isso faz com que uma microcâmera e uma conexão de internet possam ser armas tão poderosas quanto fuzis e metralhadoras (Thornton, 2007). A distinção entre essas guerras torna-se pouco nítida quando se constata que, muito frequentemente, há uso de atividade militar irregular em guerras regulares entre Estados.

As operações do poder terrestre, cuja relevância varia segundo o objetivo e o decurso da missão, dividem-se em defensivas, ofensivas e de estabilização, podendo ser conduzidas simultaneamente. Em geral, as operações em evacuações de não combatentes ou de ajuda humanitária, por exemplo, são conduzidas de forma defensiva; já os combates de grande envergadura incluem operações ofensivas. Enquanto as operações ofensivas e defensivas objetivam impor a vontade sobre um adversário, as de estabilização servem para interagir com a população, com outras agências e autoridades civis (IESM, 2010).

(5.4)
ANÁLISE DO EMPREGO DO PODER TERRESTRE NO AMBIENTE OPERACIONAL CONTEMPORÂNEO

A análise do emprego do poder terrestre no ambiente operacional contemporâneo demanda a compreensão de suas características intrínsecas e extrínsecas. Quanto às características intrínsecas do poder terrestre, é preciso considerar três variáveis: o emprego da força, suas capacidades e sua doutrina. Na dimensão extrínseca do poder terrestre, é preciso considerar seu papel e sua importância relativa no cenário em que se encontra.

O emprego da força

O emprego de forças terrestres se concretiza na aplicação de seu potencial de combate para atingir o efeito pretendido. Um dos elementos do emprego da força é a manobra, que visa a alcançar uma posição de vantagem em relação ao adversário, podendo resultar na confusão e na paralisia dele (USA, 2011). Outro elemento são os fogos (providos, essencialmente, pela artilharia), isto é, os efeitos letais e psicológicos lançados a distância, que são complementares à manobra, como instrumento de apoio. Não obstante os fogos não conseguirem manter a posse do terreno, tendo efeitos temporários, eles são intimidadores ao nível psicológico e podem causar confusão no adversário, paralisando-o ou interrompendo suas operações, imobilidade que pode ser explorada pela manobra. Uma das partes admite a derrota por manobra quando é isolada e, por conseguinte, perde a capacidade de influenciar a batalha, ficando entre duas alternativas: assumir a derrota ou enfrentar a possibilidade de aniquilação (Scales Jr., 2003).

O sucesso no nível operacional depende de um harmônico arranjo entre manobra e fogos, que se complementam, mas também competem no campo de batalha. Se os fogos não anulam a manobra, esta se torna predominante. Em contrapartida, se os fogos elevam significativamente a letalidade de uma zona a ser atravessada por forças de manobra, eles se sobrepõem à manobra e tornam o campo de batalha menos dinâmico (Scales Jr., 2003).

O balanceamento entre a manobra e os fogos tem moldado a evolução do poder terrestre em nível operacional. As tentativas de anular o poder de fogo ou de anular a capacidade de manobra resultam em avanços tecnológicos, das doutrinas e da postura das forças no campo de batalha, em termos de concentração ou de dispersão. Assim, o estudo da evolução do poder terrestre compreende identificar como cada ator, em diferentes cenários, resolveu o dilema do balanceamento entre manobra e fogo (Scales Jr., 2003). Por exemplo, na Guerra da Coreia (1950-1953), os EUA, liderando as forças das Nações Unidas, contaram com os fogos para alcançarem um potencial de combate esmagador e lograr a reconquista da capital sul-coreana, Seul. Essa abordagem, trocando manobra por fogos por meio do uso de armamentos modernos, objetivou alcançar a vitória com o menor número de baixas possível, ao mesmo tempo que quase dizimou o Exército Norte-Coreano (Degen, 2009).

Capacidades da força terrestre
Quanto às capacidades, é essencial analisar a projeção com base no conceito de mobilidade, isto é, a capacidade de uma força de se deslocar de um local para outro mantendo-se apta a cumprir sua missão (USA, 2010)[6]. Correspondentes aos níveis da guerra, há três dimensões de mobilidade: estratégica, operacional e tática. Como a mobilidade estratégica não é suficiente para a operacionalização da variável projeção, é necessário conjugar os conceitos de mobilidade estratégica e de valor combativo de uma força, tal como tratado por Simpkin (1985). Para esse autor, a massa utilizável de uma força se altera conforme o meio físico onde é aplicada, e o potencial de combate físico por unidade de massa resulta da inter-relação entre fogos (transferir energia cinética), proteção (absorver/evitar energia) e mobilidade

---

6 Para fins de comparação entre os conceitos doutrinários dos EUA e os das Forças Armadas Brasileiras, ver: BRASIL. Ministério da Defesa. **Glossário das Forças Armadas**. Disponível em: <http://bdex.eb.mil.br/jspui/bitstream/123456789/141/1/MD35_G01.pdf>. Acesso em: 22 jul. 2020.

(proteger-se ou atacar). Nesse sentido, a relação equilibrada entre esses três elementos determina a efetividade de tal potencial, ou seja, uma força com elevado potencial de combate por unidade de massa, por exemplo, embora apresente significativa mobilidade, tem uso inviável sem a proteção e os fogos necessários. Com isso, é possível concluir que inexiste um valor absoluto referente àquele potencial (Simpkin, 1985).

Além dos três elementos já mencionados, o valor físico da manobra é mais um dos parâmetros de uma força, quantificado como o produto da massa pelo ritmo (a distância percorrida dividida pela duração da operação – do recebimento de ordens ao cumprimento da missão). Para exemplificarmos o impacto desse elemento, vamos considerar o seguinte: uma força com elevada massa mas ritmo precário torna-se incapaz de se adaptar às diversas mudanças transcorridas durante operações; da mesma forma, uma força com pequeno valor de massa mas dependente do ritmo para alcançar um valor de manobra alto torna-se mais vulnerável. Portanto, com poucas condições de se defender, qualquer deslocamento cria uma oportunidade de ataque por parte dos oponentes; é nesse ponto que reside a importância de se manter um forte ritmo de manobra. Tendo isso em conta, podem-se estabelecer um limite superior (se ultrapassado, prejudica o ritmo e a concentração de força) e um inferior (o mínimo necessário para possibilitar a adaptabilidade). A conjugação e o balanceamento do potencial de combate físico e do valor físico da manobra resultam no denominado *valor combativo de uma força* (Simpkin, 1985).

O dilema tempo (manobra) *versus* risco (combate), relacionado ao valor combativo, pode ser percebido na análise da Primeira Guerra do Golfo (1990-1991). No início da operação terrestre dos EUA na região, as primeiras unidades blindadas chegaram após um mês, enquanto o restante do total das forças para as operações terrestres demorou seis meses, ficando as unidades blindadas, nesse intervalo de tempo, sob sérios riscos (Scales Jr., 2003). Outro exemplo encontra-se em uma das conclusões do processo denominado *bottom-up review* – BUR ("revisão de baixo para cima"), ocorrido em 1993, segundo o qual, para continuar projetando poder em vários pontos do globo, as Forças Armadas dos Estados Unidos deveriam tornar-se mais leves, rápidas e ágeis, apoiadas por tecnologia de ponta (Friedman, 2004). Reflexos dessas medidas puderam ser sentidos na invasão do Afeganistão, menos de uma década depois[7].

Com base na relação complementar entre potencial de combate e manobra, aqui evidenciada, é possível definir a projeção como a capacidade de implantar e sustentar forças aptas a atuar em qualquer teatro de operações. Para que a iniciativa seja obtida e mantida, preferencialmente antes que o adversário esteja pronto para reagir, é necessário que a força tenha um elevado valor combativo.

Doutrina
Doutrina é o conjunto de princípios e regras cuja função é nortear as ações das forças militares para a efetivação das missões. Há duas variáveis que determinam a doutrina: os níveis da guerra que cada ator adota ao longo do tempo e o tipo de abordagem à condução das operações.

Considerando a tradicional divisão de níveis de guerra como sendo o estratégico, o operacional e o tático, podemos definir o nível estratégico como aquele em que entidades, normalmente as nações, determinam seus objetivos políticos (nacionais ou multinacionais) e aplicam seus instrumentos de poder, incluindo o militar, para

---

[7] Um resumo da evolução do pensamento estratégico acerca do emprego do poder militar dos EUA encontra-se em Lourenção e Cordeiro (2016b).

realizá-los. Por seu turno, o nível operacional, também conhecido como *nível de teatro* (de operações), é o nível de guerra no qual as campanhas e as operações de grande envergadura são planejadas, conduzidas e mantidas. O nível operacional é aquele que liga a tática à estratégia, assegurando que o sucesso tático seja explorado de forma a atingir os objetivos estratégicos em um dado teatro de operações. Já o nível tático é o nível da guerra no qual as batalhas são planejadas e executadas para concretizar os objetivos militares atribuídos às unidades táticas (Nato, 2009).

A segunda variável na área da doutrina é o tipo de abordagem à condução das operações, que pode ser uma abordagem atricionista ou uma abordagem manoverista. A primeira ocorre quando se busca a vitória pela quantidade de baixas humanas e materiais causadas ao adversário; a segunda é definida como o aproveitamento de situações e oportunidades, bem como a exploração dos erros forçados e não forçados do adversário, mediante a execução de ações rápidas, focadas e surpreendentes (Simpkin, 1985). A aplicação máxima de uma abordagem manoverista seria a preempção, um ataque preventivo no qual se explora uma oportunidade antes que o adversário o faça, neutralizando a intenção adversária antes do combate. Na impossibilidade da preempção, procura-se a deslocalização, posicional ou funcional, tornando irrelevante o forte do adversário. Em síntese, enquanto a atricionista visa à vitória por meio da destruição sistemática do adversário (por exemplo, a Batalha do Somme, em 1916, durante a I Guerra Mundial), a manoverista visa à paralisia ou à destruição do adversário como um sistema, procurando aniquilar seu centro de gravidade (por exemplo, a Batalha da França, em 1940, durante a II Guerra Mundial) (Leonhard, 1991).

Dimensão extrínseca
A dimensão extrínseca compreende o papel e a importância relativa do poder terrestre. Para a análise do papel, há de se considerar a relação entre o estado final pretendido e a capacidade de atingi-lo, aferindo-se o sucesso em operações cujos estados finais pretendidos sejam tão díspares como a destruição do adversário e a garantia de um ambiente seguro e estável.

A operacionalização da importância relativa do poder terrestre baseia-se em sua relevância no contexto das demais forças militares. Para determinar tal importância, existe o conceito de instrumento decisivo, que, segundo Jarkowsky (2002), é o instrumento militar (terrestre, aéreo ou marítimo) que tem a capacidade de alcançar o estado final desejado para o conjunto das Forças Armadas ou sem o qual tal estado não poderá ser atingido.

(5.5)
O PARADIGMA NOVO DE ESPAÇO DE BATALHA E A DOUTRINA DE OPERAÇÕES NO AMPLO ESPECTRO

Entre os recentes marcos doutrinários do Exército dos EUA, o *Full Spectrum Operations*, de 2008 (sucedido pelo *United Land Operations*, de 2011), enfatizou a necessidade de buscar o equilíbrio entre operações de combate, ofensivas e tarefas de estabilidade (USA, 2008). Essa ênfase se mostrou mais que oportuna quando se considera o paradigma do novo espaço de batalha, predominantemente urbano, com a presença de civis, contra civis e em defesa de civis, somada à dificuldade de identificar o inimigo no seio da população.

Dentre as principais características do novo espaço de batalha, destaca-se a consciência de que as soluções bélicas são muito limitadas e, quando não associadas a outras estratégias, têm resultados efêmeros; em outras palavras, soluções bélicas não são efetivas e não consolidam a paz. Em razão disso, os objetivos políticos devem ser constantemente ajustados durante as operações, acompanhando a realidade e a opinião pública doméstica e internacional em uma "guerra" moral, que ocorre na esfera psicossocial; sendo o vetor militar, por si só, incapaz de concluir o conflito e de restabelecer a paz, a batalha estende-se por outros meios, notadamente por meio de políticas sociais.

No debate sobre esse novo espaço de manobra, Smith (2008b), formulou a chamada *guerra no meio do povo*, ou seja, novas funções, tarefas ou missões das Forças Armadas, a saber: melhorar, conter, dissuadir e destruir. Na função melhorar, as forças militares são empregadas na ajuda humanitária, na instalação de campos de refugiados e nas atividades de construção em apoio à vida civil. Na função de contenção, são mobilizadas para impedir a violação de sanções comerciais e/ou o embargo ao fornecimento de armas, ou, por fim, para estabelecer zonas de exclusão. Na tarefa de dissuasão, desdobram-se operacionalmente para o combate, sendo controladas de perto pelo aparato político e pelo instrumento jurídico. Ressalta-se na concepção de *guerra no meio do povo* a ampliação do espectro de aplicação do vetor militar na atualidade. Se, no passado, o acionamento da força bélica só ocorria quando se atingia o nível máximo de crise, nesse novo modelo de amplo espectro, a estrutura das Forças Armadas é acionável em ações de menor dosagem de emprego da força (Smith, 2008b).

Exemplo desse uso de menor dosagem está no conceito estadunidense de MOOTW (*military operations other than war* – "operações militares outras que a guerra"), desenvolvido na década de 1990. Para cada missão MOOTW, o comandante da Força Terrestre Componente

(FTC) pode definir o nível de esforço a ser aplicado em cada tipo de operação militar (USA, 1995). Em uma MOOTW, o emprego da força militar pode se dar em situações de crise, em operações de apoio a autoridades civis e em operações de estabilização, podendo ocorrer de os militares envolvidos não serem os protagonistas da operação (Lourenção, 2017).

(5.6) O caso do Exército Brasileiro

No Brasil, cabem ao Exército Brasileiro o preparo e o emprego da força terrestre para cumprir sua missão constitucional de defesa da pátria e de garantia dos poderes constitucionais, da lei e da ordem (Brasil, 1988). Além disso, essa instituição deve cumprir as atribuições subsidiárias gerais previstas na legislação complementar, que são: cooperar com o desenvolvimento nacional e com a defesa civil, apoiar a política externa do país e participar de operações internacionais de paz e de ajuda humanitária (Brasil, 2012a).

Além das missões citadas, o Exército Brasileiro tem como atribuição subsidiária particular atuar, por meio de ações preventivas e repressivas na faixa de fronteira terrestre, contra delitos transfronteiriços e ambientais, isoladamente ou em coordenação com outros órgãos do Poder Executivo (Brasil, 2005). Para isso, pode realizar, entre outras, ações de patrulhamento e de revistas de pessoas, automóveis, embarcações e aeronaves, com a prerrogativa de executar prisões em flagrante delito na faixa de fronteira.

Com um efetivo de cerca de 200 mil militares, o Exército Brasileiro busca estar capacitado para atender a três demandas simultaneamente: 1) garantir a defesa do território; 2) projetar poder a fim de assegurar interesses vitais; e 3) atender às demandas da política exterior em favor da segurança, da paz internacional e da integração regional. Para tanto, elege algumas capacidades consideradas prioritárias, a saber:

- dissuasão terrestre compatível com o *status* do país;
- projeção internacional do Exército em apoio à política exterior do Brasil;
- atuação no espaço cibernético com liberdade de ação;
- prontidão logística da força terrestre;
- interoperabilidade (com as demais forças singulares) e complementaridade (com outros órgãos e agências);
- gestão integrada em todos os níveis;
- efetividade da doutrina militar;
- maior ênfase na dimensão humana;
- fluxo orçamentário adequado;
- produtos de defesa vinculados às capacidades operacionais;
- gestão sistêmica da informação operacional. (Brasil, 2012a, p. 124)

Quanto à visão estratégica e à articulação, a Estratégia Nacional de Defesa (END) de 2012 estabeleceu a manutenção de três princípios basilares do Exército: 1) sua cultura institucional; 2) sua estratégia de presença territorial dissuasória; e 3) o serviço militar obrigatório. Baseando-se na END, o Estado-Maior do Exército realizou um diagnóstico da força terrestre e propôs ações para sua adequação às novas demandas do Estado e da sociedade brasileira, que resultaram na chamada *Estratégia Braço Forte* (EBF). Segundo a EBF, cabe ao Exército Brasileiro: organizar-se sob a égide do trinômio monitoramento/controle, mobilidade e presença, para responder prontamente a qualquer ameaça ou agressão, articulando-se para possibilitar uma rápida concentração e emprego de forças; adensar a presença de suas unidades nas fronteiras, particularmente na Amazônia;

desenvolver o conceito de flexibilidade em combate, para atender aos requisitos do trinômio; desenvolver a capacidade de aumentar rapidamente o dimensionamento de suas tropas (elasticidade) (Brasil, 2012a).

Com o objetivo de melhorar a administração de sete programas estratégicos, o Estado-Maior do Exército, por meio da Portaria n. 134, de 10 de setembro de 2012 (Brasil, 2012d), criou o Escritório de Projetos do Exército (EPEx). Os programas gerenciados pelo EPEx são: Sistema Integrado de Monitoramento de Fronteiras (Sisfron), Sistema Integrado de Proteção de Estruturas Estratégicas Terrestres (Proteger), Defesa Cibernética, Programa Guarani, Defesa Antiaérea, Programa Astros 2020 e Programa de Recuperação da Capacidade Operacional da Força Terrestre (Recop) (Lucena Silva; Pedone, 2017).

O Sisfron é o sistema de vigilância que tem por objetivo fiscalizar 16,8 mil km de fronteiras terrestres, monitorando uma faixa de 150 km de largura ao longo dessa linha, que abarca a divisa com 10 países e 588 municípios brasileiros. Constituindo um sistema de comando e controle, comunicações, computação, inteligência, vigilância e reconhecimento (C4IVR), o Sisfron apresenta-se como uma rede integrada de sensoriamento, suporte à decisão e emprego operacional, para fortalecer a presença e a capacidade de ação do Estado, apoiando ações de defesa e/ou contra delitos transfronteiriços e ambientais, ao mesmo tempo que tem potencial para gerar tecnologias duais e empregos qualificados (Brasil, 2020c).

Por seu turno, o Proteger, criado em 2012 pelo Estado-Maior do Exército, é um programa do Exército Brasileiro para a proteção de instalações estratégicas (infraestruturas estratégicas), como a matriz energética brasileira. Existe a orientação de que o EB deve agir preventivamente mais do que em momentos de crise, mas o objetivo precípuo é a proteção de estruturas estratégicas terrestres em situação de crise e o apoio à defesa civil em caso de calamidades naturais ou provocadas, inclusive em áreas contaminadas por agentes químicos, biológicos, radiológicos e nucleares (Brasil, 2020d). Operações de Garantia da Lei e da Ordem (GLO), tais como as efetuadas recentemente no Rio de Janeiro, fazem parte do Proteger. É possível perceber que o Sisfron e o Proteger são geograficamente complementares: o primeiro focaliza a fronteira, enquanto o segundo atende às demais áreas (Lucena Silva; Pedone, 2017).

Já o programa Astros 2020 tenciona dotar a força terrestre de um poder de fogo preciso e letal de longo alcance. O programa visa à dissuasão extrarregional, isto é, dissuadir a concentração de forças hostis junto à fronteira terrestre e às águas jurisdicionais e a intenção de invadir o espaço aéreo nacional (Brasil, 2020a).

A defesa cibernética é outra área que, no Brasil, está sob a liderança do Exército Brasileiro, diferentemente do que ocorre em muitos outros países, nos quais está a cargo das Forças Aéreas. Além do desenvolvimento de doutrina da proteção e de sistemas de segurança da informação, a defesa cibernética visa também à produção nacional no setor. Por intermédio do Centro de Defesa Cibernética (CDCiber), criado em 2010, o Exército Brasileiro coordena e integra os esforços dos vetores da defesa cibernética, atuando como disseminador de doutrinas e soluções nessa área para a Marinha e a Força Aérea. Entre outros, são produtos desenvolvidos pelo Exército Brasileiro na área de defesa cibernética: sistemas de segurança da informação, programas de detecção de intrusão, *hardware* para a composição de laboratórios e simuladores de defesa e guerra cibernética (Brasil, 2020b).

(5.7)
A ADOÇÃO DA DOUTRINA DE AMPLO ESPECTRO

O Exército Brasileiro tem adotado a doutrina de operações no amplo aspecto para guiar sua crescente atuação em operações de Garantia da Lei e da Ordem (GLO), acolhida em seu programa estratégico Proteger (Brasil, 2020d). As operações de GLO se traduzem pelo emprego das Forças Armadas, de forma pontual, para atuar na segurança pública mediante convocação da Presidência da República ou de algum outro poder. A proposta do uso das Forças Armadas (FFAA) para combater os problemas ligados à segurança pública nos centros urbanos, especificamente na cidade do Rio de Janeiro, vinha conquistando razoável apoio de parte da população em geral, já desde as intervenções anteriores à de 2018 (Intervenção..., 2018). As intervenções têm ocorrido com mais frequência no Rio de Janeiro em razão da escalada do crime organizado, favorecido pela topografia local e fomentado pela ausência do Estado e consequente abandono da população, causando deterioração social. Assim, enquanto se enfoca o elemento militar e policial para o combate da criminalidade, ainda são escassas as medidas preventivas no sentido de melhorar as condições de vida do carioca morador do morro e do fluminense, para quem faltam água, esgoto, lazer, cultura, escola de qualidade, fórum e posto policial.

A área da segurança pública no Brasil teve sua importância enormemente elevada no governo Temer (pós-2016), subsidiada por uma nova visão de segurança nacional, não explicitada em nenhuma doutrina formal, mas materializada no Sistema Único de Segurança Pública (Susp), que tende a eleger grupos ligados ao tráfico de drogas como os novos inimigos internos. Tais inimigos são agora alvos de uma política nacional de segurança que justifica até mesmo a intervenção das Forças Armadas, que têm se envolvido ativamente nessa política para atuar no policiamento do Rio de Janeiro, passando a coordenar ações das polícias estadual e federal voltadas à repressão da criminalidade. Intervenções pontuais do Exército Brasileiro no Rio de Janeiro já vinham ocorrendo há algum tempo, mas havia a concepção de que isso fosse se extinguindo em favor da atuação da Força Nacional de Segurança Pública (FNSP), das Unidades de Polícia Pacificadora (UPPs) e de uma política de prevenção baseada na Inteligência.

Considerações finais

Não obstante o reconhecimento do massivo poder de fogo provido pelas forças aéreas e navais, há de se reconhecer que apenas forças terrestres podem efetivamente derrotar outras forças terrestres, atacando, manobrando, cercando e derrotando as forças adversárias; constituem, por isso, o elemento decisivo na vitória em batalhas. Depois dos confrontos e finda a guerra propriamente dita, apenas as forças terrestres podem ocupar o terreno, com toda a sua importância político-econômica, e manter a paz sobre ele. Dado que o ser humano ocupa somente o espaço terrestre, em vez de o marítimo e o aéreo, a necessidade de ação das forças terrestres tende a perdurar a longo prazo.

Apesar da emergência recente de conceitos operacionais como o de *multi-domain battle* nos EUA, que apontam para a expectativa do retorno das guerras interestatais entre grandes potências, nas últimas décadas tem ocorrido uma expressiva diminuição de conflitos entre Estados, com o deslocamento da conflitualidade para o nível interno em virtude da participação de atores não estatais em guerras irregulares. Nesse mesmo contexto, o emprego das Forças Armadas em operações de apoio às ações civis, de estabilização e de pacificação cresceu exponencialmente. Por essa razão, prevê-se um aumento do emprego do poder terrestre, como é possível constatar no cenário brasileiro, com a atuação crescente das Forças Armadas em operações GLO, missões caracterizadas por integrarem as de MOOTW (Lourenção, 2017).

Além de se manter a perspectiva de que o emprego das Forças Armadas em operações GLO constitui um desvio de função, uma vez que a missão delas é garantir a defesa nacional contra ameaças externas, no âmbito da doutrina do exército, é igualmente relevante que a adoção e a aplicação da doutrina de amplo espectro naquelas operações não se desviem para a criminalização dos movimentos sociais ou a perseguição a ativistas e intelectuais.

Lamentável foi o ocorrido em 2016 quando um capitão das Forças Armadas foi flagrado atuando como infiltrado em movimentos sociais para monitorar suas atividades e assediar militantes, passando informações que levaram 21 jovens à prisão. Na ocasião, o agente coletou por meses informações privilegiadas da Frente Povo Sem Medo, que reúne alguns dos mais importantes movimentos sociais do país, como Movimento dos Trabalhadores Sem Teto (MTST), Fora do Eixo, Mídia NINJA, Central Única dos Trabalhadores (CUT) e União Nacional dos Estudantes (UNE), além de militantes de partidos de esquerda, como o Partido Socialismo e Liberdade (Psol) e o Partido Comunista do Brasil (PCdoB), jornalistas e comunicadores, entre outras organizações sociais. Esse gravíssimo ocorrido demanda prestação de contas do Exército Brasileiro, cuja doutrina e atuação devem se pautar pelo respeito aos valores democráticos.

Entretanto, para além da discussão ideológica, que não é o foco deste texto, a dificuldade do emprego da força terrestre em conflitos de baixa intensidade ou MOOTW é que a população, grupos sociais e afins se tornam parte da equação da vitória. Assim, o desafio vai além dos objetivos militares, incidindo primordialmente no aumento do bem-estar do povo que vive nos territórios em questão.

Síntese

Neste capítulo, apresentamos, no âmbito dos estudos estratégicos, reflexões teóricas para possibilitar uma melhor compreensão do poder terrestre. Discutimos, também, como se caracterizam as ações inclusas em MOOTW e, em complemento, tratamos sumariamente de como está organizado o poder terrestre no Brasil, com destaque para seus principais programas estratégicos, como o Sisfron.

Capítulo 6
Poder marítimo na perspectiva
dos estudos estratégicos

Conteúdos do capítulo:

- Conceitos de poder marítimo e poder naval.
- Evolução do pensamento sobre o poder marítimo.
- As correntes clássica e contemporânea sobre o poder marítimo.
- O Brasil entre o poder marítimo e o poder naval.

Após o estudo deste capítulo, você será capaz de:

1. compreender os principais debates sobre os conceitos de poder marítimo e poder naval, com ênfase histórica e sob a ótica de algumas correntes teóricas;
2. analisar as diferenças e as mudanças do pensamento clássico e contemporâneo sobre o poder marítimo;
3. utilizar o ferramental teórico e conceitual sobre o poder marítimo e o poder naval para o estudo do caso brasileiro.

JOSÉ CLÁUDIO OLIVEIRA MACEDO[1]
ANA CAROLINA DE OLIVEIRA ASSIS

"estratégia naval não é meramente uma tarefa militar, mas
uma tarefa conjunta para o homem militar e o político, na
guerra e na paz. [...] Política mundial [...] é poder naval."
(Wegener, 1941, p. 64, 80, tradução nossa)[2]

"Exigimos para a orientação de nossa política naval e ação
naval algo de visão mais ampla que a atual concepção de
estratégia naval, algo que manterá diante de nossos olhos
não apenas a esquadra inimiga ou as grandes rotas de
comércio, ou o comando do mar, mas também as relações
de política naval e ação para toda a área
de esforço diplomático e militar."
(Corbett, 1907, p. 5, tradução nossa)[3]

Segundo Proença Júnior, Diniz e Raza (1999, p. 17), a expressão *estudos estratégicos* refere-se ao campo que investiga o "emprego dos meios de força do Estado". Essa área do conhecimento dedica-se, entre outras preocupações, a entender os elementos materiais e abstratos relacionados com os conflitos, inserindo-se nesses estudos discussões sobre os aspectos militares navais e a guerra no mar (Proença Júnior; Diniz; Raza, 1999).

---

1   As opiniões expressas neste texto são as do autor e não necessariamente representam a posição da Marinha do Brasil.
2   Vice-Almirante Wolfgang Wegener (1875-1956), da Marinha Alemã, em crítica à estratégia naval alemã na Primeira Guerra Mundial, referindo-se à falta de direcionamento político, bem como à ausência de coordenação entre a Marinha e o Exército. Trecho citado por Heuser, 2010, p. 261.
3   Trecho citado por Till (2013, p. 67).

Tendo em conta a suma importância da vertente naval dos estudos estratégicos para a referida área, neste capítulo, objetivamos lançar luz sobre os principais conceitos e pensadores do poder marítimo ao longo de mais de um século. Para isso, realizaremos uma breve revisão da literatura, apresentando, em um primeiro momento, as concepções de poder marítimo e poder naval. Em seguida, comentaremos alguns dos mais relevantes autores que estudam o poder marítimo, bem como os argumentos centrais deles quanto a tal temática. Por fim, situaremos o Brasil na discussão desses conceitos e exporemos as considerações que podem ser depreendidas após essa análise.

(6.1)
Conceitos de poder marítimo e poder naval

Na literatura que trata de questões afins ao poder nacional, especificamente do poder militar, a definição de *poder* não está livre de controvérsia. De acordo com a finalidade dos estudos ou das perspectivas teóricas e metodológicas adotadas pelos autores, esse conceito pode assumir diferentes valores. Entre as abordagens para a conceituação sobre o que o poder representa, as principais são: a que o concebe como meios (recursos do Estado); a que o entende como relacional (utilizado para influenciar comportamentos); e a perspectiva positivista (baseada na mensuração de capacidades) (Teixeira Júnior; Sousa; Leite, 2017).

Quanto às questões que envolvem o mar na discussão referente ao poder, dois conceitos são basilares – poder marítimo e poder naval –, os quais, dependendo da origem geográfica e cultural do debate, podem não ser objeto de consenso no tocante à precisão de seus contornos e significados, sendo, por conseguinte, confundidos entre si.

O poder marítimo, no Brasil, de acordo com a Política Marítima Nacional (PMN), pode ser considerado como

> o componente do Poder Nacional de que a nação dispõe para atingir seus propósitos ligados ao mar ou dele dependentes. Esses meios são de natureza política, econômica, militar e social e incluem, entre vários outros, a consciência marítima do povo e da classe política, a Marinha Mercante e a Marinha de Guerra, a indústria de construção naval, os portos e a estrutura do comércio marítimo. (Brasil, 1994, p. 3)

Já o poder naval, em síntese, é o "componente militar do Poder Marítimo" (Brasil, 1994, p. 3). Autores clássicos como Julian Corbett ou mais contemporâneos como Geoffrey Till não apresentam um entendimento único sobre as fronteiras entre poder naval e poder marítimo. Entretanto, a tendência mais comum segue a lógica de que o conceito de poder marítimo é mais amplo – envolvendo as diversas dimensões das atividades humanas, incluindo a militar, ligadas aos mares – e o de poder naval é mais específico – relativo às capacidades, meios e ações das marinhas de guerra[4].

---

4   Embora inexista consenso no debate internacional sobre as precisas fronteiras entre poder marítimo e poder naval e haja concordância quanto ao caráter mais específico do poder naval, neste texto daremos preferência ao termo poder marítimo. A razão disso está no fato de entendermos que o "mais específico" pode ser também mais restritivo, não contemplando, portanto, aspectos cruciais da interação entre o marítimo e o naval na ameaça de uso ou uso efetivo da força, como a leitura dos autores aqui expostos indicará.

(6.2)
EVOLUÇÃO DO PENSAMENTO SOBRE O PODER MARÍTIMO

Os conflitos envolvendo o mar não são fenômenos recentes. Igualmente, os escritos sobre confrontos navais existem há alguns séculos, contudo tendem a uma descrição mais tática, técnica e operacional ou histórica dos acontecimentos (Till, 2013). Os estudos mais conceituais fundados em uma análise político-estratégica buscam identificar princípios de ação e surgiram no final do século XIX e início do XX, no contexto do que se poderia chamar de *corrente clássica*, a qual descreveremos a seguir.

(6.2.1)
CORRENTE CLÁSSICA

A combinação entre a análise dos eventos históricos mais relevantes e o papel dos atores partícipes deles, envolvendo sobretudo a Europa, em especial o Império Britânico, em períodos anteriores ao final do século XIX, é o material de trabalho dos pensadores da corrente clássica do pensamento naval. Assim, os pesquisadores clássicos, sendo Alfred Mahan e Julian Corbett[5] os mais notáveis, buscaram, de forma indutiva, elaborar princípios e conceitos de relevância prática.

---

5   *Outros nomes célebres são: John Knox Laughton, Almirante Sir Herbert Richmond, Vice-Almirante Philip Howard Colomb, Almirante Stephen B. Luce, Sir Basil Henry Liddell Hart, Almirante Alfred von Tirpitz, Almirante William S. Sims e Almirante Jean-Baptiste Grivel.*

Alfred Mahan (1840-1914) e Julian Corbett (1854-1922)

Alfred Thayer Mahan, oficial da Marinha e historiador, é considerado um dos principais estrategistas norte-americanos do século XIX. Ele viveu em uma época de consideráveis transformações tecnológicas, em um contexto de aumento das interações comerciais, de consumo e da qualidade do padrão de vida nos Estados Unidos, como também de outras nações ocidentais em comparação com o resto do mundo. A força do vapor e a expansão dos cabos telegráficos impulsionaram o desenvolvimento do transporte, cada vez mais rápido, e das comunicações. É possível afirmar que, de certa forma, vivia-se à época, em virtude da economia, um impulso de globalização, com as grandes potências ainda se beneficiando da colonização (Armstrong, 2013).

Entre mais de uma dúzia de livros e 137 artigos escritos por Mahan, em sua obra mais conhecida, *The Influence of Sea Power upon History: 1660-1783* (1890), ele estabeleceu o que seriam os fundamentos da história naval moderna (Gough, 1988). O centro do pensamento de Mahan é o poder marítimo e seus elementos, associando claramente o desenvolvimento do comércio marítimo à pujança de uma potência naval (Mahan, 1890, citado por Gough, 1988), sendo clara a intenção do autor de ver a posição norte-americana alavancada.

O argumento principal do autor concentra-se no conceito de comando do mar e na importância da batalha decisiva para se conquistar a supremacia naval, fatores que são relacionados com a busca por benefícios comerciais e a maior influência política no sistema internacional, utilizando-se o mar como meio. Para Mahan, a adoção de tal estratégia justificava-se pelo sucesso prévio da Marinha Britânica. A solução para o alcance de poder no nível mundial estaria, nessa perspectiva, no controle das rotas marítimas, cuja relevância se deve ao fato de conterem os fluxos do comércio internacional (Gough, 1988; Mahan, 1890, citado por Crowl, 2001; Assis, 2016).

Já o britânico Julian Stafford Corbett, também historiador, em seu livro mais preeminente, *Some Principles of Maritime Strategy* (1911), baseia fortemente sua elaboração intelectual na teoria da guerra proposta por Carl von Clausewitz, tratando, por isso, a natureza desse conflito como ofensiva e defensiva, limitada e ilimitada, e apontando a mais íntima ligação entre as guerras limitadas e os impérios marítimos. Alicerçado nas concepções de Clausewitz, Corbett desenvolveu sua teoria sobre a guerra naval e a condução desse tipo de embate, com a qual expôs mais articuladamente princípios da estratégia marítima. Esse pensador dividiu sua teoria sobre a guerra naval em: teoria do objetivo (o comando do mar), teoria dos meios (constituição das esquadras) e teoria do método (dispersão e concentração de forças) (Corbett, 2004).

O objetivo da guerra naval, segundo Corbett, é assegurar o comando do mar ou impedir o inimigo de obtê-lo. Para ele, é evidente que o comando do mar – um controle absoluto e constante de todos os fluxos marítimos – é impraticável – e até desnecessário – para qualquer marinha (Corbett, 1911, citado por Gough, 1988). De acordo com o autor, o viável seria um comando relativo/parcial das linhas de comunicação marítimas, em teatros e tempos delimitados, conforme os objetivos almejados. Nesse sentido, um "mar não comandado" (*uncommanded sea*) corresponderia ao cenário mais comum, em que nenhuma das partes teria o efetivo controle do mar (Corbett, 1911, p. 87). Não à toa, em meados dos anos 1970, nos Estados Unidos, o conceito referente àquela estratégia seria mais comumente chamado de *controle do mar* (*sea control*), sugerindo uma ação mais restrita e limitada (Till et al., 1984). Essa postura é resultado das experiências da Segunda Guerra Mundial e da reconhecida relativa fraqueza da Marinha dos EUA no pós-Vietnã perante o crescimento da Marinha Soviética do período (Grove, 1990).

Em suma, quando associamos as teorias aos contextos dos quais provêm, ou seja, aos poderes marítimos e às respectivas estratégias de cada país, torna-se claro que a realidade vivenciada por Mahan e Corbett afetou a definição de suas teorias e, com isso, os contextos em que elas são aplicáveis. Nesse caso, tais perspectivas e conceitos são adequados apenas para Estados com elevada vontade política para construir, manter e atualizar marinhas com notável capacidade de projetar-se pelos oceanos e exercer influência através do mar. Em outras palavras, trata-se da condição de nações com potencial suficiente para exercer o que denominaríamos *iniciativa estratégica* em termos de forças navais, o que não representa o caso de todas as marinhas no mundo.

Atualmente, com os Estados Unidos detendo poderio superior ao de quaisquer marinhas, a China tem demonstrado, nas últimas décadas, que está buscando semelhante nível de força no mar.

Neste ponto, é relevante apresentarmos iniciativas estratégicas geradas por forças navais assumidamente inferiores, como é o caso do conceito *jeune école*, desenvolvido na França antes da Primeira Guerra Mundial.

Jeune école e o Almirante Théophile Aube (1826-1890)

No mesmo contexto temporal de Mahan e Corbett, a *jeune école*, como corrente de pensamento estratégico naval, surgiu associada aos escritos materialistas[6] de autores franceses, como o Almirante Théophile Aube (ministro da Marinha da França de 1886 a 1887, quando pôs as ideias da *jeune école* em prática), a partir de 1874 (Heuser, 2010, p. 238). Essa noção destoava da visão oceânica anglo-americana, representada por Corbett e Mahan, e emergiu em função da inferioridade naval francesa ante a Marinha Britânica (pelo domínio crescente dos encouraçados – *battleships*), decorrente em parte de sua necessidade de divisão de recursos com exércitos na fronteira com a Alemanha a leste, unificada desde 1871.

A *jeune école* foi uma estratégia naval direcionada para a defesa de costas e o uso de táticas ofensivas contra o comércio marítimo dos oponentes (Murphy; Yoshihara, 2015, p. 13). Seu caráter de guerra econômica, fruto da guerra de corso, relevando obrigações do direito internacional à época[7], gerou controvérsia e impopularidade entre os historiadores, os oficiais e o público em geral. Entretanto, não há como negar que a *jeune école* teve efeitos relevantes na tática e nas estratégia marítimas, com o desenvolvimento e o emprego de novas tecnologias, como torpedos, submarinos e navios ofensivos de menor porte, com reflexos até os dias de hoje (Heuser, 2010; Nothen, 2014; Murphy; Yoshihara, 2015).

Na Alemanha, tal corrente culminou na adoção da guerra submarina irrestrita nas duas Guerras Mundiais. Já na Grã-Bretanha, o impacto ocorreu passivamente, levando a tradicional estratégia

---

6   *A escola materialista, defensora do domínio da tecnologia na estratégia, era contraposta à escola histórica, que focava a primazia de princípios obtidos de ensinamentos da história da estratégia, com Mahan e Corbett, no âmbito naval, entre seus grandes expoentes (Heuser, 2010, p. 217-219).*

7   *Desde antes das Grandes Navegações até o século XIX, algumas nações, por não terem condições de manter marinhas numerosas, emitiam cartas de corso, instrumentos que permitiam a particulares (sujeitos/grupos) atacar e apresar navios de outros países em seu nome. A guerra de corso foi abolida com a Declaração de Paris, de 1865.*

de bloqueio a perder eficácia, além de tornar o comércio do referido país vulnerável ao ataque dos submarinos alemães (Murphy; Yoshihara, 2015).

Assim, cabe ressaltar que, além das condicionantes históricas e geopolíticas, o desenvolvimento de estratégias navais sofre interferência também das evoluções tecnológicas e das rivalidades interestatais. Desse modo, a situação política e a vantagem estratégica da Grã-Bretanha ante a França foram determinantes para que esta, mesmo que temporariamente, definisse e adotasse uma estratégia para tentar se contrapor.

Almirante Raoul Castex
(1878-1968)

A principal obra de Raoul Castex, *Théories stratégiques*, reunida em cinco volumes, foi a princípio publicada entre 1927 e 1935. Assim como a batalha decisiva é um elemento fundamental, conforme Mahan, para se obter o comando no mar, a chamada *manobra estratégica* é, para Castex, a chave para efetivar esse mesmo intento, a qual é descrita no segundo volume daquela obra. Em resumo, tal designação refere-se ao movimento inteligente de criar uma situação favorável para si, por meio de ataques ao comércio, bloqueio, ataques navais, guerra de minas e operações anfíbias – tipos de guerra dispensados por Mahan como distrações à batalha decisiva (Castex; Kiesling, 1994; Heuser, 2010).

Quando Castex entrou para a Marinha, em 1896, já fazia duas décadas que ela enfrentava certa "turbulência" doutrinária: havia a discussão entre os defensores da esquadra de encouraçados e os dos navios torpedeiros de defesa de costa; o antagonismo entre as estratégias de águas azuis e as de águas costeiras; e entre as escolas histórica e materialista. Nesta última se localizava a *jeune école*, que já apresentamos aqui, defensora da ideia de que uma flotilha de navios torpedeiros oferecia a coerência de utilizar as recentes capacidades do torpedo com a primazia da estratégia de defesa de costa (Castex; Kiesling, 1994).

Conterrâneo do Almirante Aube, embora de geração posterior, Castex seguiu uma linha que, ao mesmo tempo, valorizava as ideias de Mahan e advogava uma adaptação destas à realidade francesa, já que esse contexto não oferecia condições, diferente da dos Estados Unidos e da Grã-Bretanha, de buscar o comando no mar. A história e a geografia da França impunham-lhe o peso da preocupação continental, especialmente com sua vizinha Alemanha, como demonstraram os embates desses Estados em 1871, 1914-1918 e 1939-1945 (Castex; Kiesling, 1994).

Assim, Castex entendia que os antagonismos teóricos citados há pouco não eram úteis. Ainda que herdeiro de alguns preceitos de Mahan, o almirante sabia que ele não correspondia à única fonte de verdade. Nessa direção, se, por exemplo, os materialistas erravam em focalizar unicamente o elemento tecnológico, em contrapartida, eles ofereciam uma correção pertinente à tendência dos historicistas de exagerar na abstração, evitando, por isso, a discussão da conduta real da guerra. Para Castex, a estratégia tinha de reconhecer tanto os princípios históricos quanto as condições materiais, assim como "aplicar com as ferramentas de hoje as lições estáveis do passado" (Rivoyre, 1921, citado por Castex; Kiesling, 1994, p. XV-XV, tradução nossa).

A seguir, emulando, contrabalançando ou complementando a herança dos pensadores anteriores, veremos as linhas gerais do Almirante Gorshkov, representante do pensamento estratégico naval do maior oponente estatal do Ocidente em boa parte do século passado, durante a Guerra Fria, em mais um contexto geográfico peculiar.

Almirante Sergey Gorshkov
(1910-1988)

Inserido no contexto do confronto bipolar e da corrida armamentista nuclear entre Estados Unidos e a então União Soviética, o Almirante Sergey Gorshkov foi mais um pensador do poder marítimo relevante para os estudos estratégicos, tendo sido comandante da Marinha Soviética desde 1956 até meados dos anos 1980.

A crescente defesa de Gorshkov dentro do Estado soviético por uma Marinha cada vez mais forte é significativa, apesar de a grande estrutura de poder estar tradicionalmente centrada no poder terrestre, com uma marinha no início direcionada apenas para suporte às forças terrestres e defesa das fronteiras marítimas do país (Ranft; Till, 1985).

A obra de destaque desse almirante, *The Sea Power of the State*[8], foi a responsável por promover uma alteração fundamental nas bases teóricas da política naval soviética. Tal trabalho abordou ainda a mudança de atuação de uma marinha costeira para uma de alcance global com tecnologia nuclear (propulsão e armamento) e de mísseis, desde pelo menos os anos 1960 (Ranft; Till, 1985). A tecnologia, segundo Gorshkov, seria o fator explicativo mais relevante das novas estratégias a serem adotadas pelos Estados. Isso o fez conferir peso científico ao conceito de poder marítimo, defendendo a existência de uma "arte naval" específica (Gorshkov, 1977).

De acordo com o militar, a evolução tecnológica ampliou as chances do uso de "marinhas contra costa" (com mísseis nucleares), mas sem renunciar ao emprego de "marinhas contra marinhas", mais tradicional (operações navais convencionais), na conquista do necessário "domínio do mar" (comando do mar). Essa abordagem

---

8   Outro livro importante de Gorshkov é Navies in War and Peace *(1974)*.

equivale a uma defesa por uma marinha balanceada (Ranft; Till, 1985; Gorshkov, 1977).

Talvez a maior contribuição de Gorshkov para o pensamento estratégico naval, à semelhança do Almirante Castex, tenha sido combinar avaliação histórica e geográfica própria com desenvolvimentos tecnológicos, mormente armamento nuclear e mísseis, ao formular um argumento de poder marítimo para o Estado soviético.

(6.2.2)
CORRENTE CONTEMPORÂNEA

Na corrente contemporânea de estudos sobre o poder marítimo, inserem-se, em geral, autores civis, cuja participação desde meados do século XX assumiu tendência crescente. Nesta seção, trataremos apenas de alguns dos principais pensadores[9] dessa vertente e seus argumentos centrais.

James Cable (1920-2001)

O britânico Sir James Eric Sydney Cable, diplomata de carreira de 1947 a 1980, considerado um pensador estratégico naval, tem como obra de destaque *Gunboat Diplomacy*, publicada primeiramente em 1971, com mais duas edições (1981 e 1994). Nessa obra, o autor constrói o conceito da diplomacia da canhoneira – também chamado de *diplomacia naval coercitiva* (Cable, 1994, p. XIV) – com base em casos empíricos analisados e revisados desde 1919[10]. Tal conceito é

---

9 *Outras figuras relevantes além das abordadas são: John Hattendorf, Eric Grove, Michael Morris, Hervé Coutau-Bégarie, Paul Kennedy, Bryan Ranft, Norman Friedman, Greg Kennedy, Andrew Lambert, Beatrice Heuser, Almirante John Richard Hill, Bernard Cole e Lukas Milevski.*

10 *Até a última edição, de 1994, foram 249 casos, com o Brasil incluso pela Guerra da Lagosta (1961-1963).*

definido como "o uso ou ameaça de força naval limitada, diferente de um ato de guerra, de forma a assegurar vantagem ou evitar perda, seja em suporte a uma disputa internacional, seja contra nacionais estrangeiros dentro do território ou da jurisdição de seu próprio estado" (Cable, 1994, p. 14, tradução nossa)[11].

Não obstante, determinadas mudanças de contexto transcorridas desde o pós-guerra também afetaram esse conceito, como o banimento oficial da guerra na qualidade de recurso à solução de conflitos. Assim, tornaram-se mais atrativas ações concretizadas por meio da influência de instrumentos do Estado, como forças navais, em apoio à política externa, sem levar à guerra, como na definição citada. Ao mesmo tempo, a crescente interdependência econômica global aumentou a importância das operações de embargo, reforçando o apelo da diplomacia naval coercitiva, seja por meio de organizações internacionais, como foi o caso do Iraque nos anos 1990, seja pela via unilateral, como o embargo dos EUA contra Cuba (Cable, 1994).

Desenvolvimentos tecnológicos de meios navais, sistemas e armamentos também influenciaram a noção de diplomacia naval coercitiva. A ilustração talvez mais significativa disso seja o porta-aviões, embora para poucos países[12]. Essa e outras plataformas com armamento de longo alcance possibilitam a permanência a distância em águas internacionais sem afetar a soberania de Estados próximos, dispensando, por exemplo, bases aéreas em solo estrangeiro (Cable, 1994). Quanto a sistemas, o aperfeiçoamento das comunicações e o sensoriamento vêm permitindo, crescentemente, superior

---

11 No original: "*the use or threat of limited naval force, otherwise than as an act of war, in order to secure advantage or to avert loss, either in the furtherance of an international dispute or else against foreign nationals within the territory or the jurisdiction of their own state*" (Cable, 1994, p. 14).

12 Entre os quais, os principais são: Estados Unidos, Reino Unido, França, China, Rússia e Índia.

capacidade de comando e controle, com a consequente melhoria do controle político da força naval na cena de ação (Cable, 1994).

Cable, com a proposição de seu conceito e os desdobramentos deste, agrega valor ao repertório básico, mas crucial, de Mahan e Corbett, no qual a guerra no mar tem centralidade. Tal valor advém do fato de a diplomacia naval coercitiva não entrar no campo da guerra em si, mas ser uma alternativa a ela, buscando iguais ou semelhantes objetivos políticos.

Ken Booth (1943-)

O professor britânico Ken Booth, da área de política internacional, destaca-se na literatura de poder naval por sua obra *Navies and Foreign Policy*, de 1977 (republicada em 2014). Embora ela seja apenas parte de uma extensa lista de publicações, sua abordagem se sobressai por classificar as funções normalmente exercidas por marinhas, sendo seu foco, como sinaliza o título, o papel dessas organizações como instrumento na política externa de um Estado (Booth, 2014).

Booth apresenta os tipos de funções desempenhadas pelas marinhas como uma trindade baseada na ideia do uso do mar, desenhando, assim, um conceito para avaliar o caráter mutável daquele instrumento naval. Três modos de ação caracterizam tal trindade: 1) o militar; 2) o diplomático; e 3) o de polícia. Por meio de cada um deles, as marinhas exercem uma ampla variedade de funções (Booth, 2014).

No papel militar, as funções dividem-se em tempo de paz e tempo de guerra. De forma ampla, a primeira categoria inclui: dissuasão nuclear estratégica; defesa e dissuasão convencional; defesa e dissuasão estendida (defesa de interesses distantes, próprios ou de outros aliados); e ordem internacional (estabilidade marítima em favor do comércio internacional) (Booth, 2014). Na segunda categoria, as funções de projeção de força referem-se ao tradicional (com controle do mar para si e sua negação ao oponente), projetando-se tropas e suprimentos por via marítima a objetivos em terra (Booth, 2014).

No papel diplomático, os principais objetivos são: negociação desde que em uma posição de força (mais competitivo, em oposição ao cooperativo; coincidente com a diplomacia naval coercitiva, definida por James Cable); manipulação (táticas de influência para mudar posições políticas do oponente, ressalvando-se sua imprevisibilidade quanto ao resultado; também converge com o conceito de Cable); e prestígio (melhora da própria imagem em relação a atores que se deseja influenciar) (Booth, 2014, p. 18-20).

Por fim, o papel de polícia, conforme a perspectiva de Booth, visa ao atendimento doméstico, seja com "responsabilidades de guarda costeira", seja como imposição da lei, seja como "construção da nação" (*nation-building*), apoiando-se a estabilidade ou o desenvolvimento internos (Booth, 2014).

O autor frisa que, em meados da Guerra Fria, de ascensão nuclear, pouco se atentou para o aprofundamento de questões navais, época muito distinta da de Mahan: "guerra, marinhas e relações internacionais parecem [agora] muito mais complexas, em suas dimensões humana, política, econômica e tecnológica" (Booth, 2014, p. 10, tradução nossa).

A abordagem de Booth importa na medida em que, ao longo do tempo e dependendo das marinhas, a distribuição dos esforços dessas instituições varia para cada função. Há momentos de maiores tensões e momentos menos propensos ao combate interestatal. O fim da Guerra Fria marcou um desses momentos em que a preparação para o combate interestatal sofreu recuo em razão de outros tipos de ameaças no domínio marítimo, como crimes transnacionais, entre eles o terrorismo, ameaça reforçada com o ataque de 11 de setembro de 2001. Desde a primeira década do presente século, a pirataria também tem sido uma das preocupações de Estados e suas marinhas, como demonstram os esforços de forças marítimas combinadas no Oceano Índico, na costa da Somália, na África Oriental, no Golfo da Guiné e na África Ocidental.

Como em estratégias marítimas mais abrangentes, a atuação das marinhas, em virtude da realidade imposta a elas, não se restringe à preparação para o combate, abarcando também uma gama crescente de outras atividades em tempo de paz, o que reforça, no pós-Guerra Fria, a consolidação de um conceito mais amplo de segurança marítima (*maritime security*).

Geoffrey Till (1945-)

Renomado professor de instituições militares e civis, Geoffrey Till é um dos autores mais citados na literatura sobre poder marítimo no século XXI, sendo *Seapower: a Guide for the Twenty-First Century* (2018, última edição) sua produção preeminente. Nela, Till realiza uma abordagem distinta para explicar fatores que influenciam a preparação do poder marítimo dos Estados.

Segundo Till (2009), a variável de maior influência para elucidar estratégias marítimas é a da percepção dos Estados no que concerne à globalização. Com base nisso, o autor distingue três categorias de Estados: 1) pré-modernos; 2) modernos; e 3) pós-modernos. Essa classificação considera o entendimento sobre a globalização de acordo com as características particulares de cada país e, assim, em cada tipologia os Estados teriam preocupações e meios navais específicos.

Os Estados pré-modernos, por exemplo, estariam mais preocupados com a própria sobrevivência, mantendo-se um tanto alheios à dinâmica da globalização, e, dessa forma, contariam com marinhas menores. Já os Estados modernos teriam uma percepção da globalização relacionada com a abordagem do realismo das relações internacionais sobre as características do sistema internacional. Ou seja, por apresentarem uma concepção hobbesiana de autoajuda, segundo a qual cada Estado deve levar a cabo a própria segurança, essas nações adotariam estratégias menos cooperativas, restritas espacialmente e com construção de capacidades do poder naval de forma autônoma. Diferentemente deles, os Estados pós-modernos, por nutrirem uma visão mais "positiva" da globalização, tenderiam a assumir posturas estratégicas mais cooperativas e de maior escopo – alcançar a segurança de todos os mares compartilhando tarefas, assim como instrumentos do poder naval –, como no caso proposto na Estratégia Naval dos Estados Unidos[13] (Till, 2009).

Uma vez que Estados pré-modernos tenderiam a ser muito fracos política e economicamente, ou mesmo falidos, o autor prioriza a categorização de marinhas conforme os dois últimos tipos mencionados: marinhas modernas e marinhas pós-modernas. As marinhas modernas seriam mais bem qualificadas pelos seguintes adjetivos: tradicionais, convencionais, competitivas, centradas no Estado; por sua vez, as pós-modernas seriam assim descritas: não tradicionais, não convencionais, colaborativas, centradas no sistema (Till, 2013).

Como o próprio Till reconhece, criar rótulos para conceitos como os aqui expostos é por vezes problemático, pois, via de regra, as marinhas apresentam características provenientes de categorias distintas (Till, 2013). Contudo, a utilidade dessas designações se encontra no esforço de identificar as variadas particularidades das marinhas em geral.

Outra conceituação profícua de Till surgiu da dificuldade de se definir o poder marítimo diante das diversas abordagens possíveis. Então, o autor sugeriu considerá-lo de dois modos: como *input* e

---

13 A Cooperative Strategy for the 21st Century Seapower (USA, 2007).

como *output*. No primeiro caso, o poder marítimo corresponderia às marinhas, às guardas costeiras, às indústrias marítimas em sentido amplo e, quando relevante, à contribuição das forças terrestres e aéreas. Como *output*, o poder marítimo seria tanto os recursos/ferramentas de que se precisa para usar o mar quanto a capacidade de influenciar o comportamento de pessoas ou Estados pelo que se faz no mar e a partir dele (Till, 2018).

Sendo a realidade naval e marítima abundante de dimensões e complexidades em função dos momentos históricos e da variada coleção de autores, a produção intelectual de Geoffrey Till, como muitos especialistas reconhecem, é algo que clarifica e amplia a compreensão quanto à referida temática e que os interessados no assunto precisam ter facilmente ao alcance.

(6.3)
O Brasil entre os poderes marítimo e naval

As distintas noções de poder marítimo observadas entre uma sociedade e outra expressam a vivência histórica de cada uma, modelando o significado do conceito em coerência com essa experiência. Seria natural, portanto, afirmar que não existe uma definição certa ou errada desse conceito, que adquire nuances de acordo com o contexto em análise. Identificar e compreender tais pormenores importa na composição das bases correspondentes aos debates sobre o poder marítimo.

A expressão *poder marítimo* no português correlaciona-se no inglês a *sea power* (ou *seapower*) ou *maritime power*. No caso brasileiro, as definições, incluindo as oficiais, seguem linhas similares. Na obra *Panorama do poder marítimo brasileiro*, de 1972, coordenada pelo então Capitão de Mar e Guerra Mario Cesar Flores[14], o poder marítimo é assim definido:

> *integração dos meios relacionados com o mar, ou seja, a integração das manifestações do Poder Nacional que permitem a utilização do mar – e de outras vias navegáveis – para a consecução dos objetivos [...] [de] progresso e segurança [...]. Ele abrange todos os recursos – humanos, materiais, organizacionais e jurídicos – usados nas relações entre a nação e o mar.*
> (Flores, 1972, p. 91)

Já a Política Marítima Nacional (PMN) de 1994, última versão[15], define o poder marítimo conforme já exposto na Seção 6.1.

Na versão de 2014, a Doutrina Básica da Marinha do Brasil (DBM) apresenta a seguinte definição: "a capacidade resultante da integração dos recursos de que dispõe a Nação para a utilização do mar e das águas interiores, quer como instrumento de ação política e militar, quer como fator de desenvolvimento econômico e social" (Brasil, 2014, p. 1-1).

Em aproximadamente 20 anos, houve pouca diferença entre as definições expostas. Também se observa no âmbito da PMN sua meta resumida em visar "à aplicação inteligente do Poder Marítimo e de seu componente naval, em benefício dos interesses do País" (Brasil, 1994, p. 2-3). Sendo o componente naval a Marinha do Brasil, percebe-se em sua atribuição um papel político importante: promover o desenvolvimento dos elementos do poder marítimo. Isso é o que se mostra pelo menos desde 1967, quando, pelo Decreto-Lei n. 200, de 25 de fevereiro de 1967, no art. 54, inciso III, cabia à Marinha

---

14 *Posteriormente, como almirante de esquadra, viria a exercer o cargo de ministro da Marinha, de março de 1990 a outubro de 1992.*

15 *Governo Itamar Franco; a anterior é de 1984, do governo João Figueiredo.*

"estudar e propor diretrizes para a política marítima nacional" (Brasil, 1967). Atualmente, tal atribuição ainda se expressa por meio de dispositivo legal em uma de suas atribuições subsidiárias particulares: "contribuir para a formulação e condução de políticas nacionais que digam respeito ao mar" (Brasil, 1999, art. 17, III). Explica-se, assim, a similaridade do conteúdo das fontes há pouco mencionadas.

Essas considerações ajudam a clarificar o conceito de poder marítimo no caso brasileiro, em que se combina, por um lado, o elemento militar (poder naval, sua marinha) – exercendo também muitas atividades não propriamente de uso da força – com, por outro lado, os demais elementos (econômicos, comerciais, sociais, industriais, de ciência e tecnologia, de pesquisa, entre outros), todos eles se utilizando do mar (e vias navegáveis) para buscar seus objetivos consoantes e harmônicos com os interesses do país.

Identificamos, dessa forma, na essência desse conceito uma dicotomia militar *versus* não militar nas possibilidades de uso do mar, apesar da ampla cooperação existente entre os dois setores. Esses fatos se mostram relevantes diante das expressões e conceitos, no universo anglo-saxão, correspondentes a *poder marítimo*: *seapower* (ou *sea power*), *maritime power*, *naval power*, *maritime strategy*, *naval strategy*, *maritime security* e afins.

Quanto à dupla *sea power* e *seapower*, a primeira expressão parece predominar no ambiente norte-americano, possivelmente por ter sido cunhada pelo renomado pensador naval Alfred Mahan, embora ele não a tenha definido explicitamente em sua principal obra. Já a segunda tende a prevalecer em ambientes não norte-americanos, especialmente o britânico, mas não se percebe um consenso em sua utilização.

Geoffrey Till[16], em seu livro *Seapower: a Guide for the Twenty-First Century*, ressalta tais ambiguidades na utilização dos termos (Till, 2013, p. 23-26). Nele, o autor considera *seapower* como o conceito correspondente ao de poder marítimo utilizado no caso brasileiro, enquanto vincula *sea power* aos países com elevado poder marítimo (Till, 2013, p. 352). Já para autores como Andrew Lambert[17], ao contrário, *seapowers* remeteria aos países que buscam uma abordagem centrada no mar em relação ao comércio, à segurança e, sobretudo, à identidade e para os quais *maritime power* (similar ao conceito brasileiro de poder marítimo e ao *seapower* de Till) representaria uma preocupação nacional central (Lambert, 2016, p. 8). *Seapowers*, para Lambert, por exemplo, seriam distintos de *naval powers*, pois para os primeiros a capacidade de controle do mar[18] (*sea control*), sob um aspecto de segurança, seria uma necessidade, e não uma escolha (Lambert, 2016, p. 8-9). Para exemplificar o *naval power*, Lambert cita os Estados Unidos, países com muitos recursos próprios, não centrados necessariamente no mar. Como *seapowers*, ele aponta o Reino Unido, o Japão – não coincidentemente países insulares – a Coreia do Sul, a Holanda e a Dinamarca (Lambert, 2016, p. 8-9).

Com a expressão *maritime power*, as ambiguidades não são diferentes. Assim como acontece com *seapower* (ou *sea power*), ela, com frequência, corresponde, no ambiente anglo-saxão, ao conceito

---

16 *Para saber mais sobre esse autor, ver: KCL – King's College London.* **Professor Geoff Till**. *Disponível em: <https://www.kcl.ac.uk/people/till-professor-geoff>. Acesso em: 22 jul. 2020.*

17 *Para saber mais sobre esse pesquisador, ver: KCL – King's College London.* **Professor Andrew Lambert FKC**.*Disponível em: <https://www.kcl.ac.uk/people/professor-andrew-lambert>. Acesso em: 22 jul. 2020.*

18 *Segundo Lambert (2016), trata-se da habilidade de usar o mar para propósitos econômicos e militares, enquanto se nega acesso aos oponentes, seja em guerra, seja em competição comercial.*

brasileiro de poder marítimo exposto neste capítulo. Por vezes, no entanto, é empregada para designar o Estado que detém significativo grau de poder marítimo, o que, em português, chamaríamos de *potência marítima*. Aquela expressão é, ainda, com frequência enunciada para se fazer referência ao poder militar em si no domínio marítimo – ou seja, a força naval – ou ao Estado representado por essa força, o que, no contexto brasileiro, chamaríamos, respectivamente, de *poder naval* e *potência naval*. Sobre essa dicotomia entre *marítimo* e *naval*, vale uma digressão, pois tal dualidade afeta os qualificadores de estratégia que se desdobram no poder marítimo, como estratégia marítima ou naval.

Julian Corbett, como mencionado antes, elaborou conhecimentos sobre estratégia naval ou marítima, assim como seu contemporâneo Alfred Mahan, reverberando com grande influência desde o início do século XX até os dias de hoje. Ele diferenciou os termos *maritime* e *naval* em sua análise histórica do caso britânico, base de sua obra seminal *Some Principles of Maritime Strategy* (1911), definindo que *naval* diz respeito ao que somente a marinha faz, no caso a Royal Navy (Marinha Real). Ocorre que a atuação da marinha, no âmbito do conflito, está usualmente conectada a um esforço maior do Estado na disputa com outro Estado, normalmente em conjunto com seus respectivos exércitos (ainda não havia, no período em questão, a força aérea), visando a influenciar eventos em terra. Desse modo, para Corbett, a designação *maritime* seria mais apropriada que *naval* quando se faz referência à estratégia na qual a força naval exerce papel preponderante, mas não único. Daí um certo predomínio da expressão *maritime strategy* até os dias de hoje no universo anglo-saxão, tanto no âmbito militar como no debate acadêmico, em contraposição a *naval strategy*.

Como vimos no caso brasileiro, não há um documento oficial público com a designação *estratégia marítima* para compor as Políticas Marítimas Nacionais publicadas. O que se pode dizer é que as ações inerentes a essas políticas já representariam uma estratégia por serem realizações (meios e modos) para materializar objetivos do Estado (fins) relacionados ao uso do mar. Ainda assim, em tese, uma estratégia marítima dessa forma, tácita ou expressa, decorrente da PMN não teria exatamente o mesmo significado teorizado por Corbett para *maritime strategy*, cujo enfoque recai na guerra no mar e por meio do mar, com emprego de força predominantemente naval para alcançar finalidades da política externa do Estado.

Duas tendências do lado brasileiro reforçam essa distinção de significados entre uma estratégia marítima e uma *maritime strategy*. A primeira é a predominância do termo *naval* para indicar a Marinha, para qualificar suas atuações, em oposição ao termo *marítimo*, apesar das já tradicionais interações em alguma medida dessa organização com as outras Forças Armadas. A razão para isso poderia estar no foco atribuído pela Marinha a um caráter defensivo, em oposição ao mais ofensivo, que é comum na história anglo-saxônica, ao que se somaria a ainda relativa pouca interação das Forças Armadas sob uma doutrina de operações conjuntas, após a criação do Ministério da Defesa brasileiro, em 1999.

A segunda tendência é, como exposto, a abordagem da PMN de 1994, que pode ser resumida como aquilo que concerne à Marinha, como poder naval, distinto daquilo que concerne aos demais, como elementos do poder marítimo, sem explícita alusão a conflito. Estando o termo *marítimo* apropriado pelo todo dos elementos, que engloba e extrapola o poder naval, seria natural a adoção do termo *naval* para tudo o que diga respeito à Marinha. Daí, então, a tendência da primazia da expressão *estratégia naval* sobre *estratégia marítima*, quando o ator é a Marinha, percebida quando os pensadores navais brasileiros mais notáveis, como é o caso do Almirante Armando Amorim Ferreira Vidigal (1928-2009), usam expressões como "Pensamento Estratégico Naval [e não Marítimo] Brasileiro" (Vidigal, 1985, p. 3).

Assim, haveria, por um lado, a narrativa da combinação de atores representados por "poder naval com outros elementos do poder marítimo", em uma situação ampla, predominantemente de paz, mais frequente. Por outro lado, na esfera pública pelo menos, haveria a narrativa da combinação de atores representados por "poder naval com poder terrestre (Exército Brasileiro) e poder aéreo (Força Aérea Brasileira)". Essa se apresentaria em situação de possível emprego de força, mais defensiva e menos frequente em nosso contexto histórico de pós-guerra, em comparação com a postura ofensiva mais frequente de países centrais, liderados por Estados Unidos, Reino Unido e França, por exemplo, para propósitos da alta política.

Mesmo nesse ponto, a perspectiva de Corbett é mais abrangente que a brasileira, uma vez que esse autor concebe a marinha como apoio ao Estado para influenciar situações em terra – normalmente com projeção de armamento ou tropas desembarcadas além-mar ou como apoio ao exército – com maior foco ofensivo, olhando para fora da pátria (*homeland*). O elemento naval assume, assim, posição intermediária: seria a vara da lança, enquanto o elemento de projeção, a ponta. Todavia, na realidade brasileira, com largo espaço Sul-Atlântico à frente e postura estratégica comumente defensiva, a Marinha, contrapondo-se à ameaça no mar ou desde o mar, seria a ponta da lança, não a vara. Nesse sentido, o Exército e a Força Aérea em certa medida seriam a segunda linha de defesa do país. Tudo isso reitera novamente a percebida preferência brasileira pelo termo *naval*.

Mas, sem dúvida, a formulação de Corbett, indutivamente criada, mostrou-se desde sempre relevante e mais inclusiva. Essa construção do conceito de *maritime* com um teor militar conjunto em oposição ao de *naval* – marinha em si – ganhou peso na narrativa de estratégias ligadas ao domínio marítimo. Apesar disso, o termo *naval* foi e ainda é considerado; nos Estados Unidos, por exemplo, ao longo do século passado, notava-se a recorrente utilização formal – frequência esta reduzida na atualidade – do termo *naval* em referência a *naval strategy*. No ambiente anglófono, dessa forma, o termo *maritime* tende a predominar sobre o termo *naval* quando designa *policy*, *strategy* ou *doctrine* ("política", "estratégia" ou "doutrina", respectivamente).

Independentemente da oscilação de sentidos existente entre *maritime* e *naval*, correspondentes ao grau de interação da marinha com outras forças ou agentes, em tempos de paz ou de guerra/conflitos, a questão neste momento é a comparação desses significados/usos com o caso brasileiro. Na construção do conceito de *marítimo* nesse último contexto, aparentemente não prevaleceu, como em Corbett, uma vivência histórica de tantas guerras similar à que tem o Império Britânico, que, por meio de sua marinha e de seu exército, travou embates (boa parte de cunho ofensivo) contra seus adversários do continente europeu. No Brasil, excetuando-se os momentos de consolidação da independência e disputas cisplatinas do século XIX, bem como ações pontuais do século XX, foram relativamente poucas as ações navais de alguma envergadura, sendo ainda mais escassas as com teor ofensivo e executadas mediante forças conjuntas.

Apesar dos dissensos, mais importante que os rótulos é compreender as diferenciações possíveis dos conceitos adotados com seus respectivos lastros históricos e de prática institucional, de modo a proceder a uma formulação mais precisa e justificada conforme surjam novas circunstâncias relevantes.

Considerações finais

Os elementos conceituais e teóricos apresentados neste capítulo, entre outros existentes, são o resultado do esforço para alcançar a compreensão das interações de poder no, e através do, domínio marítimo na esfera dos estudos estratégicos.

Se os principais eventos humanos ocorrem em terra, a relevância dos espaços marítimos para a humanidade – cuja área é cerca de três vezes superior à dos terrestres –, como facilitadores e impulsionadores daqueles eventos, parece se tornar cada vez mais evidente. Para citarmos apenas alguns exemplos, podemos destacar que a taxa de comércio global realizado pelo mar equivale a cerca de 80% em volume e a mais de 70% em valor, crescente em números absolutos a cada ano (UNCTAD, 2018), e ainda que uma vasta rede de cabos submarinos é a responsável por 99% de todo o tráfego mundial de dados da internet (Kohlstedt, 2017).

A muito superior relação custo-benefício das interações, cooperativas ou competitivas, pelo meio marítimo, na prática, faz dos continentes grandes ilhas, dependentes das massas líquidas que os cercam e os conectam, cujo domínio e capacidade de projeção nelas no maior grau possível se tornam inevitáveis para qualquer progresso almejado.

O avanço tecnológico vem permitindo, por um lado, por décadas, crescentes possibilidades de pesquisa e exploração de recursos no mar e, por outro, o desenvolvimento de plataformas e sistemas de armas que delimitam o alcance das disputas pelo domínio marítimo, nas quais os interesses em jogo e os riscos aceitáveis pelos atores em parte independem do nível tecnológico de suas marinhas.

Enfim, como em qualquer avaliação estratégica, a dificuldade nos fatores aqui elencados, entre outras, está em diferenciar os de caráter permanente dos de caráter mais mutável. Associar, então, a avaliação histórica das dinâmicas de poder com o cenário geopolítico e geoeconômico e com as inovações acarretadas pelo avanço tecnológico parece ser o corolário inescapável da avaliação do poder marítimo nos estudos estratégicos.

Síntese

Quais são os principais conceitos e correntes de pensamento sobre o poder marítimo nos estudos estratégicos? Por mais de um século, os estudos sobre esse assunto sofreram evoluções e abordagens distintas. Neste capítulo, realizamos uma sucinta revisão dessa literatura para apontar os principais autores, debates e casos sobre o poder marítimo. Como conclusão, podemos afirmar que, com o avançar dos escritos, os autores foram agregando à avaliação histórica dos propósitos político-estratégicos dos Estados a dinâmica tecnológica crescentemente complexa combinada à peculiaridade geopolítica de cada ator ou grupo de atores, em cenários locais, regionais e globais, tudo isso sempre buscando-se atribuir certa "cientificidade" aos estudos do componente naval do poder militar, de modo a explicar a ameaça ou o uso da força através do mar e suas várias condicionantes.

Capítulo 7
Poder aéreo:perspectiva histórica e aplicação

Conteúdos do capítulo:

- Conceito de poder aéreo.
- Os principais teóricos do ramo.
- A evolução dos usos do poder aéreo.
- A importância contemporânea do poder aéreo.

Após o estudo deste capítulo, você será capaz de:

1. compreender o surgimento do poder aéreo e como ele se tornou estratégico para a guerra;
2. entender como se deu o processo evolutivo do poder aéreo e suas especificidades;
3. identificar as variações do poder aéreo e, mediante análise de estudos de caso, como ele se tornou indispensável na guerra contemporânea.

VINICIUS MODOLO TEIXEIRA
CARLOS EDUARDO VALLE ROSA

O poder aéreo representa uma das mais recentes vertentes de emprego do poder militar. As primeiras aeronaves, surgidas pouco mais de uma década após a sistematização de ideias sobre o poder marítimo, empreendida por Alfred Mahan[1], e apenas alguns anos depois da primeira exposição de Halford Mackinder[2] a respeito de sua visão sobre o poder terrestre, abriram caminho para um novo campo de batalhas, acima do solo e do mar. Entretanto, o emprego do poder aéreo no início do século XX enfrentou uma série de questionamentos, conjugados com as limitadas capacidades tecnológicas apresentadas pelos meios aeronáuticos daquele momento. As aeronaves que surgiram nesse período eram frágeis e tinham, à primeira vista, pouca funcionalidade aos olhos dos estrategistas militares, dadas as limitações delas de alcance, velocidade, carga bélica e resistência. Dessa forma, os meios aéreos ficaram inicialmente atrelados ao comando do exército e da marinha, que os utilizavam em suporte às suas ações nos confrontos. Assim, no entendimento dos comandantes militares, os meios aéreos deveriam estar subordinados ao uso por essas Forças Armadas, apoiando suas ações, mas sem liberdade para agir por si.

Essas barreiras iniciais foram superadas ao longo do século XX, em paralelo ao desenvolvimento de novos mecanismos e tecnologias que ampliaram as capacidades das aeronaves. Nesse sentido, ainda no

---

1 Mahan, entre outras obras, escreveu, em 1890, The Influence of Sea Power upon History 1660-1783 ("A influência do poder marítimo na história – 1660-1783"), na qual dirige sua atenção para a guerra no mar.
2 O trabalho mais famoso de Mackinder foi The Geographical Pivot of History ("O pivô geográfico da história"), de 1904, no qual estabelece a compreensão da base terrestre como fator essencial da geopolítica.

desenrolar da Primeira Guerra Mundial (doravante 1ª GM), os aviões apresentaram uma rápida evolução e, ao final desse conflito, já eram capazes de causar danos para além das linhas inimigas, demonstrando a possibilidade de emprego estratégico do poder aéreo.

Concomitantemente, durante a 1ª GM, iniciou-se um lento movimento de transformação da arma aérea em uma força com estrutura de comando autônoma, a qual tem como expoente a Royal Air Force (RAF), a Força Aérea Britânica, primeira a se tornar independente das forças navais e terrestres, em 1918. A RAF, como força desvinculada do Exército e da Marinha, no entanto, não foi acompanhada de maneira célere pelas suas congêneres no continente europeu ou em outras partes do mundo. Ainda perdurava nos Estados-maiores de outros países a desconfiança quanto à viabilidade e às possibilidades do uso da aeronáutica como arma capaz de desenvolver campanhas militares contra inimigos, tarefa que sempre coubera aos exércitos e às forças navais.

As disputas entre os defensores de uma força aérea independente e seus opositores perduraram por praticamente toda a primeira metade do século XX, resultando em acaloradas discussões e não raras represálias contra os propositores da separação. Durante esse período, formaram-se entre os defensores as ideias clássicas de emprego e organização do poder aéreo (explanadas adiante neste capítulo), em estreita observação aos avanços tecnológicos da aeronáutica e sua experimentação nos campos de batalhas daquele período. Tal qual a 1ª GM, o segundo conflito mundial foi especialmente importante nesse sentido, com o uso cada vez mais proeminente das forças aéreas e o acelerado desenvolvimento aeronáutico para emprego nos mais variados cenários. Esse período ajudou a selar o uso do poder aéreo de maneira definitiva, tornando-o imprescindível em qualquer conflito desde então.

Os estudos a respeito do emprego do poder aéreo tornaram-se praticamente obrigatórios para os pensadores, os pesquisadores e os estrategistas da geopolítica, das relações internacionais e dos estudos estratégicos, gerando uma grande quantidade de proposições e teorias. Nesse sentido, é irônico pensar que é justamente esse "sucesso" que torna árdua a tarefa de definir e compreender o poder aéreo, o qual foi se reconfigurando à medida que seus meios de uso evoluíam. Desde sua primeira experiência em combate, em 1911, na campanha italiana da Líbia, as pesquisas sobre esse poder renderam diversos trabalhos e concepções, os quais ainda não podem ser dados como finalizados, haja vista que a história do poder aéreo ainda está em movimento (Gray, 2012).

(7.1)
Poder aéreo: autores e teorias

Em pouco mais de um século de existência, a aeronáutica militar passou de coadjuvante ante as outras duas forças a uma posição de igualdade e, em alguns casos, em função do contexto, à condição de arma preponderante. Seu contínuo desenvolvimento acarretou constantes modificações e adaptações das estratégias militares no século XX, afetando de maneira significativa vários conflitos. Em virtude do impacto causado pela conquista da capacidade de voo, o poder aéreo atraiu um grande número de adeptos. Assim, diversos pesquisadores, civis e militares, debruçaram-se sobre as possibilidades de sua utilização, vislumbrando um futuro revolucionário na forma de combater as guerras vindouras.

Nos primeiros anos após o surgimento do aeroplano e seu consequente emprego como arma, muitos autores passaram a abordar o tema sob diversos prismas, nutridos pelo entusiasmo pela aviação e as novas experiências proporcionadas por essa invenção. Os anos compreendidos entre as décadas de 1910 e de 1930 são particularmente ricos nesse debate. Entre os materiais produzidos à época encontramos estudos que se concentraram em obras de caráter puramente técnico, esmiuçando a funcionalidade das armas aéreas e sua evolução, na busca por desvendar as dinâmicas do voo, identificar soluções de engenharia para a construção dessas máquinas e antever novas aplicações para elas. Outro campo da produção escrita, influenciado pela euforia ante o alcance humano dos céus, explorou a experiência aeronáutica romantizando a aviação por meio de abordagens superficiais; profetizando o uso dos novos meios, os materiais desse segmento lembravam mais obras ficcionais do que textos pautados na realidade de seu tempo (Meilinger, 2000). Já no campo militar, alguns teóricos se dedicaram à elaboração de planos de defesa para seus países, buscando no uso da aviação o meio ideal para prover as capacidades adequadas para as guerras futuras. Alguns deles utilizaram observações realizadas em campos de batalha para formular novas estratégias, desenvolvendo, assim, a aviação de combate como arma de emprego principal.

Neste trabalho, trataremos de autores dessa última vertente de produção, a militar. Contudo, dadas as limitações de espaço do capítulo, não apresentaremos todos os representantes dessa área e suas proposições, conferindo, por isso, destaque a certas personalidades, escolhidas aqui pela originalidade, pelo pioneirismo e pela representatividade em seus períodos. Cabe mencionar também que outros livros, antes, já se lançaram à hercúlea tarefa de abarcar a enorme gama de teóricos do poder aéreo, aos quais este trabalho não tem a pretensão de se igualar, já que tais obras são as principais referências nesse campo do conhecimento[3].

A primeira metade do século XX concentrou uma parcela significativa de estudiosos de inegável distinção na elaboração de materiais de viés militar (focados no uso e desenvolvimento do poder aéreo), tornando-se essas obras clássicos a respeito do poder aéreo. Os méritos dos teóricos desse período não residem somente em seus escritos, mas também na defesa que eles exerceram, por meio desses textos, no sentido da constituição de forças aéreas independentes, divulgando essas ideias e conscientizando a população.

De maneira geral, os autores militares que nesse momento ousaram propor uma maior atenção para os meios aeronáuticos enfrentaram, como afirmamos antes, grande resistência por parte de seus colegas e superiores, sofrendo até mesmo represálias dentro de suas organizações militares. A ousadia em sugerir o emprego do poder aéreo como arma ofensiva, independente e, em alguns casos, como principal força de combate contrariava as estratégias militares dominantes, o que rendeu a seus propositores o descrédito e a punição por insubordinação. A existência de uma terceira força, capaz de rivalizar com o emprego clássico do poder naval e do poder terrestre, era vista como uma ameaça pelos oficiais do exército e da marinha, os quais previam que a aeronáutica deveria estar subordinada aos seus interesses, funcionando como arma de apoio.

Uma das primeiras vozes a propor modificações nesse rígido cenário foi Giulio Douhet (1869-1930), autor que se tornou pioneiro da teoria do poder aéreo. Militar do Exército Italiano, Douhet era observador dos avanços tecnológicos de sua época. Essa atenção às

---

3   A esse respeito, recomendamos a leitura dos trabalhos de Santos (1989), Meilinger (1997, 2000) e Rosa (2014), autores a que recorremos em auxílio a este texto.

invenções aéreas frutificou em seus primeiros escritos no ano de 1910, antes mesmo da atuação italiana na Líbia, em 1911, a qual sinalizou seu caminho para futuras e inéditas proposições quanto àquele poder. De personalidade forte, Douhet entrou em atrito com seus superiores ao defender suas ideias sobre a aplicação do poder aéreo, sofrendo como punição a designação a uma posição sem relevância no início da 1ª GM. Ainda em conflito com seus superiores, em 1916 enfrentou a corte marcial por insubordinação, o que culminou em sua prisão. Após sua libertação, retornou às suas funções, porém logo em seguida optou por se retirar da carreira militar. Sem a restrição do serviço militar, Giulio Douhet passou o restante de sua vida divulgando suas ideias por meio de livros e da publicação de ensaios e artigos em revistas de aeronáutica (Santos, 1989).

A visão de Douhet a respeito das capacidades oferecidas pelos aviões versa sobre o uso de uma aviação de combate independente, não assujeitada às outras forças, visto que apenas os pilotos, já treinados e experientes em confrontos, teriam condições de compreender e comandar essa nova arma. Além disso, a aviação proporcionava novas formas de combater. Segundo Douhet, os aviões operam na terceira dimensão, o espaço aéreo, podendo deslocar-se para qualquer lado, romper a estática guerra de trincheira, passar por sobre ela e ir de encontro ao inimigo em seu território. Os aviões, em especial os bombardeiros, por essa ótica se tornariam armas capazes de deter os inimigos antes mesmo que eles atacassem, uma vez que o receio de uma retaliação pelo emprego dessas armas paralisaria os agressores (Meilinger, 2000).

Seu livro *O domínio do ar*, publicado em 1920, apresentou suas concepções sobre a nova forma de guerrear, por meio do ar. Sua expectativa com esse livro era fazer seus leitores entenderem os potenciais dos novos meios aeronáuticos criados, sua utilização na guerra, as funções de uma força aérea e como esta deveria organizar-se (Douhet, 1988). Entre as principais proposições de Douhet estava o uso de aviões bombardeiros como arma de ataque principal e como arma psicológica. Para o teórico, esses aviões deveriam atacar os "centros vitais" do inimigo, de forma a causar um efeito arrasador na moral de sua população, o que levaria ao fim do conflito. Com isso, a batalha decisiva poderia ocorrer sem que houvesse confrontação direta das forças no solo, evitando-se o derramamento desnecessário de sangue.

Douhet advogou um maior papel da aviação nas batalhas futuras, sem, no entanto, desmerecer a função do exército e da marinha. O pensador italiano, todavia, falhou em não prever o avanço da artilharia antiaérea e o desenvolvimento de aeronaves de caça mais velozes que os bombardeiros, concentrando seus estudos principalmente nesse tipo de avião e defendendo seu uso para caçar outros bombardeiros, de modo a tornar-se o que Douhet chamou de "avião de batalha". Nos conflitos seguintes, o uso de bombardeiros foi posto à prova, obtendo efeitos questionáveis quanto às habilidades dessas máquinas em efetuar tarefas de ataque e defesa. Apesar da falibilidade de suas ideias, é preciso frisar o pioneirismo de Douhet ao inaugurar os debates a respeito das aplicações do poder aéreo, convertendo-se em uma referência para os teóricos ao longo do século XX.

Do mesmo período, Hugh M. Trenchard (1873-1956), membro do Exército Inglês, tornou-se outro personagem notável, já que, além escrever sobre o emprego do poder aéreo, auxiliou na organização da primeira força aérea independente, a Royal Air Force (RAF). Tal fato conferiu a Trenchard a distinta posição de poder colocar em prática parte de suas teorias antes dos demais pensadores, conquistando uma valiosa vivência em uma força aérea independente. Em contrapartida, em comparação aos demais teóricos, sua luta não foi direcionada para a criação, mas para a manutenção de uma força aérea (RAF) como serviço independente no pós-Primeira Guerra (Santos, 1989). Tal como Douhet e demais adeptos do poder aéreo na época, o autor viu no bombardeiro o meio de provocar a destruição do inimigo. Sua atenção, porém, recaiu no ataque às indústrias de base, como fábricas de aço, de materiais químicos, de motores e de veículos de transporte (Rosa, 2014). Com isso, as capacidades do inimigo em sustentar seu esforço de guerra seriam afetadas, levando à sua capitulação.

Outro teórico de referência para o poder aéreo foi o estadunidense William "Billy" Mitchell (1879-1936). Como militar, participou da 1ª GM no comando do Corpo Aéreo do Exército dos EUA, no qual foi responsável por operações aéreas pioneiras, ganhando destaque no Exército desse país (Rosa, 2014). Sua experiência na guerra levou o então aviador à chefia do Serviço Aéreo do Exército, em 1919, ampliando seu entusiasmo sobre a utilização dos meios aeronáuticos em conflitos. Esse sentimento o inspirou a escrever alguns artigos sobre o emprego do poder aéreo e, posteriormente, três livros sobre o tema: *Our Air Force: The Keystone of National Defense*, de 1921; *Winged Defense*, de 1925; e *Skyways: a Book on Modern Aeronautics*, de 1930.

Em seu primeiro livro, Mitchell destacou o uso revolucionário do poder aéreo, ainda muito influenciado pela recente campanha na 1ª GM. Nesse momento, o autor apontou que tal poder ganharia espaço ao lado das outras forças, com a ampliação do peso atribuído à aeronáutica, que, no futuro, daria a maior contribuição às campanhas terrestres e navais (Meilinger, 2000). Contudo, as ideias de Mitchell não foram bem recebidas pelos seus superiores, os quais não viam com o mesmo ânimo/otimismo o uso da aviação como agente modificador de suas estratégias, conduzindo o autor a um caminho de atritos semelhante ao enfrentado por Giulio Douhet.

Como resultado, seu segundo livro foi incisivo na argumentação de uma arma aérea independente e dotada de capacidade estratégica de bombardeamento, deixando de lado a guerra voltada ao apoio terrestre. O duro tom das críticas no livro e a relação de Mitchell com seus comandantes ocasionaram o rebaixamento de patente desse militar e, em seguida, a suspensão do serviço ativo por cinco anos, depois de uma corte marcial julgá-lo culpado por insubordinação. Essa sentença não foi aceita por Mitchell, que optou pela saída do serviço militar como forma de protesto. Posteriormente, publicou o terceiro livro, que reúne suas ideias construídas ao longo da década de 1920.

Apesar de esses livros terem motivado os debates a respeito das concepções de Mitchell sobre o poder aéreo, segundo aponta Meilinger (2000), eles, na verdade, destinavam-se ao público civil, de maneira a difundir as ideias sobre as aplicações militares da aeronáutica. Ainda de acordo com Meilinger (2000), as teorias de Mitchell orientadas para o serviço militar podem ser encontradas em um manual técnico, datado de 1922, no qual enfatizou o emprego de aeronaves de bombardeiro.

Como observado, há uma proximidade entre as trajetórias de Giulio Douhet e William Mitchell, tanto na proposição do uso do poder aéreo como na enérgica defesa de suas ideias perante seus superiores, ambos os casos resultando em julgamento por corte marcial e no afastamento desses militares das respectivas funções. O período vivenciado pelos dois autores foi bastante intenso no que tange à evolução da tecnologia aeronáutica, com as aeronaves obtendo maiores capacidades de carga, alcance, velocidade e resistência. Tais avanços subsidiaram as concepções de Douhet e Mitchell em relação à escolha do bombardeiro como arma primária, não levando em conta, portanto, o aumento da oposição por parte da aviação de caça. Por outro lado, a lenta aceitação por parte dos Estados-maiores no que concerne à modificação das clássicas doutrinas de guerra levou à frustração desses pensadores quanto ao emprego eficaz das referidas armas. As mortes de Douhet e de Mitchell, respectivamente em 1930 e 1936, não lhes permitiram observar a evolução dos bombardeiros, tampouco das armas e estratégias criadas para detê-los.

As ideias dos dois falecidos autores encontraram ressonância no início dos anos 1940, quando Alexander P. Seversky (1894-1974) emergiu como outro teórico relevante do poder aéreo. De origem russa, Seversky emigrou para os EUA, onde se estabeleceu como empresário da indústria aeronáutica e divulgador do uso das aeronaves como arma de guerra. Sua perspectiva a respeito do poder aéreo conectava-se ao pensamento de Mitchell, com o qual teve contato, vindo a ajudá-lo a demonstrar os efeitos e as potencialidades dos bombardeiros nos anos 1930 (Rosa, 2014). Diferentemente do que ocorreu com seus predecessores, seu papel na evolução da teoria do poder aéreo se caracteriza como o de promotor, defensor e sintetizador das ideias geradas por Mitchell e Douhet (Meilinger, 2000), sem a proposição de novas teorias. O prestígio conquistado por Seversky deve-se à sua ampla divulgação das ideias sobre o uso da aeronáutica na guerra, tarefa por meio da qual conseguiu alcançar de maneira definitiva a população, convencendo-a da importância daquela força para o conflito mundial que se desenrolava no momento.

Entre suas publicações, o primeiro de seus três livros, *A vitória pela força aérea*, lançado originalmente em 1942 nos EUA e dedicado à memória do General Mitchell, tornou-se um sucesso, sendo distribuído por meio de um clube de assinantes, alcançando a faixa de cinco milhões de exemplares. Com a divulgação da obra e com a finalidade de apoiar o esforço de guerra, o livro foi transformado em uma animação pelos estúdios de Walt Disney, em 1943, alcançando ainda mais pessoas (Meilinger, 2000). Nesse mesmo ano, a obra foi traduzida e publicada no Brasil e em outros países. Tais fatos ajudam a elucidar a proporção e a velocidade com que as ideias de Seversky atingiram a sociedade, convertendo-o em uma importante figura para a consolidação das teorias do poder aéreo.

O momento em que apresentou suas ideias também lhe foi favorável para analisar em primeira mão o desempenho da aviação durante os primeiros anos da Segunda Guerra Mundial (doravante 2ª GM). Seversky ressaltou a importância do uso da aviação nas batalhas do Estreito de Skagerrak, entre a Noruega e Dinamarca, na evacuação da cidade de Dunquerque e na Batalha da Inglaterra. Suas análises se voltaram ainda para a situação das marinhas no Mediterrâneo e a caçada ao navio alemão Bismarck. Nesse último caso, destacou o papel proeminente da aviação, que torpedeou Bismarck, impossibilitando sua fuga (Seversky, 1943). Ao mesmo tempo, em diversos pontos de seu livro, Seversky abriu espaço para críticas à função das marinhas, dedicando um capítulo ao tema com o provocativo título de "O crepúsculo do poder naval". A marinha tornou-se, portanto, o alvo principal de suas críticas e da polêmica gerada por seu livro. Mesmo ao tratar da aviação embarcada, Seversky foi enfático ao afirmar que "não há nada que a aviação de base flutuante possa fazer que não possa ser feito mais eficientemente por aeroplanos de base terrestre" (Seversky, 1943, p. 89). Assim como seus predecessores, Seversky dedicou uma parte de sua obra para argumentar em favor da organização independente da força aérea, que, para ele, deveria ser dividida em uma força aérea de ataque e outra de defesa, composta tanto por bombardeiros como por caças, já que a concepção do "aeroplano de combate" defendida por Douhet não havia se efetivado como realidade.

(7.2)
Os avanços no pensamento e a atualidade do poder aéreo

As teorias acerca do emprego do poder aéreo se disseminaram ao longo da primeira metade do século XX. Como mencionamos, diversos outros autores se debruçaram sobre os fatos desse tempo, atuando como observadores, críticos, entusiastas e propositores de formas de emprego daquele poder. Nesse primeiro momento, a evolução do potencial de destruição causado pelas forças de bombardeiros levou Douhet, Trenchard, Mitchell e Seversky a manter seu foco nesse tipo de arma.

A crença inicial na potencialidade dos bombardeiros justifica-se pelo fato de a velocidade deles ser similar à dos aviões de caça e pela ausência de métodos eficazes para sua detecção, como os radares, o que torna seu ataque imprevisível. Essa situação persistiu até o início da 2ª GM, quando bombardeiros de longo alcance, elevada altitude e com capacidade defensiva, como as fortalezas voadoras B-17, ficaram disponíveis (Holley, 1997). Outro fator propagador dessa visão foi a Air Corps Tactical School (ACTS), que oficializou a doutrina em torno da utilização do bombardeiro, na Força Aérea dos EUA (Faber, 1997). Porém, nessa mesma época, algumas vozes dissonantes apresentaram considerações sobre o emprego da defesa aérea como arma eficaz para derrotar as incursões de bombardeiros.

Nessa perspectiva, podemos citar Claire Lee Chennault (1890-1958) como um dos questionadores das teorias dominantes. Chennault teve papel fundamental na organização da Força Aérea Chinesa nos anos 1930, estando à frente do esquadrão Tigres Voadores, que combateu a invasão japonesa a esse país no início dos anos 1940. Em sua visão, os aviões de caça, com o auxílio de uma rede de aviso antecipada, poderiam deter com grande eficácia os bombardeiros atacantes (Rosa, 2014). Ele apontou ainda que aviões mais leves poderiam assumir outras funções, prevendo um maior dinamismo para as futuras aeronaves.

A evolução dos combates da 2ª GM demonstrou que os bombardeiros não tinham a eficácia defendida pelos teóricos. A Alemanha, mesmo diuturnamente bombardeada, não capitulou em decorrência dos ataques aéreos contra suas indústrias e cidades. Já o Japão apenas tomou essa decisão após o uso de armas nucleares. As lições apreendidas nesse conflito foram reformuladas e adaptadas para o enfrentamento seguinte, entre os EUA e a União Soviética, o qual conferiu ênfase ao uso do poder aéreo de forma estratégica.

A Guerra Fria trouxe consigo a possibilidade da chamada *destruição mútua assegurada* (*mutually assured destruction* – MAD), em virtude do uso das armas nucleares entre as duas superpotências beligerantes. Nessa direção, um embate entre elas levaria indubitavelmente ao uso dessas armas, que, dadas as suas capacidades, acarretariam a destruição completa das duas nações e de outras partes do mundo, daí o acrônimo em inglês (*mad*) significar "louco".

Somados ao armamento atômico, os motores a jato e os mísseis representaram a revolução pela qual passava esse período, modificando o pensamento teórico dos autores em relação à forma de levar perigo ao inimigo e de se defender das novas ameaças. Com isso, o poder aéreo passou para outro patamar, com a capacidade da destruição total através do ar, por meio do uso de bombas e mísseis nucleares. Nesse sentido, o Strategic Air Command (SAC) tornou-se um dos símbolos dessa época.

Criado nos primeiros dias da Guerra Fria, em 1946, o SAC era responsável por comandar duas partes da tríade nuclear dos EUA: os mísseis balísticos intercontinentais (ICBM) e a força de bombardeiros estratégicos. A terceira parte era representada pelos mísseis balísticos lançados de submarinos, sob o controle da Marinha. Comandado pelo General Curtis LeMay entre 1948 e 1957, o SAC transformou-se em uma força com alcance global e capacidade devastadora. Com o objetivo de oferecer uma força real de dissuasão, aviões de bombardeiro permaneciam em alerta constante, abastecidos e armados com ogivas nucleares, prontos para decolar em minutos no caso de conflito. O SAC contava também com uma frota de interceptadores para deter ataques inimigos e escoltar os próprios bombardeiros, de forma similar ao que previra Seversky anos antes (Caidin, 1965).

Em meio às tensões da Guerra Fria e à atenção ao uso da aviação estratégica, outras modalidades de confrontação emergiram, lançando novas questões a serem respondidas pelo emprego do poder aéreo. Entre os anos 1950 e 1970, a ocorrência de conflitos de baixa intensidade, compreendidos como conflitos contra forças irregulares, de guerrilha, terroristas ou mesmo conflitos militares convencionais de curta duração, colocou à prova o uso da aviação pelas grandes potências. Apesar de dependerem do ponto de vista acerca do que seria a baixa intensidade desses conflitos, as guerras da França na Indochina e na Argélia, da Inglaterra na Malásia, os conflitos gerados pelo processo de descolonização da África e o envolvimento dos EUA no Vietnã são casos possíveis de serem estudados sob essa ótica, no tocante à época mencionada (Drew, 1997).

O foco na guerra nuclear e na aviação estratégica por parte das nações ocidentais, em resposta à Guerra Fria, teve de ser revisto com o envolvimento desses mesmos países em conflitos de baixa intensidade. A adoção de táticas específicas para combate de forças irregulares precisou ser desenvolvida praticamente no campo de batalha, reinventando o apoio aéreo e as aeronaves dedicadas a essa função. No início do conflito do Vietnã, por exemplo, o objetivo da aviação dos EUA se concentrou no bombardeamento de 94 alvos que deveriam minar a capacidade de combate do Vietnã do Norte (Yenne, 2012). A massiva capacidade de bombardeamento empregada pelos EUA contra posições inimigas, simbolizada pelas forças de bombardeiros B-52 durante as operações *Rolling Thunder*, *Arc Light* e *Linebacker* I e II, como aponta Yenne (2012), apesar de ter causado temor nos inimigos e uma imensa destruição sobre os alvos, não conseguiu deter os movimentos de uma vasta rede de suprimentos e armazenamento criada pelos guerrilheiros e apoiada pelo Vietnã do Norte e pela China. Essa insuficiência de resultados suscitou uma lenta revisão do modelo de emprego do poder aéreo. As respostas teóricas a esse enfrentamento apareceram por meio de manuais oficiais no fim dos anos 1960, os quais refletiam sobre a experiência no referido conflito, infiltrando de maneira gradual novas tendências em publicações posteriores ao longo dos anos 1970 (Drew, 1997).

A adaptação do emprego do poder aéreo ao modelo de conflito no qual era requisitado gerou uma variedade de tipos de aeronaves dedicadas a esses serviços. Da mesma forma, a adaptação de doutrinas operacionais tornou-se contínua, em estreita observação aos conflitos do Vietnã e do Afeganistão soviético. E, enquanto isso, o potencial confronto na Europa entre as forças da Organização do Tratado do Atlântico Norte (Otan) e do Pacto de Varsóvia, que demandara o gasto de grandes somas de recursos, permanecia no campo teórico. Assim, esse período foi marcado pelo intenso desenvolvimento de táticas e tecnologias de emprego convencional, usadas pelos defensores da utilização do poder aéreo para demonstrar o alcance das capacidades dele (Garden, 2002).

A atualidade teórica relativa ao emprego do poder aéreo teve origem imediatamente após o final da Guerra Fria, com a Guerra do Golfo, de 1991, como marco para o desenvolvimento de novas abordagens. O autor de destaque desse momento foi John Warden III (1943-), militar estadunidense, autor do livro *The Air Campaign: Planning for Combat*, de 1988, e um dos responsáveis por organizar a estratégia empregada pela coalizão nesse conflito. Sua posição na cadeia de comando possibilitou a aplicação de suas teorias sobre o poder aéreo de maneira ainda não experimentada pelos outros teóricos. O núcleo de sua teoria reside em um esquema de cinco círculos concêntricos, no qual figuram na parte externa os alvos de menor prioridade, representadas pelas forças militares opositoras, passando para a parte interna com os alvos de maior prioridade, até o alvo principal, no qual estariam as lideranças inimigas. Portanto, na parte externa se encontrariam os alvos mais bem defendidos, os últimos a serem atacados, e no centro o alvo principal, virtualmente mais frágil. Desse modo, o segredo para o sucesso militar seria o ataque ao líder, que incapacitaria o país e levaria ao fim das hostilidades (Meilinger, 2000).

Para Warden III (1988), a campanha militar seria mais política do que econômica; assim, o emprego do poder aéreo deveria envolver a identificação do "centro da gravidade" do inimigo, o ponto em que ele é mais vulnerável ao ataque aéreo (Holley, 1997). A utilização dessa estratégia pode ser observada, por exemplo, na adoção de ataques de precisão contra *bunkers* e esconderijos em que estava o alto escalão do governo iraquiano, com o uso de aeronaves F-111 e os aviões *Stealth* F-117. A obra de Warden III, no entanto, não se limita apenas a abordar esse viés, contemplando também os conceitos e aplicações da superioridade aérea, operações defensivas e ofensivas, interdição e apoio aéreo aproximado.

Contrariando essas posições, Robert Pape (1960-), cientista político e autor de *Bombing to Win*, de 1996, argumenta que a destruição dos alvos militares deveria ser prioridade em uma confrontação. Pape segue uma linha de pensamento em que o foco do emprego do poder aéreo deve recair no desarme inimigo, o que levaria indubitavelmente ao abandono do conflito por se negarem ao opositor as condições de luta. Para esse autor, o ataque a alvos não militares empreendidos pela aviação poderia levar a população a se tornar mais resistente e leal a seus líderes (Rosa, 2014). Pape defende ainda que somente o uso do poder aéreo, de maneira isolada, não leva à vitória, sendo, pois, necessária a operação conjunta com as demais forças, questão na qual residem as principais contribuições teóricas desse cientista político.

A despeito das constantes mudanças e das frequentes revisões sobre o papel do poder aéreo ao longo do século XX, o ponto comum que reúne seus teóricos é a atenção à identificação de suas propriedades essenciais e duradouras, que diferenciam o poder aéreo das outras formas de poder militar (Mueller, 2010). A elevada capacidade destrutiva adquirida nas últimas décadas pelo poder aéreo transformou-o em uma arma de escolha. Ele pode ser usado primariamente em vez das forças terrestres, permitindo o ataque ao alvo desejado sem arriscar combatentes ou causar danos colaterais a civis (Garden, 2002, p. 139). Durante os anos 1990 e nas duas décadas do século XXI, o poder aéreo foi utilizado repetidas vezes como arma primária: Kosovo, Sudão, Iraque, Líbia e Síria são apenas alguns dos exemplos que podem ser requisitados para análises mais profundas. Esse fato se deve a dois fatores principais: o aumento na confiança da eficácia tática desse poder, com maior precisão, potência e letalidade, e a crescente impopularidade do envolvimento em conflitos com tropas no terreno, o que favorece a opção por ataques aéreos cirúrgicos para destruir ou incapacitar os oponentes, minimizando os riscos de baixas dos atacantes. Assim, o velho sonho do poder aéreo de uma surtida para um alvo (ou mais) tornou-se uma realidade tática confiável (Gray, 2012). O poder aéreo transformou-se em uma forma excepcionalmente sedutora de força militar, pois, em parte, tal como o namoro moderno, ele parece oferecer recompensas sem que haja o comprometimento (Cohen, 1994).

(7.3)
O PODER AÉREO E SUA APLICAÇÃO NA HISTÓRIA RECENTE

A evolução do emprego do poder aéreo conta com exemplos sintomáticos dos efeitos exercidos pela aviação em diversas guerras, principalmente nos conflitos ocorridos nos últimos 50 anos. Aqui, apresentaremos alguns desses exemplos em que a aviação teve destaque, atuando como fundamental artifício para o triunfo de um dos lados partícipes do embate. Entretanto, de antemão frisamos que as análises dos casos descritos a seguir, bem como de diversos outros, não encontram unanimidade entre os pesquisadores, estando tais circunstâncias sujeitas a interpretações e revisões, que são sempre orientadas pela ótica de seus analistas. Dessa maneira, não buscamos oferecer a você, leitor, análises definitivas sobre os casos selecionados, mas colocar em discussão tais conflitos como exemplos para o estudo do emprego da força militar aqui considerada, o poder aéreo.

Entre os exemplos mais emblemáticos do uso do poder aéreo, alguns podem ser identificados nos conflitos árabe-israelenses. Essa designação está vinculada ao conjunto de todos os confrontos ocorridos desde o primeiro momento de independência de Israel, em 1948, até o presente, tendo como partes envolvidas esse país e os vários vizinhos árabes que o circundam. Um desses conflitos é especialmente interessante para nosso estudo: a Guerra dos Seis Dias, ocorrida em 1967. Nesse evento, a aviação israelense desempenhou papel crucial para a obtenção da vitória dessa nação, tornando-se uma referência para as campanhas desenvolvidas posteriormente pelas demais forças aéreas.

A campanha aérea da Guerra do Seis Dias é amplamente recordada como demonstração da eficácia do poder aéreo para a obtenção de êxito rápido. As operações israelenses, lançadas de maneira preventiva, antevendo uma possível agressão coordenada pelos seus vizinhos árabes, tiveram como ponto inicial o maciço ataque contra as bases aéreas de Egito, Síria, Jordânia e Iraque, praticamente destruindo a aviação desses países no solo, aniquilada depois em alguns combates aéreos contra as aeronaves restantes. Com a superioridade aérea conquistada no primeiro dia de guerra, a aviação israelense pôde ser empregada em suporte ao Exército, em missões de apoio aéreo, destruição de blindados e interdição do campo de batalha. Os números dessa campanha aérea são surpreendentes. Nas primeiras 12 horas de conflito, cerca de 378 aeronaves de combate das forças árabes foram destruídas em solo; outras 60, ao longo do conflito. Em contrapartida, as perdas israelenses somaram apenas 48 aeronaves ao longo dos seis dias, muitas das quais para a artilharia antiaérea quando executavam missões de apoio ao Exército (Cunha, 2017).

Mesmo considerando algumas análises "exageradas" a respeito de quão decisiva fora a aviação israelense durante a guerra, Pollack (2005) aponta para o efeito que a destruição causada pelo poder aéreo de Israel teve sobre a guerra terrestre. O autor entende que, nas batalhas terrestres mais decisivas, tal poder desempenhou um papel marginal na destruição das forças árabes, sendo inegável, porém, que ele exerceu sobre o inimigo um impacto psicológico maior do que qualquer destruição de veículos blindados ou dano físico a instalações. Esse efeito explicaria a desmotivação dos militares árabes e serve como um modelo útil para o emprego do poder aéreo no suporte à guerra terrestre (Pollack, 2005).

Outro conflito moderno no qual o poder aéreo teve papel destacado e amplamente divulgado foi o empreendido pelo controle das Ilhas Falklands/Malvinas, entre Grã-Bretanha e Argentina. As ilhas localizadas a cerca de 500 milhas da costa argentina foram objeto de disputa entre França, Espanha e Inglaterra durante o período colonial e foram tomadas por essa última nação no ano de 1833. Consideradas como território argentino pelos militares que estavam naquele momento no governo do país portenho, as ilhas foram alvo de uma grande operação de retomada pelas Forças Armadas Argentinas em abril de 1982. Tanto o governo da Argentina como o da Inglaterra enfrentavam crises políticas naquele ano, e a disputa pelos territórios localizados no Atlântico Sul foi utilizada como fator de união nacional (Duarte, 1986). Assim, a localização das ilhas, sua relativa importância e as crises políticas vividas em ambos os países formaram o pano de fundo dessa guerra inesperada, que durante 74 dias colocou duas nações ocidentais e aliadas dos EUA em lados opostos. Além disso, outras condições singulares, como as dificuldades técnicas derivadas do clima e de armas não testadas em combate, enfrentadas por ambos os países no teatro de operações, as grandes distâncias percorridas para estar sobre os objetivos e a adaptação de sistemas estratégicos para o uso na guerra convencional marcaram a luta pelas Falklands/Malvinas, da qual são extraídos importantes ensinamentos sobre a guerra aérea moderna.

Do lado argentino, a rápida tomada dos territórios insulares, com a transferência de cerca de 12 mil homens para guarnecê-los, falhou em não prover condições para o emprego de aeronaves de grande desempenho a partir das ilhas, limitando-se a operações com aviões de ataque leve e helicópteros. Esse fato, motivado pela crença de que não haveria contestação por parte da Coroa inglesa, obrigou a Força Aérea Argentina a operar a partir do continente quando o conflito efetivamente começou, o que restringiu o tempo de voo das aeronaves sobre o teatro de operações. Quanto ao lado da Grã-Bretanha, para executar a retomada das ilhas, foi deslocada uma grande força naval, a qual contava com a proteção de dois pequenos navios aeródromos dotados com os novos aviões de decolagem curta e pouso vertical Sea Harriers, ainda não testados em combate. O apoio aéreo provido pela Força Aérea Real (RAF) na área de combate se limitou ao emprego de versões desse mesmo avião para ataque ao solo, operando junto aos mesmos porta-aviões, e às restritas operações de bombardeio partindo da Ilha de Ascensão, distante 6.300 quilômetros das Falklands/Malvinas (White, 2007).

Durante a guerra, nenhuma das forças conseguiu garantir a superioridade aérea de maneira definitiva sobre a zona de confrontação. Se, por um lado, os aviões Harriers e Sea Harriers provaram sua eficácia no suporte às operações de desembarque, mostrando-se equipamentos eficazes, com diversas vitórias, por outro, a aviação argentina continuou a executar missões de ataque, ressuprimento e apoio às tropas até praticamente o fim das hostilidades, levando risco às embarcações e ao avanço do contingente britânico. Essas missões causaram sérios danos à frota real, com o afundamento de sete navios e avarias severas ou moderadas a vários outros. Nesse contexto, os mísseis Exocet lançados por aviões argentinos Super Étendard foram responsáveis pelo afundamento de duas dessas embarcações. É correto afirmar que, sem o apoio aéreo dos navios aeródromos, os danos causados pelos ataques argentinos teriam sido superiores, ocasionando perdas insuportáveis para a Grã-Bretanha. A importância dessas embarcações e suas aeronaves é revelada por Ward (2003) ao ressaltar que a perda de um desses navios, por exemplo, seria concebida como insustentável para o esforço de guerra britânico. Tal prejuízo levou a Marinha Real a posicionar seus navios distante das ilhas, sob forte proteção de destróieres e fragatas, de modo a resguardar esse precioso ativo. Isso, no entanto, também limitou o tempo de operação de seus aviões, abrindo brechas para incursões da Força Aérea e da Marinha Argentina.

Já as principais ações da RAF consistiram em sete missões lançadas a partir da Ilha de Ascensão, na chamada *Operação Black Buck*. Apesar de representarem marcos importantes para a aviação moderna, constituindo as mais longas e complexas missões de bombardeio até então, essas ações se mostraram improdutivas no aspecto militar, causando poucos danos às posições argentinas. A logística empreendida para cada missão contava com 14 aeronaves de reabastecimento para servir a 2 bombardeiros, sendo que somente um deles efetivamente atacaria as posições argentinas (White, 2007).

Os resultados questionáveis dessas missões foram severamente criticados por parte dos pilotos navais ingleses, que haviam sido destituídos de seus principais navios-aeródromos antes do conflito, em razão dos recursos orientados para a RAF. Segundo Ward (2003), cada missão comandada pela RAF para chegar até as ilhas teria gasto enormes somas de combustível e recursos, que poderiam ter sido aplicadas de maneira mais inteligente pelo Ministério da Defesa britânico, como o uso da força baseada nos porta-aviões, o que teria causado danos superiores por apenas uma parcela dos gastos despendidos, além de ter minimizado os danos à frota

Apesar dos problemas enfrentados por ambos os lados, esse conflito representou uma enorme fonte de aprendizado a respeito do emprego do poder aéreo, servindo como referência para diversos estudos posteriores. Nesse sentido, consideramos pertinente destacar alguns pontos sobre ele: o uso de aeronaves com tecnologia ultrapassada contra uma das frotas navais mais modernas do mundo; o sucesso do uso de aeronaves de pouso e decolagem curtos; a equivalência ou até mesmo a superioridade da aviação embarcada contra a aviação baseada em terra; a necessidade de sistemas de alerta aéreo antecipado para prover cobertura às operações aeronavais; e a letalidade do uso de mísseis contra alvos navais.

Prosseguindo em nossas considerações, devemos destacar que os avanços tecnológicos que se tornaram disponíveis para a aviação nos últimos dias da Guerra Fria foram efetivamente empregados contra o Iraque durante a Guerra do Golfo, em 1991, na chamada *Operação Tempestade no Deserto*, deflagrada para obter a libertação do Kuwait. O primeiro conflito do mundo após o período da bipolaridade foi um campo de testes para armamentos e teorias de emprego do poder aéreo. Os sistemas de coordenação criados para gerenciar as comunicações e operações dos aliados da Otan serviram aos membros da coalizão liderada pelos EUA de forma eficiente, promovendo uma operação inédita em sua amplitude, em sua organização e com relação aos armamentos utilizados.

A campanha aérea da Operação Tempestade no Deserto durou 42 dias, durante os quais foram lançadas mais de 100 mil surtidas pelas aeronaves da coalizão formada por EUA, Inglaterra, França, Arábia Saudita, Kuwait, Itália e Canadá. Durante essa operação, as aeronaves da coalizão enfrentaram uma das mais bem equipadas redes de defesa aérea já montadas, conseguindo anular os sistemas de radares, artilharia e bases aéreas mediante o uso intensivo de armas guiadas e de grandes formações de combate. As inovações testadas nesse confronto tornaram a ser úteis na condução das operações da Guerra do Kosovo, no final dos anos 1990.

A crise desencadeada pelo processo de separação da antiga Iugoslávia já havia contado com diversos embates entre suas repúblicas separatistas. Porém, a crise humanitária deflagrada pela tentativa de separação do Kosovo da Sérvia culminou em uma ação conjunta dos membros da Otan contra esse último país, entre março e junho de 1999, naquilo que se converteu na maior operação militar da Europa desde a Segunda Guerra. A chamada *Operação Força Aliada* envolveu principalmente operações aéreas para destruir a infraestrutura e as instalações militares sérvias, o que provocou perdas bastante limitadas pela Otan, ao passo que as forças inimigas foram neutralizadas e obrigadas a se retirar do território do Kosovo.

Com relação ao uso do poder aéreo, a Guerra do Kosovo, como estudo de caso, pode ilustrar o princípio da coerção. Segundo Byman e Waxman (2000), a coerção seria feita por meio da ameaça do uso da força e do uso limitado da força real para respaldar a ameaça, a fim de induzir o inimigo a se comportar de maneira diferente da postura assumida até então. No caso da Sérvia, após uma campanha de mais de dois meses de ataques contra centros estratégicos, infraestrutura e alvos militares, a moral dos soldados caiu e as deserções aumentaram, o que fez a cúpula militar solicitar um acordo para encerrar o conflito (Byman; Waxman, 2000).

Assim como na Guerra do Golfo, o uso intenso de armas de alta tecnologia e a realização de ataques articulados em uma cadeia de comando e controle centralizados permitiram, pela primeira vez na história dos conflitos, o emprego do poder aéreo sem o envolvimento de tropas no solo e sem a geração de baixas entre os aliados da Otan. Dessa maneira, ao final do século XX, as previsões de Douhet e de outros pensadores tornaram-se realizáveis, com os objetivos sendo alcançados por meio do poder aéreo.

Considerações finais

O voo, que só recentemente completou seu centenário, ainda continua a fascinar e ser constantemente reinventado por meio de novos equipamentos e funções não imaginadas no início do século XX. Em pouco tempo, a tecnologia aeronáutica evoluiu de maneira exponencial e a cada dia novas capacidades são agregadas a ela. Em aspectos militares, isso se torna ainda mais evidente.

Desde as primeiras bombas arremessadas à mão e a invenção da sincronização das hélices com as metralhadoras dos primeiros aeroplanos até o surgimento das bombas guiadas por GPS, dos mísseis e *lasers* embarcados, o emprego do poder aéreo ainda demonstra uma grande capacidade de crescimento perante os novos desafios que lhe são impostos, o que torna as análises em relação às suas perspectivas um exercício de imaginação, tal qual os primeiros teóricos e entusiastas praticavam ao verem as primeiras aeronaves.

As novas aeronaves com capacidades de integração de dados, furtividade, ampliada capacidade de manobra e velocidade de cruzeiro supersônica, entre outros avanços representados pela quinta geração de jatos de combate, evidenciam apenas alguns dos pontos a serem considerados no futuro emprego do poder aéreo nos conflitos do século XXI. A isso é preciso somar o uso da aviação não tripulada, que deve atuar em todos os tipos de funções e cenários e já não pode ser desconsiderada nas operações militares atuais. O emprego do poder aéreo demonstra ter um futuro promissor, alcançando elevados níveis de sucesso ao atingir objetivos teorizados pelos autores do século passado e, em alguns casos, superando suas previsões.

Síntese

Neste capítulo, tratamos da teoria do poder aéreo, enfocando seus principais teóricos, a evolução de sua abordagem e seu emprego nos conflitos ao longo do século XX. De modo a contextualizar você, leitor, com relação às principais ideias a respeito do poder aéreo, em um primeiro momento apresentamos de maneira sintética os autores desse campo, relacionando-os ao contexto histórico e aos conflitos de suas respectivas épocas. Na sequência, demonstramos a evolução do emprego do poder aéreo na segunda metade do século XX, diante da constante evolução tanto das aeronaves como dos campos de batalha. Posteriormente, analisamos alguns casos de conflitos nos quais o poder aéreo foi significativo para a vitória militar e que permitem a compreensão do uso dessa força nos confrontos modernos.

Capítulo 8
Ciberespaço e estudos estratégicos: para uma teoria do *software power*

Conteúdos do capítulo:

- O problema do poder e da estratégia na segurança internacional.
- O ciberespaço como um ambiente de poder.
- O poder cibernético como projeção internacional de poder.
- Ciberespaço, poder cibernético na epistemologia das relações internacionais e nos estudos estratégicos.

Após o estudo deste capítulo, você será capaz de:

1. dissertar sobre os principais debates referentes ao ciberespaço nos estudos estratégicos e na disciplina de relações internacionais;
2. utilizar os conceitos basilares do debate sobre segurança e defesa cibernética, ciberespaço e estratégia;
3. compreender como a perspectiva do *software power* constitui uma nova via de projeção de poder na política internacional.

Neste capítulo, dissertaremos sobre o ciberespaço, que tem se constituído, na última década, como um dos principais objetos de análise dos estudos estratégicos. Indo além da definição de poder cibernético (*cyber power*) mais utilizada pela comunidade epistêmica de relações internacionais (RI) e estudos estratégicos, proveniente dos escritos de Joseph Nye Jr., apresentaremos aqui o conceito de *software power* na qualidade de uma instituição efetiva[1] da atual política internacional.

Vamos nos concentrar aqui, portanto, em um subcampo internacionalista que enfoca precipuamente os impactos do ciberespaço nas relações internacionais, que Vilar-Lopes (2016) chama de *relações internacionais cibernéticas* (CiberRI).

No que tange aos aspectos metodológicos, primaremos pelo estilo qualitativo de pesquisa, tendo auxílio da revisão bibliográfica. Como marco teórico, partiremos de pressupostos clássicos de ciência política e RI, bem como de pesquisas mais recentes sobre o ciberespaço no âmbito dos estudos estratégicos.

Com relação à sua organização, este texto será dividido em quatro seções principais, tendo como cerne as limitações e os alcances teóricos e analíticos do conceito de *software power* na política internacional do século XXI.

---

[1] De acordo com Bull (2002, p. 2, 4), as verdadeiras "instituições efetivas" que moldam a sociedade internacional são o equilíbrio do poder, a diplomacia, o direito internacional, a guerra e o papel das grandes potências.

(8.1)
O PODER E SUA RELAÇÃO COM
A SEGURANÇA INTERNACIONAL

O poder se desenvolve por meio das relações sociais, objeto principal de investigação das ciências sociais (Megale, 1990, p. 53). Os acontecimentos ditos *sociais* "são quase invariavelmente aqueles que, do mesmo modo, designamos como 'intencionais' ou revestidos de uma intenção, de uma finalidade" (Rudner, 1969, p. 126). Nesse sentido, quando, por exemplo, um *software* – programa de computador – causa danos a outro *software* ou mesmo a um *hardware*, sem que haja, para tanto, intenção, ou seja, quando ocorre mera falha ou desatualização, não se pode falar em um uso estratégico do *software*, o qual chamamos aqui de *software power*, nem em segurança internacional, e sim em segurança da informação aplicada passivamente à computação – embora falhas acidentais de código ou desatualização de sistemas possam também desencadear medidas ativas e, em alguns casos, engatilhá-las.

Software power enseja, portanto, uma intenção; mais precisamente, uma intenção político-estratégica. E é a partir sobretudo do século XXI que emerge um novo ambiente artificial em que esse tipo de interação ocorre de forma sistemática: o ciberespaço, cuja parte mais importante e conhecida é a internet.

Foi após o fim da Guerra Fria que o ciberespaço se configurou como um ambiente destinado não apenas a relações sociais e comerciais, mas também a relações estratégicas por parte de Estados-nação. Nesse último viés, o espaço cibernético se torna um palco para projeção de poder (Valente, 2007, p. 15-16). Essa lógica estatal materializa, então, a máxima de que nas relações internacionais não há vácuo de poder, muito menos no ciberespaço, o espaço de poder propriamente dito da Era da Informação.

O poder, transmudado para as relações entre os Estados, é elemento-chave nos estudos políticos e internacionalistas. Não é por acaso que Wight (2002), um dos expoentes da escola inglesa de RI, constituiu as relações internacionais em termos de "política do poder". De acordo com Lipson (1967, p. 33), "[o] poder se manifesta de vários modos, desde a presença desapercebida, o respeito e [a] obediência normal até [mesmo] o temor e o terror". Daí, por exemplo, CiberRI também abarcar questões atinentes ao chamado *terrorismo cibernético*, tema tão em voga e deveras estudado e pesquisado nos estudos estratégicos, sobretudo em razão do uso sistemático das redes sociais tanto por grupos terroristas, como o Daesh[2], quanto por Estados.

Consideremos agora um exemplo da casuística ciberinternacionalista. Em 2014, a Coreia do Norte invadiu *e-mails* da multinacional japonesa Sony, expondo dados pessoais de milhões de clientes. Esse fato gerou perdas econômicas não apenas na Ásia, mas no mundo inteiro, impactando significativamente a National Association of Securities Dealers Automated Quotations (Nasdaq). Mas o que interessa aos estudos estratégicos são as consequências políticas desse ataque cibernético: quase que imediatamente, a administração Obama lançou sanções econômicas contra o governo de Kim Jong-un. Como podemos ver, um acontecimento que se originou no ciberespaço logo se transmudou para os complexos cálculos da política internacional (Vilar-Lopes, 2017).

---

2 *Denominação alternativa para o grupo terrorista Estado Islâmico.*

Há um brocardo nos estudos estratégicos segundo o qual, mesmo que a tecnologia bélica mude, os princípios da estratégia continuarão os mesmos. Logo, o pensar estrategicamente deve se sobrepor ao automático desejo de se recorrer às armas, as quais estão cada vez mais poderosas. Mas isso não é um caso novo. A história já testemunhou mudanças tecnológicas paradigmáticas na arte da guerra, como a pólvora, o avião, o submarino, a bomba atômica, o GPS e os mísseis teleguiados. Atualmente, podem-se incluir entre elas as chamadas *armas cibernéticas*, como o *worm* Stuxnet.

Não é desconhecido também que, entre as diversas funções do chamado *Estado moderno* ou *westfaliano*, sobressai-se a de prover segurança a seus súditos ou concidadãos em determinado território. Acerca disso, não falta literatura que nos ajude a corroborar tal tese, desde o ateniense Tucídides (2001), passando por autores clássicos da política e das relações internacionais, até chegarmos ao século XXI, com discussões sobre as denominadas *novas ameaças*.

Se a principal finalidade do Estado é prover segurança aos cidadãos em seu território, ele necessita consequentemente de meios adequados para realizar tal tarefa. É aí que entra a questão da defesa. A depender do escopo de atuação, os meios terão a mesma função típica – garantir segurança –, mas assumirão nomes diferentes: no âmbito interno, *segurança pública*; no externo, *defesa nacional*[3].

---

3   Podemos afirmar que segurança nacional é um meio-termo entre segurança pública e defesa nacional, pois cuida dos inimigos internos e externos ao Estado, com praticamente os mesmos aparatos coercitivos. Certamente é essa a origem de grande parte dos debates sobre o uso das Forças Armadas em missões de segurança pública, dentro do Brasil – nas ações de Garantia da Lei e da Ordem (GLO), constitucionalmente previstas no art. 142 (Brasil, 1988) – e nas Missões de Manutenção de Paz das Nações Unidas. Para uma crítica à forma com que certas democracias podem invocar o termo segurança nacional para se desviarem de processos legislativos ordinários, ver Buzan, Wæver e Wilde (1998, p. 29).

No primeiro caso, os órgãos de investigação encarregam-se da tarefa; no segundo, as Forças Armadas dão seu tom. O presente capítulo se concentra no segundo caso, isto é, analisa um tipo especial de poder, o poder militar, braço armado do político, empregado sobretudo quando a diplomacia não encontra resultado, tornando a guerra uma continuação da política por outros meios (Clausewitz, 2005).

Segurança e proteção compõem, assim, lados de uma mesma moeda: para serem alcançadas, devem fazer valer o uso da força, ou, na melhor das hipóteses, de sua dissuasão, isto é, a capacidade concreta e intencional de projetar poder para impossibilitar que uma potência vá de encontro aos interesses de outra (Proença Júnior; Diniz, 1998, p. 26; Covarrubias, 1999, p. 5). Dessa forma, ao afirmar que "o fato de ter que empregar a força, busca o Estado, inevitavelmente, possuir-lhe o monopólio", Lipson (1967, p. 98) faz uma clara referência à máxima de Weber (1967, p. 56) sobre o monopólio estatal do uso legítimo da força física/violência dentro de determinado território. Nessa lógica, a "coerção impõe o monopólio" da força (Lipson, 1967, p. 100).

Em suma, essa é a noção *mainstream* dos estudos estratégicos na qual se assentam os conceitos de defesa nacional e segurança internacional e que deriva, sobremaneira, de dois elementos-chave de ciência política/RI: território e soberania. Entrementes, percebe-se que, no século XXI, tais conceitos são postos à prova, não pelo crescimento da ideia de ciberespaço e da internet em si, mas por seu uso estratégico-militar. Dessa maneira, não é incorreto afirmar que o ciberespaço tem recentemente emergido como uma preocupação de segurança estratégica (Mazanec, 2015, p. 219).

(8.2)
SOFTWARE POWER: O PODER TOCA O CIBERESPAÇO

O que seriam, então, segurança e defesa cibernéticas? *Grosso modo*, podemos afirmar que a primeira é a utilização do ciberespaço para a prática e o combate de delitos; já a segunda se refere ao contexto no qual tais atos requerem a intervenção das Forças Armadas de um país ou as impactam. Como visto, a tecnologia de defesa ou bélica tem papel central na condução dos conflitos internacionais. A história está repleta de exemplos a esse respeito: basta nos lembrarmos do famoso cavalo de madeira com que os gregos "presentearam" os troianos; na outra ponto do arco histórico, temos, já no final do século XX, os famosos cavalos de Troia (*trojans*), *software* maliciosos (*malware*) que são escondidos dentro de arquivos aparentemente inofensivos, como em uma foto de gatos. Entretanto, como podemos notar, a tecnologia é necessária, mas não suficiente, se quisermos compreender de forma mais acurada os acontecimentos que envolvem CiberRI.

Para Kawamura (1986, p. 35), a tecnologia é, antes de tudo, uma manifestação sociocultural, ou seja, ela simbolicamente interage não apenas com lógicas matemáticas, mas também com valores e crenças de uma determinada sociedade inserida em um dado momento e contexto histórico. Nesse sentido, não causa estranheza o fato de as novas tecnologias serem estudadas por áreas outras que não as ciências exatas, como é o caso dos estudos estratégicos (Buzan; Hansen, 2009, p. 53). É dessa última perspectiva que surge o interesse quanto aos impactos – em termos de ameaças e oportunidades – estratégicos da tecnologia e, mais especificamente, do ciberespaço, o qual emerge nas análises ora como um meio para um ator estatal atingir seu objetivo, ora como um fim em si mesmo, como vemos, por exemplo, nas estratégias nacionais de defesa de grandes potências, como EUA, China e Rússia. Eis a base celular para o conceito de *software power*. Você, leitor, deve estar se perguntando por que não traduzir tal expressão para *poder do software* ou algo parecido. Há duas justificativas para essa manutenção do termo na língua inglesa. A primeira delas se coaduna com a maior possibilidade de publicidade científica, considerando-se que o centro de produção dos estudos estratégicos encontra-se em países anglófonos. A segunda é de cunho cacofônico e ontológico: se traduzirmos para nosso vernáculo, perceberemos que as expressões *poder computacional, poder do programa de computador* e *poder do software* não satisfazem o foco de análise sobre o qual se debruça a maioria da literatura especializada em CiberRI e estudos estratégicos. Vilar-Lopes (2016, 2017) emprega o termo *software*

> *como um atributo/adjetivo (conceito-fim), e não objeto/substantivo (conceito-meio) do poder, tal como parece fazer Nye Jr (2004; 2011b) com* Soft Power *e* Cyber Power. *Até mesmo "Poder de Software" soa estranho aos desígnios aqui perseguidos, haja vista que enfatiza "Software", e não "Poder", elemento imprescritível em CP/RI.* (Vilar-Lopes, 2017, p. 7)

Mas qual é o papel do *hardware* no conceito de *software power*? Evidentemente que sem ele qualquer explicação sobre tecnologia cibernética parece ser inócua, principalmente quando as principais tecnologias que se popularizaram encontram nos aparelhos físicos – TV, computador, *smartphone*, GPS etc. – e em seus intermediários – como antena, satélite, cabo de fibra óptica, drone, *hub* e *molde* – seus principais expoentes. Todavia, no atual momento em que Estados forjam armas cibernéticas e políticas nacionais de defesa cibernética, percebemos que o *hardware* ficou em segundo plano – mas jamais foi descartado –, estrategicamente falando. O Caso Snowden, de 2013, ilustrou essa máxima de que não importa o *hardware* que você usa, se ele estiver ligado à internet, é quase certeza que você será alvo de espionagem cibernética.

Neste raiar de um novo milênio, as ações estratégicas dos Estados têm demonstrado que o *software* assume uma função social – nos dizeres durkheimianos – na política internacional. Mais que isso, ele tem uma função estratégica que vai muito além da mera execução binária de linhas de código. Exercitemos um pouco essa noção: quando você pensa em *arma nuclear*, apostamos que lhe vem à mente a nuvem de cogumelo atômica, e não o formato da bomba ou o artefato que desencadeou a explosão, ou seja, os efeitos, correto? Com as armas cibernéticas acontece raciocínio parecido: não se pensa em cabos submarinos, *data centers* e satélites – embora ajudem a compor a camada física da internet –, e sim em vírus de computador, *malware* e ataques cibernéticos.

Conforme também apregoa Vilar-Lopes (2017, p. 8),

[Portanto,] o uso de software por um cracker *[sem aspirações políticas ou a mando de um governo] representa o poder do* software*; já o seu uso por um Estado [...] concerne ao* Software Power. *Novamente, [...] hardware e* software *estão interligados, mas [...] privilegia-se, aqui, o segundo.*

[...]

Pode-se definir, enfim, Software Power *como a capacidade político-estratégica de que [dispõe um Estado-nação] [...] para intervir na política internacional ou [na política] externa de outrem, via [...] [ciberespaço (sentido amplo) ou]* software *[(sentido estrito)]. [...] não apenas a guerra cibernética pode ser enquadrada nesse conceito, como também as tentativas de um Estado burlar a corrida presidencial, mediante invasão e publicação de mensagens de e-mail de um dos candidatos, como, supostamente, aconteceu nas três últimas eleições americanas.*

Mas aqui reside uma outra problemática conceitual que precisa ser exposta, a fim de evitar confusão com termos análogos ou semelhantes em sua grafia. Listamos apenas dois conceitos que podem gerar dúvida para o neófito nos estudos estratégicos.

O primeiro deles é o de *software warfare* ("guerra de *software*", em uma tradução livre), trazido à tona por Bellamy (2001), tendo por base um modelo tripartite em que o que ele chama de *guerra centrada em redes* (GCR) pode vir a acontecer. Nessa concepção, as guerras atuais buscariam auxílio no ciberespaço, sendo, então, o *software warfare* "um combate travado no campo de fluxo de dados computacionais, através de manipulação de códigos-fonte, acesso à dependência de *softwares* via Internet, com o objetivo de atingir as capacidades inimigas, neutralizando-as e, assim, alcançando uma supremacia no combate físico" (Peron, 2016, p. 122).

Por meio dessa definição, podemos compreender o escopo de atuação do *software warfare* como mais restrito que o do *software power*, haja vista que aquele estaria limitado aos combates físicos que teriam a internet como meio auxiliar, complementar e secundário, algo que o conceito de *software power* não assimila. Para não irmos muito longe, pensemos como *software warfare* se volta mais para as estratégias nacionais de defesa, enquanto *software power* se relaciona com as políticas nacionais de defesa, as quais são bem mais abrangentes. Resumidamente, este contém aquele (Vilar-Lopes, 2017, p. 9).

A seguir, apresentamos um exemplo de como um pesquisador ou analista pode contextualizar a chamada *primeira arma cibernética da história*, o Stuxnet, tendo por base o *software power*. Com os atentados de 11 de setembro de 2001, um nicho sobre as ameaças assimétricas baseadas em redes terroristas e que se utilizam das novas tecnologias de informação e comunicação, como a internet, começou a se formar no âmbito dos estudos estratégicos. A partir daí, os desafios transnacionais ensejados pela segurança cibernética se aguçaram. Foi justamente no final desse debate, já no século XXI, que o tema da guerra cibernética ressurgiu vigorosamente com a obra mais importante dessa área desde Arquilla e Ronfeldt (1993), qual seja: *Cyber War* (Clarke; Knake, 2012, 2015), escrita pelo ex-assessor de Defesa da Casa Branca Richard A. Clarke e pelo ex-*fellow* do Council on Foreign Relations (CFR) Robert A. Knake. A descoberta do *worm Stuxnet* no ano de 2010 (Irã, 2011; Zero..., 2016) ocasionou atrasos no programa nuclear iraniano, uma vez que tal *malware* fora projetado, por potência(s) estrangeira(s), para controlar e inutilizar centrífugas Siemens de enriquecimento de urânio daquele país (Portela, 2016, p. 94). Pelo fato de o Stuxnet ter sido programado para realizar essa tarefa bem específica, tendo como alvo uma estrutura estratégica, ele é conhecido como a primeira arma cibernética projetada para as guerras atuais (Irã, 2010, 2011; Broad; Markoff; Sanger, 2011; Falliere; Murchu; Chien, 2011; Hopkins, 2011; Mele, 2013; Gama Neto; Vilar-Lopes, 2014; Zero..., 2016), representando, dessa forma, um divisor de águas para os conflitos internacionais hodiernos (Segal, 2016).

Se considerarmos que a análise do Stuxnet não traz elementos de análise de política externa, geopolítica ou história das RI, estamos, na realidade, diante de um ensaio descritivo, e não de uma análise internacional, e nesse caso tanto as RI quanto os estudos estratégicos deixam de se atualizar e se aperfeiçoar com tal acontecimento. O ambiente da análise pode até migrar para o ciberespaço, mas as premissas internacionalistas e estratégicas continuam as mesmas. Mais do que qualquer outro caso, o Stuxnet materializa o conceito de *software power*, e não apenas o de *software warfare*, pois está atrelado a políticas públicas nacionais, tais como as de defesa e política externa, de uma potência em relação a outra, ou seja, está relacionado à política internacional.

Quanto ao conceito de *cyber power*, sua diferenciação demanda uma discussão mais profunda, que diz respeito à própria noção de projeção de poder, como veremos a seguir.

(8.3)
SOFTWARE POWER: TERCEIRA VIA DE PROJEÇÃO INTERNACIONAL DE PODER?

O conceito de *software power* faz engendrar uma terceira via de projeção de poder no sistema internacional que, ao lado do *hard power* e do *soft power*[4], volta-se à lógica e às idiossincrasias estratégicas do ciberespaço.

Como se sabe, no sistema internacional anárquico[5], as relações de poder ocorrem em função das capacidades que cada Estado possui – tais como diplomáticas, econômicas, geopolíticas, militares e tecnológicas –, bem como da habilidade de formar e manter alianças. Para uns, essa anarquia internacional é consequência direta da incapacidade dos Estados de prover segurança[6], seja na dimensão da ordem interna, seja na da ordem externa, já que a anarquia lhes impõe limites à formação de uma paz duradoura (Lipson, 1967,

---

4 *Não se considera o* smart power *nem o* cyber power *como vias de projeção de poder stricto sensu, pois o primeiro é a mera junção das vias* hard *e* soft *do poder, e o segundo corresponde à difusão do poder transvertido de informação, não sua projeção envolta em um contexto dissuasório. Nesse sentido, conferir Nye Jr. (2011, p. 114, 150).*

5 *O sentido de* anarquia *aqui é o mesmo daquele consagrado por Bull (2002, p. 57), ou seja, o de "ausência de governo ou de regras". Transposto ao plano internacional, refere-se à inexistência de uma instituição supranacional que dite os rumos dos Estados, isto é, que faça nascer um governo ou ordem mundial, conforme atesta o subtítulo da* magnum opus *de Bull (2002). Quanto a isso, conferir Herz (1950, p. 157, 173) e Jervis (1976, p. 62-63, 67-68, 75-76).*

6 *Uma crítica a essa posição encontra-se no próprio Bull (2002, p. 317).*

p. 434-439, 456) ou perpétua, como postulado por Kant (2008). Nesse sentido, a projeção de poder torna-se uma forma de dissuasão no cenário internacional, constituindo um *modus operandi* internacional que o Estado encontra para sobreviver no ambiente anárquico que paira sobre si.

A dissuasão internacional pode ocorrer de forma quantitativa ou qualitativa. Por exemplo, de um lado, ao demonstrar a possibilidade de uso – fator qualitativo – de um porta-aviões, o Estado A projeta mais poder que o Estado B, que não dispõe de tal capacidade; de outro lado, o fato de o Estado A possuir 10 porta-aviões – fator quantitativo – projeta, internacionalmente, mais poder do que o Estado B, que tem apenas um, sem mesmo demonstrar a possibilidade de usá-los. Essa é uma lógica simplista da emaranhada política internacional, mas que, não à toa, dá origem ao dilema de segurança[7], "um dos paradoxos centrais na discussão de questões estratégicas [...]" (Proença Júnior; Diniz, 1998, p. 22), cuja expressão maior é a corrida armamentista[8].

Quem não tem familiaridade com teorias de relações internacionais (TRI) pode não conhecer, mas existe um argumento neoliberal-institucionalista bastante difundido entre analistas internacionais e que aponta as formas com que o poder pode ser projetado e obtido

---

[7] *Herz (1950, p. 157) define assim tal dilema, a partir do nível social: "groups or individuals living in such a constellation must be, and usually are, concerned about their security from being attacked, subjected, dominated, or annihilated by other groups and individuals. Striving to attain security from such attack, they are driven to acquire more and more power in order to escape the impact of the power of others. This, in turn, renders the others more insecure and compels them to prepare for the worst. Since none can ever feel entirely secure in such a world of competing units, power competition ensues, and the vicious circle of security and power accumulation is on". Sobre isso, ver também Jervis (1976, p. 76).*

[8] *Daí que a analogia a uma "corrida armamentista cibernética" tem encontrado eco na literatura, trocando-se os exemplos dos porta-aviões pelas armas cibernéticas.*

na política internacional. Trata-se dos conceitos de *hard* e *soft powers*, ou "poderes bruto" e "brando", respectivamente. O primeiro se manifesta por meio do uso da força militar ou de sanções econômicas, enquanto o segundo tem na diplomacia, na cultura e na persuasão formas mais suaves de obter ou projetar poder.

Foi Joseph Nye Jr. quem nos possibilitou perceber como o poder se move no complexo xadrez das relações internacionais. Com o intuito de complementar seu raciocínio, o autor estadunidense concebeu também, no final do século passado, o *smart power* (ou "poder inteligente"), que na realidade não seria uma terceira via de projeção de poder, mas uma mistura dos dois primeiros. Depois de identificar o impacto e a importância do crescente uso estratégico do ciberespaço por parte de nações beligerantes, Nye Jr. (2011, p. 123, tradução nossa) acabou definindo um novo tipo de poder do século XXI, o *cyber power* (ou "poder cibernético"), qual seja: "conjunto de recursos relacionados à criação, controle e comunicação da informação eletrônica e computacional – infraestrutura, redes, *software* e habilidades humanas, incluindo não apenas a rede mundial de computadores, mas também intranets, tecnologias móveis e comunicações espaciais".

No entanto, a má compreensão das terminologias estrangeiras pode pôr nossa defesa estratégica do *software power* a perder: *cyber power* – tal expressão pode aparecer grafada com ou sem hífen, com seus termos juntos ou separados e em maiúsculo ou minúsculo – refere-se ora ao poder cibernético, na acepção de Nye Jr. (2011, p. 123), ora à potência cibernética[9], em sentido bem próximo ao que Kant (2008, p. 28) e Rousseau (2003, p. 122) chamam de *potência*, como

---

9   Neste caso, tal termo pode aparecer também no plural. Essa peculiaridade ocorre igualmente com o uso de cyber powers *no sentido de "capacidades cibernéticas", como em* Singer e Friedman (2014, p. 144).

uma representação juridicamente externa de um Estado perante outro. Em todo caso, tal conceito "é polissêmico e no ambiente das Relações Internacionais pode se referir a diferentes capacidades do Estado, como a militar, a econômica, a cultural, a política, a diplomática e outras" (Winand; Saint-Pierre, 2010, p. 21). De acordo com Betz e Stevens (2011, p. 43, tradução e grifo nosso), esse tipo de poder "é parte de uma linhagem terminológica que inclui 'poder aéreo' e 'poder naval' para descrever as operações de poder coercitivo nacional, principalmente militar, em **topologias específicas**". Portanto, *cyber power* é o poder que se manifesta no ciberespaço, em vez de uma nova ou diferente forma de poder (Betz; Stevens, 2011, p. 44). Contudo, isso contraria o próprio criador do conceito, quando ele anuncia que "uma nova revolução da informação está **mudando a natureza do poder** e aumentado **sua difusão**" (Nye Jr., 2011, p. 114, tradução e grifo nosso). Essa visão política nyeiana segue, em certa medida, a mesma linha de raciocínio técnico de Freitas et al. (2006, p. 133), ao declararem que "a Web oportuniza uma forma de coleta e de disseminação das informações nunca antes possível de ser realizada".

Podemos afirmar que os dois últimos conceitos analisados, especialmente *cyber power*, não conseguem exprimir, com alto grau de acurácia, o elo intrínseco entre o ciberespaço e a projeção/obtenção de poder na política internacional atual, muito mais concernente às relações internacionais do que à difusão de poder. Logo, esse conceito nyeiano visa, de forma precípua, a explicar (i) como o poder, travestido de informação, é difundido no ambiente cibernético – especialmente na internet – e, por conseguinte, (ii) como isso se torna um desafio para o Estado-nação. Posto de outra forma, para Nye Jr. (2011, p. 114, 150), *cyber power* remete ao ciberespaço como um meio para se chegar a um fim, que é a difusão de poder, mas deixa brechas quanto a tomar esse mesmo espaço como um fim em si mesmo, tal como o viés realista faz com a terra, o mar, o ar e, em certa medida, o espaço sideral. Nesse sentido, expressões como "dominar *o* espaço" ou "controlar *o* espaço aéreo" fazem parte da dimensão estratégica de uma política de defesa, ao passo que "invadir *por* terra" ou "dominar *pelo* mar" encontram-se na dimensão tático-operacional. Assim, a definição de *software power* enseja expressões do tipo "dominar *o* ciberespaço"; já *cyber power*, "dominar *pelo* ciberespaço".

Para encerrar esta discussão, cabe ressaltar que não se nega que a noção de *cyber* engloba a de *software*, porém as diferenças entre ambas são mais sintáticas do que semânticas. Em todo caso, prevalece a ideia de complementaridade entre os dois conceitos, e não sua incompatibilidade, a ponto de se afirmar que *software power* é uma espécie de *cyber power* 2.0.

(8.4)
SOFTWARE POWER NA EPISTEMOLOGIA DE RELAÇÕES INTERNACIONAIS E DOS ESTUDOS ESTRATÉGICOS

Vários Estados têm seguido o exemplo pioneiro dos EUA na área de defesa cibernética, ao acelerar o processo de fabricação de armas cibernéticas (Gama Neto; Vilar-Lopes, 2014), fomentando aquilo que a literatura especializada chama de *guerra fria cibernética* (Ferreira Neto; Vilar-Lopes, 2016). Como alguns impactos cibernéticos reverberam na política internacional e vice-versa, a tensão e a instabilidade dessa nova modalidade de corrida tendem a gerar toda sorte de conflito internacional, desde o mais brando até o mais bruto.

Assim, o caso estadunidense mostra-se como paradigmático nessa seara, pois é justamente nele que, entre outros, surgem: (i) a primeira rede descentralizada de computadores, a *Advanced Research Projects*

Agency Network (Arpanet); (ii) a primeira arma cibernética, o Stuxnet; (iii) o primeiro comando conjunto de defesa cibernética, o U.S. Cyber Command (USCYBERCOM)[10]; e (iv) o mais ambicioso esquema de espionagem internacional operado por *software* estrategicamente projetado para interceptar informações – sobretudo meta-dados – no ciberespaço, delatado por Edward Snowden em 2013[11].

Não faltam exemplos de como as capacidades cibernéticas e a projeção de poder são levadas a sério naquele país. Prova disso é a justificativa das prioridades de seu orçamento militar, tal como informa seu Departamento de Defesa (DoD):

> *Nossa capacidade de **projetar poder** é um componente-chave da orientação estratégica americana. Protegemos importantes capacidades, tais como o novo bombardeiro, a atualização da bomba de pequeno diâmetro, os porta-aviões, a modernização dos nossos soldados e as **capacidades cibernéticas**. Nós também protegemos **capacidades que nos permitam projetar poder em ambientes negados**.* (USA, 2012, p. 9, tradução e grifo nosso)

Mais que isso, o *leading case* estadunidense ajuda a provar que o ciberespaço se transformou em um domínio estratégico para ações militares[12] e de inteligência de Estado.

---

10   De acordo com Sanger (2012, p. 191), o "US Cyber Command is based at Fort Meade, Maryland, so that the Defense Department's operations are alongside those of the NSA. Gen. Keith B. Alexander, who [à época] is the director of the NSA, is also the commander of what the Pentagon calls USCYBERCOM".

11   Outras variáveis também podem ser levadas em conta para imputar aos EUA seu pioneirismo cibernético, tais como: maior investimento em segurança e defesa cibernéticas; primeira doutrina militar específica para a atuação no ciberespaço; e alto grau de securitização militar do ciberespaço.

12   Consoante Proença Júnior e Diniz (1998, p. 50), "As ações militares são, como deveria ser óbvio, a razão de ser da existência de forças armadas". Duarte (2012b, p. 35) as chama de "estado das práticas".

Podemos considerar que o conceito de *software power* também vem acompanhado de ampla base metateorética político-estratégica, por meio de autores que tratam da questão do poder nas relações internacionais de forma sistematizada.

O primeiro deles é Morgenthau (2003), para quem os governantes dos Estados agem de forma racional e amoral na política internacional, direcionando suas escolhas políticas na busca por: manter o poder, mediante preservação do *status quo*; aumentar o poder, por meio do imperialismo; ou demonstrar o poder, via diplomacia ou projeção de força – ou de capacidades, nos dizeres clausewitzianos. É esse último aspecto que mais interessa ao conceito de *software power*.

Com a contribuição de Bull (2002), podemos tomar o conceito de sociedade anárquica como subsídio para uma analogia entre o sistema internacional de Estados e o ambiente cibernético, pois ambos não têm, nos dizeres hobbesianos, um Leviatã que dite as regras de conduta entre seus agentes, o que implica conviver sob a influência de constrangimentos internacionais. Esse vácuo de poder supranacional, que também caracteriza o ciberespaço, gera incentivos para os Estados usarem o *software power* sem ressentimentos morais ou legais, sendo limitados, tecnicamente, apenas por suas próprias capacidades cibernéticas.

Waltz (2002) complementa a ideia de Bull (2002) no sentido de apresentar um modelo cujo nível de análise está centrado exclusivamente na esfera internacional, ou seja, no próprio sistema internacional anárquico ou em sua estrutura – daí a vertente realista dessa corrente se chamar *realismo estrutural*. Essa ideia waltziana pode também ser pertinente aos propósitos do *software power*, uma vez que é possível inferir, com base em sua essência conceptual, que o caráter anárquico do ciberespaço, e não apenas seus atores, é que limita as ações estatais – especialmente as militares – nesse ambiente.

O exemplo do Stuxnet é novamente posto em cena para exemplificar essa máxima.

Por fim, a Figura 8.1 mostra como o *software power* modifica estrategicamente o nível de análise internacionalista em relação ao *software*, fazendo-o passar de um mero meio auxiliar, objetivando um fim nos quatro domínios tradicionais, a um fim em si mesmo, originando, por sua vez, um novo domínio para a projeção do poder e, portanto, para os estudos estratégicos.

Figura 8.1 – O *software power* e a projeção de poder internacional

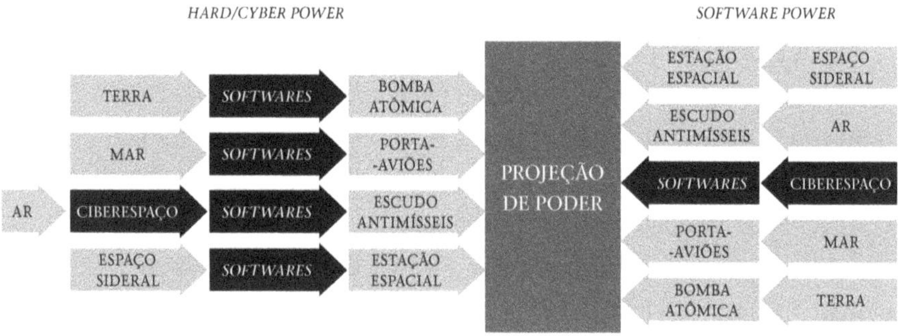

Fonte: Vilar-Lopes, 2016, p. 107.

Considerações finais

Na atualidade, as vias clássicas de demonstração e projeção de poder – *hard* e *soft power* – ainda continuam a ter influência na política internacional. Porém, as recentes operações estratégico-militares no ciberespaço suscitam a ideia de que atores estatais utilizam tal ambiente como uma nova alternativa para o pressuposto realista-morgenthauniano da demonstração de poder. Pode não parecer, mas a Coreia do

Norte tem figurado com frequência na literatura de estudos estratégicos que trata do uso político do ciberespaço: em que pese ser um país economicamente subdesenvolvido, é visto como uma potência cibernética, pois consegue projetar e obter poder no cenário internacional mediante o uso estratégico da tecnologia cibernética – afora a nuclear. Certamente tal nação é um dos pontos fora da curva que vêm demonstrar como, neste raiar de novo século, a tecnologia cibernética pode constituir um papel estratégico grandioso, tornando-se capaz de desafiar as principais teorias de RI.

Retornando à ideia seminal de Nye Jr. (2004, 2011), podemos perceber que seus dois principais conceitos – *hard* e *soft power* – são utilizados para analisar a projeção de poder em ambientes/domínios naturais, ou seja, em que o ser humano é apenas um sujeito que sofre consequências (*outputs*) deles e nos quais a questão espacial pode ser mensurada e controlada. Contudo, o ciberespaço é muitas vezes visto como um potencial ambiente/domínio que constrange o Estado também em termos ontológicos e, consequentemente, estratégicos, pois lembremos que o território, um dos pilares da teoria geral do Estado, sequer existe em tal ambiente (Wertheim, 2001), ou melhor, seus componentes – *hardware* – estão fisicamente localizados, mas o todo cibernético é territorialmente impreciso e exponencialmente expansível.

Essa última afirmação encontra eco na ideia do *ranking* de guerra cibernética, proposto por Clarke e Knake (2015, p. 122) sobre a capacidade de um Estado de "guerrear" no ciberespaço. Para esses autores, uma maior dependência em relação às tecnologias de informação e comunicação (TICs) enseja uma maior vulnerabilidade cibernética. Assim, países como EUA e Estônia teriam seus escores negativamente afetados por esse *framework* de análises. Cabe aos estudos estratégicos apontar para outros caminhos, refutando ou não tal hipótese.

Quando relacionamos todos os pressupostos e arcabouços que foram resumidamente expostos neste capítulo com os casos que aparecem na política real, não deixamos de reconhecer que as ações referentes a estes últimos podem ser categorizadas em termos de *hard*, *soft* e *smart power*. No entanto, em alguns casos – que começaram a se tornar rotineiros na última década –, há a necessidade de completar a análise, com o fito de poder explicar melhor o acontecimento ou o fato cibereinternacionalista. De acordo com Vilar-Lopes (2017, p. 16), "É justamente aqui que o *Software Power* se insere [...], ou seja, como o poder capaz de projetar força sem as preocupações clássicas do tempo-espaço, sem o condicionante da territorialidade, mas permeado pelo constrangimento da anarquia internacional do ciberespaço".

Finalmente, depois de analisarmos o *software power* sob a perspectiva dos estudos estratégicos, percebemos, pelo menos, duas oportunidades analíticas, quais sejam: (1) realizar sistemáticos inquirimentos quanto à relação entre o ciberespaço e a projeção de poder no cenário internacional e (2) realizar conjecturas sobre a projeção de poder no século XXI para além dos conceitos tradicionais oferecidos pela literatura *mainstream* das teorias de RI, tomando-se como parâmetro a casuística que se apresentou nas relações internacionais dos últimos dez anos – momento posterior em que conceitos como *cyber power* e *software warfare* foram criados.

Síntese

Neste capítulo, apresentamos uma introdução às análises e debates sobre o ciberespaço no âmbito dos estudos estratégicos e das teorias de relações internacionais. No decorrer do texto, explicamos o aspecto securitário que envolve tal ambiente – cuja área tem sido genericamente chamada de *segurança cibernética*. Examinamos também termos que compõem um vocabulário específico com conceitos teóricos e operacionais, como *arma cibernética, defesa cibernética, guerra cibernética, guerra fria cibernética, poder cibernético* e *potências cibernéticas*. Em conformidade com os objetivos do capítulo, propusemos aqui – à luz metodológica do estilo qualitativo de pesquisa – o estudo acerca do *software power*, considerado uma terceira via de projeção de poder na política internacional, que complementa as ideias de *hard* e *soft power* para o século XXI.

P 1

PARTE 3

**Debates contemporâneos
dos estudos estratégicos**

CAPÍTULO 9
Mudança militar e estudos estratégicos: revolução, evolução e transformação militar

Conteúdos do capítulo:

- Mudança militar e no uso da força.
- Mudança militar como ruptura revolucionária: revolução técnico-militar e revolução dos assuntos militares.
- Mudança militar como processo incremental: evolução dos assuntos militares e transformação militar.
- Principais debates sobre a crise e a atualidade da transformação militar.

Após o estudo deste capítulo, você será capaz de:

1. entender como os debates sobre mudança militar ajudam a explicar tendências na transformação das características e da conduta da guerra;
2. utilizar os principais conceitos e ideias ligadas à mudança militar como subsídio para o estudo do uso da força nas relações internacionais;
3. analisar os debates contemporâneos sobre dinâmica de força, competição e coerção estratégica entre grandes potências e seus impactos para o Brasil.

AUGUSTO W. M. TEIXEIRA JÚNIOR
CARLOS EDUARDO VALLE ROSA

Como as principais Forças Armadas do mundo mudaram no pós-Guerra Fria? Suas transformações foram marcadas por rupturas revolucionárias ou evoluções incrementais? De que modo fatores como a geopolítica e a política doméstica afetam mudanças organizacionais, doutrinárias e tecnológicas nas Forças Armadas? Evolução, revolução e transformação militar são formas pelas quais se percebe e se explica o que chamamos de *mudança militar* (Farrell; Terriff, 2002). Como veremos neste capítulo, o debate norteado por questões como as aqui elencadas bem como as teorias e os conceitos a ele referentes possibilitarão um entendimento mais robusto não apenas sobre as características e a conduta da guerra, mas principalmente sobre o esforço das Forças Armadas para reagir ao ritmo das mudanças que as desafiam.

O contexto imediato do pós-Guerra Fria não só transformou a distribuição de poder global, como também provocou mudanças significativas nas características e na conduta da guerra no final do século XX e começo do XXI, impactando profundamente o futuro das principais Forças Armadas do mundo. Transformações de caráter organizacional, doutrinário e tecnológico foram empreendidas com o objetivo de moldar o poder militar ao novo ambiente estratégico que emergia.

A partir dos anos 1990, a revolução dos assuntos militares (RAM) pautou aspectos da política de defesa de países como os Estados Unidos. No início de 2000, a partir do primeiro governo George W. Bush, a expressão *revolução dos assuntos militares* foi substituída na linguagem dos formuladores de políticas pelo conceito de *transformação militar*. Sem pressupor uma "revolução", a transformação conjectura sobre uma mudança qualitativa nos patamares de força, conectando-se os meios disponíveis e a mentalidade estratégica e tática a formas distintas de usar a força. Como a "revolução", a transformação militar consiste em uma modalidade de mudança militar que dialoga com fatores político-estratégicos, culturais e tecnológicos. Embora o debate sobre revolução e transformação militar seja central para a compreensão dos principais aspectos da mudança militar na atualidade, o início do século XXI coincidiu com alterações relevantes na segurança internacional e na defesa – como o advento da Guerra Global contra o Terror e a retomada da competição militar entre grandes potências – que impactaram os rumos desses processos e, por isso, precisam ser consideradas nessa reflexão. Como veremos adiante, a Guerra Global Contra o Terror e as longas campanhas de contrainsurgência e estabilização travadas em países e regiões como Afeganistão, Iraque e Chechênia foram desafios importantes para o amadurecimento do referido debate sobre RAM/transformação militar no século XXI.

No presente capítulo, apresentaremos as discussões basilares acerca do tema citado, entre as quais a revolução técnico-militar soviética, a revolução dos assuntos militares estadunidense e a consolidação do debate em questão à luz do paradigma de transformação militar. Também abordaremos os desafios centrais na discussão sobre transformação militar após a Guerra Global Contra o Terror e o atual retorno ao ideário da RAM como resposta à problemática de antiacesso/negação de área (A2/AD). De forma a melhor ilustrar o assunto em pauta, examinaremos os casos de Estados Unidos da América (EUA), Rússia, China e Brasil. Por fim, nas considerações finais, apontaremos os principais desafios e limitações da transformação militar nesta década do século XXI.

(9.1)
MUDANÇA MILITAR COMO RUPTURA REVOLUCIONÁRIA: DA REVOLUÇÃO TÉCNICO-MILITAR À REVOLUÇÃO DOS ASSUNTOS MILITARES

A transformação militar é um tema caro aos estudos estratégicos. Conceitos como revolução, evolução e transformação dos assuntos militares remetem a formas de mudança militar (Farrell; Terriff, 2002). À primeira vista, um dos aspectos que se destacam nessa literatura é a importância da tecnologia para o entendimento da guerra, de fato, uma premissa constante no debate RAM/transformação militar. Tanto Toffler e Toffler (1998) como Boot (2006) já argumentaram sobre as mudanças no modo como a guerra foi conduzida, destacando em suas respectivas proposições, seja na forma de "ondas", seja na de "revoluções", o fator tecnológico como um paradigma de classificações da evolução da guerra.

Como argumentado por Keagan (2006), a guerra é uma atividade humana praticada muito antes da existência do Estado moderno e que tem sofrido evoluções e "saltos" nos últimos séculos. Da invenção do arco e flecha à introdução da pólvora como instrumento bélico, a tecnologia tem impactado fortemente a história da guerra (Sheehan, 2010). Entretanto, apesar da relevância conferida à tecnologia no debate em apreço, vários autores buscaram entender de que forma outros fatores – como a cultura e as condições políticas e estratégicas – também influenciaram os processos de mudança militar.

Ao observarem que, na transição do século XX para o XXI, as Forças Armadas de países ocidentais passavam por distintas expressões de mudança militar, Farrell e Terriff (2002) propuseram algumas hipóteses sobre os determinantes desse processo. A primeira hipótese conferiu peso causal à reconfiguração do ambiente estratégico proporcionada pelo fim da Guerra Fria e à possibilidade de declínio da relevância do pensamento estratégico anterior a 1992. A segunda hipótese enfatizou o aumento das pressões orçamentárias decorrente da ausência de referencial de ameaça derivado da desintegração da União das Repúblicas Socialistas Soviéticas (URSS). Por fim, a terceira hipótese se ocupou do impacto das mudanças tecnológicas e das possibilidades revolucionárias para a condução das operações militares. Com base nessas possibilidades explicativas, Farrell e Terriff (2002) afirmaram que as principais causas para a mudança militar encontram-se em três instâncias: 1) nas normas culturais; 2) na política-estratégia; e 3) nas novas tecnologias. Consoante com essa perspectiva mais abrangente, quando se fala em mudança militar, Murray (1997) e Toffler e Toffler (1998) ampliam o significado delas, tratando a mudança social, e não somente a militar, como um fator representativo na discussão.

Entre as modalidades de mudança militar vislumbradas pela literatura, duas se destacaram na primeira metade do século XX: a revolução técnico-militar e a revolução dos assuntos militares[1]. Mesmo durante a Guerra Fria, EUA e URSS não contavam com poder militar equivalente. Desafiada pela superioridade numérica e material da URSS no teatro europeu, a administração do Presidente Dwight Eisenhower lançou a primeira estratégia de compensação, conhecida como *first offset strategy* (Hagel, 2014). Essa estratégia tinha por objetivo compensar o excedente soviético em força convencional na Europa por meio de um inovador programa nuclear militar e de meios de entrega (essencialmente, bombardeiros estratégicos e mísseis

---

[1] Comumente encontradas na literatura em suas expressões anglófonas: military technical--revolution *(MTR)* e revolution in military affairs *(RMA)*.

intercontinentais). Com o advento do impasse estratégico produzido pela condição de destruição mútua assegurada[2], o governo americano constatou a necessidade de definir uma segunda estratégia de compensação. Motivados pelas inovações da terceira revolução tecnológica, notadamente pela incorporação da informática a todas as esferas da vida social, os EUA promoveram uma robusta mudança militar ao passo que reduziam o engajamento no Sudeste Asiático. A principal expressão militar da *second offset strategy* foi, sem dúvida, o desenvolvimento de sistemas de mísseis guiados de precisão e longo alcance, como no caso do aumento das capacidades de comando, controle, comunicações e do complexo ISR (inteligência, vigilância e reconhecimento). Estavam dados os meios que tornariam possível uma das mais famosas doutrinas militares dos EUA contra uma possível invasão da URSS em territórios da Organização do Tratado do Atlântico Norte (Otan): a *airland battle*[3] (Benson, 2012).

A assimetria de força e os desníveis tecnológicos entre os EUA e a URSS não eram apenas evidentes, mas fruto de uma estratégia norte-americana. Preocupado com as mudanças militares naquele país, o marechal soviético Nikolai Ogarkov argumentava que o descompasso estratégico-militar que se ampliava no jogo bipolar era resultado de uma "revolução técnico-militar" nos EUA (Sloan, 2008).

---

2 *Também conhecida pelo acrônimo em inglês* MAD *(mutual assured destruction) (Freedman, 2003). A palavra* mad, *na língua inglesa, significa "loucura" (em tradução livre) e foi utilizada como um reconhecimento da insanidade que representaria um conflito nuclear de grandes proporções entre os EUA e a URSS, potencialmente provocando a extinção da humanidade.*

3 *Airland battle ("batalha ar-terra") foi um conceito elaborado com base na ideia de* maneuver warfare *("guerra de manobras"), que se fundamenta na rápida penetração e cerco/destruição do inimigo, buscando-se iniciativa, profundidade, agilidade e sincronização. Para mais informações, ver o Manual do Exército dos EUA intitulado* FM 100-5: Operations, 1982 *(USA, 1982).*

Essa condição estaria sendo alcançada por meio da transmutação qualitativa dos meios de força, doutrina e emprego das Forças Armadas dos EUA. De fato, como resultado, os norte-americanos lograram redirecionar radicalmente a seu favor a balança de capacidades, e a estratégia de compensação dos EUA foi exitosa. Entre os anos 1970 até a desintegração da URSS, a paridade estratégica entre essas superpotências apenas se manteve no âmbito das armas nucleares e de acordos como SALT I e II (*Strategic Arms Limitation Talks*)[4].

Com o colapso da URSS, os EUA tornaram-se a única superpotência. A marca daquilo que foi chamado de *momento unipolar*[5] ficou patente na Primeira Guerra do Golfo, um marco para o debate sobre revolução e transformação militar. Após a invasão do Kuwait pelo Iraque em 1990, o Conselho de Segurança da Organização das Nações Unidas (ONU) autorizou a formação de uma coalizão militar liderada pelos EUA para restaurar o *status quo ante*[6]. As forças da coalizão, cujo maior contingente de tropa era norte-americano, tinham a missão de compelir o recuo das tropas de Saddam Hussein para o território iraquiano, tarefa que obteve sucesso e se desenrolou de forma rápida e fulminante. Diferentemente do que ocorrera nos engajamentos militares pregressos, como na Coreia (1950-53) e no Vietnã (1965-73), a vitória contra o Iraque foi alcançada levando o inimigo ao colapso logístico, operacional e de comando e controle. Manobra, velocidade e força, características essenciais no conceito de *airland battle*, foram os vetores da imposição da vontade da comunidade internacional

---

4 "*Conversações sobre Limites para Armas Estratégicas*".
5 *Para um melhor entendimento sobre essa literatura, sugerimos a leitura de Krauthammer (1990) e Huntington (1999).*
6 *Para dados sobre a* Operation Desert Storm *e a* Operation Desert Shield, *ver: FAST Facts about Operations Desert Shield/Desert Storm. Disponível em: <https://gulflink.health.mil/timeline/fast_facts.htm>. Acesso em: 22 jul. 2020.*

ao Iraque. Tão importante quanto o evento em si foi o debate que se seguiu a ele: Como foi possível uma vitória rápida e esmagadora contra uma das principais potências regionais do mundo, bem equipada e dotada de um expressivo contingente militar?

O sucesso da Operação *Desert Storm* levou autores estadunidenses a observar que possivelmente uma mudança militar de caráter revolucionário estaria em curso nos EUA, ou aquilo que fora denominado *revolução nos assuntos militares* (Perry, 1991; Krepinevich, 1994). O aumento da consciência situacional decorrente dos meios satelitais, da tecnologia de precisão no emprego dos armamentos, da utilização de sistemas e redes na sofisticação de meios de comando, controle, comunicações e inteligência (C4I) e a integração dos meios de força no campo de batalha, tudo isso permitiu alcançar a vitória muito mais pela velocidade, pela mobilidade e pela manobra do que pelo atrito. Estabeleceu-se, assim, o contexto para o debate sobre a revolução dos assuntos militares (RAM).

Entre as distintas abordagens do tema da mudança militar, a RAM é uma das mais clássicas, descrita por Proença Júnior, Diniz e Raza (1999) como a transformação radical da forma e/ou dos meios de fazer a guerra, revolução esta que pode quebrar ou substituir paradigmas quanto ao fenômeno bélico.

Institucionalmente, o Departamento de Defesa dos EUA (DoD) criou, no início dos anos 1990, o Office of Net Assessment (ONA)[7], cuja missão central era a de contribuir para a condução e orientação das mudanças na estrutura militar estadunidense na época. Foi nesse momento que líderes militares, muitos deles veteranos da Guerra do Golfo, tomaram parte do debate e das políticas públicas sobre a RAM.

---

7 *"Escritório ou Agência de Assessoria em Rede". Para uma melhor compreensão da função do ONA, sugerimos a leitura de Bracken (2006).*

Entre eles, destacamos Andrew Marshall, diretor do ONA, William Perry e William Owens. Além desses prestigiados militares e analistas de defesa, outro autor foi demasiado relevante para aprofundar o entendimento sobre a RAM: Andrew Krepinevich.

Mais comedido que autores como Perry (1991), para Krepinevich, a Guerra do Golfo, de 1991, não pode ser considerada prova de que uma revolução militar estaria em curso. De acordo com o autor, nenhum exemplo dramático de substituição de doutrina foi identificado, nem mesmo de reorganização da estrutura de força dos EUA. Entretanto, Krepinevich constatou que aquela guerra, de fato, fomentou o potencial para uma próxima revolução militar[8]. Krepinevich (1994, p. 2, tradução nossa) define RAM da seguinte forma:

> *O que é uma revolução militar? É o que ocorre quando a aplicação de novas tecnologias em um número significativo de sistemas militares se combina com conceitos operacionais inovadores e adaptação organizacional de uma maneira que altera fundamentalmente o caráter e a conduta do conflito. Isso é feito produzindo-se um aumento dramático – muitas vezes uma ordem de magnitude ou maior – no potencial de combate e na eficácia militar das forças armadas.*

Para Krepinevich (1994, 2002), apenas novas tecnologias não seriam condições suficientes para que a mudança militar assumisse feições revolucionárias. Para tal efeito, evoluções tecnológicas deveriam ocorrer em conjunto com o desenvolvimento de sistemas, inovações operacionais e adaptação organizacional. Segundo

---

8 De acordo com Krepinevich (1994), seria possível identificar entre os séculos XIV e XX dez revoluções militares: Revolução da Infantaria, Revolução da Artilharia, Revolução da Vela e do Tiro, Revolução das Fortalezas, Revolução da Pólvora, Revolução Napoleônica, Revolução na Guerra Terrestre, Revolução Naval, Revoluções do Entreguerras na Mecanização, na Aviação e na Informação e Revolução Nuclear.

o autor, efeitos cumulativos culminariam em um ponto crítico no qual as estruturas conceituais preestabelecidas seriam invalidadas, acarretando uma mudança fundamental de caráter revolucionário. Nesse sentido, a RAM não consistiria somente no incremento de capacidades para o cumprimento de missões militares tradicionais, mas na capacitação para novas missões, considerando-se, assim, que a mudança militar se dá mediante saltos qualitativos, e não de forma progressiva, com o acúmulo de conhecimento teórico e prático no campo da estratégia e da tecnologia[9]. Krepinevich (1994) ressalta, ainda, que revoluções militares alteraram de forma radical a natureza da competição militar em tempos de guerra e paz.

Eis, portanto, um dos pontos-chave na discussão que ora se propõe, pois, nesse debate, agregam-se visões complementares, ou até mesmo discordantes, como as de Gray (1999) e as de Jordan et al. (2008), que impõem limites ao conceito de RAM, buscando diferenciá-lo de revoluções técnicas, ou propondo que uma verdadeira revolução demanda um longo tempo de maturação e consolidação.

Predominante no início dos anos 1990, a concepção revolucionária sobre mudança militar sofreu a concorrência de perspectivas mais cautelosas. Entendimentos ligados à evolução dos assuntos militares e à transformação militar promoveram não apenas uma mudança conceitual, mas também uma alteração na percepção da dinâmica da mudança nas Forças Armadas.

---

9 O surgimento da blitzkrieg alemã *(1939-1945) seria exemplar de uma RAM apoiada na incorporação da arma blindada em termos técnicos (panzer division) e táticos (como o uso da manobra).*

(9.2)
Mudança militar como evolução incremental: evolução dos assuntos militares, transformação militar e a crise do modelo

Da metade para o final dos anos 1990, a perspectiva de mudança militar como ruptura (revolução dos assuntos militares) foi confrontada por interpretações divergentes. De acordo com Andrews (1998), vários exemplos históricos de RAM apontados por autores como Krepinevich (1994), como a Revolução da Infantaria e a Revolução da Vela e do Tiro, poderiam ser mais adequadamente descritos como casos ilustrativos de evoluções nos assuntos militares. Com exceção do que chamou de "RAM *type one*" – referente à revolução nuclear –, Andrews (1998) representa a literatura que não aposta nos efeitos disruptivos ou revolucionários das tecnologias e de sua incorporação às formas de combate. A mudança militar é vista, nessa ótica, mais como um processo, como parte de uma evolução provocada por efeitos cumulativos ao longo da história militar.

O embate entre revolução e evolução no tocante à mudança militar pendeu favoravelmente para a explicação da mudança como fruto de alterações gradativas e incrementais. Esse entendimento ganhou corpo à luz do conceito de *transformação militar*. Em obra recente, Kronvall (2012) defende que transformação militar corresponde a uma política do Departamento de Defesa norte-americano, diretamente conectada com a atual RAM, cuja definição ainda seria inoportuna, haja vista ser um fenômeno em curso e incompleto, o que fortalece o argumento das mudanças progressivas.

De forma semelhante à posição expressa por Andrews (1998), Davis (2010) entende que as formas da guerra evoluem não apenas em saltos revolucionários, mas por meio de processos progressivos de mudança, ou de transformação militar. Outro aspecto também explica a substituição da expressão *revolução* por *transformação*. O primeiro termo denota a ideia de mudanças paradigmáticas, marcadas por rupturas que as instituições militares dificilmente teriam a capacidade de controlar. Uma revolução pressupõe, assim, um ponto ou estágio final a que se visa alcançar. Por seu turno, o segundo termo remete à ideia de mudança incremental, mais afeita aos sabores do planejamento militar e de defesa (Sloan, 2008; Davis, 2010). Segundo Davis (2010, p. 11, tradução nossa),

> *O termo "transformação militar" deve simplesmente ser entendido como "mudança profunda" nos assuntos militares. Não precisa implicar mudanças rápidas ou transversais, nem o descarte daquilo que continua a funcionar bem. As mudanças, no entanto, devem ser dramáticas, em vez de meras melhorias na margem, como aeronaves, tanques ou navios modestamente melhores. A transformação é um processo sem um ponto final simples.*

Enquanto a concepção de revolução dos assuntos militares implica que alguns desenvolvimentos tecnológicos podem até mesmo alterar a natureza da guerra, a de transformação se enquadra no parâmetro de uma evolução dos assuntos militares, a qual se restringe a afetar as características e a conduta da guerra (Davis, 2010).

Os elementos provenientes da literatura demonstram que, apesar de os autores ponderarem o peso de variáveis para além da tecnologia, ela teria, sim, uma influência decisiva nos processos de mudança militar. Entretanto, como afirmamos antes, o panorama de conflitos do século XXI tornou claro que variáveis como política e estratégia, normas culturais e doutrina também são fundamentais para entender as mudanças nas características e na conduta da guerra à luz do debate sobre transformação militar. Por exemplo, conforme Farrell e Terriff (2002), a adequação das Forças Armadas ocidentais no pós-Guerra Fria não se resumiu ao incremento de capacidades militares oriundas de novas tecnologias ou processos, abarcando também a produção de capacidades para conduzir operações militares em conflitos de baixa intensidade e operações outras que não a guerra.

Fatores como a emergência do terrorismo ao patamar de problema central da agenda internacional de segurança, as conexões entre guerra irregular e crime organizado e, principalmente, as longas campanhas de contrainsurgência e estabilização no Afeganistão e no Iraque são alguns dos exemplos dos desafios postos ante o paradigma da transformação militar, em particular na perspectiva dos Estados Unidos. Esse paradigma preconizava a transformação das Forças Armadas dos EUA não só para vencer as guerras do futuro, mas também para moldar a própria configuração do espaço de batalha. Esse entendimento de guerra e transformação militar foi concebido antevendo-se guerras de alta intensidade e com uso intensivo de tecnologias. O problema para os políticos e planejadores militares daquela nação consistiu em que os principais eventos bélicos do início do século XXI mostraram a preponderância da guerra irregular, dos conflitos assimétricos e do uso do instrumento militar em operações que não a guerra. A realidade promoveu o primeiro grande revés ao modelo estadunidense de RAM/transformação.

A discussão de Boot (2005) chamou atenção para como a Guerra do Iraque de 2003 expôs os limites da agenda de Donald Rumsfeld da transformação. Segundo o analista, apesar de terem empreendido uma agenda de RAM/transformação, os EUA ainda estavam despreparados para enfrentar guerrilhas e insurgências, o principal tipo de ameaça emergente nos anos que se seguiram ao início do século XXI (Boot, 2005). De certa forma, a própria concepção de transformação militar da época foi indicada como parte do problema dos EUA de enfrentar desafios assimétricos na primeira década de 2000. A noção de transformação militar da gestão Rumsfeld no Departamento de Defesa consistia em transformar as Forças Armadas dos EUA em mais leves, ágeis e letais. Pensava-se que esses atributos as tornariam automaticamente mais aptas a enfrentar novas ameaças, em virtude do aproveitamento das vantagens fornecidas pelas novas tecnologias (Boot, 2005).

Como identificado por críticos como Biddle (2004), Boot (2005) e Kagan (2006), o ideário de transformação militar expressava a preferência do Pentágono de lutar em reedições da Guerra do Golfo, de 1991. O problema é que a capacidade de vencer forças convencionais não corresponde automaticamente à habilidade e à destreza em operações contra atores irregulares. Não obstante a tecnologia ser um ativo relevante, atividades como contrainsurgência e *peacekeeping*[10] são intensivas em pessoal[11]. Por essas razões, o debate da transformação foi estremecido por aquilo que Sloan (2008) chamou de *"transforming transformation"*[12].

Para essa autora, alguns aspectos podem ser observados na evolução do conceito, tais como aqueles presentes em

---

10 Em tradução livre, *"manutenção da paz"*. Trata-se de uma das modalidades de operação militar sob mandato de organismos internacionais. Para aprofundar a compreensão, sugerimos a leitura de United Nations (2020).

11 Um dos exemplos dessa característica é o que aponta Kenney (1997, p. 33) ao destacar que uma nova *"filosofia pedagógica"* será necessária para a educação profissional militar, despertando nos militares novas competências quanto ao espírito crítico e analítico.

12 Em tradução livre, *"transformando a transformação"*.

> *Operações de estabilização e reconstrução [no contexto da ONU ou da Otan], missões de contrainsurgência e as forças de operações especiais que se tornaram centrais na discussão da transformação militar [...]. [Além disso, incluem] a defesa do território nacional, a manutenção do acesso sem obstáculos ao espaço [exterior] e novas aproximações [doutrinárias] à defesa e à dissuasão.* (Sloan, 2008, p. 14, tradução nossa)

Esse contexto não foi, inicialmente, interpretado coerentemente, na perspectiva dos críticos, mesmo que passasse a influenciar a linguagem dos decisores políticos, demandando modificações essenciais no modo de se pensar o combate tradicional, em função dos desafios impostos pelas novas guerras e do desenvolvimento de estratégias para com elas lidar. A guerra irregular, o combate ao terrorismo, as ações de *peacebuilding*[13], a luta contra a pirataria internacional e contra os crimes transnacionais, apenas para destacar alguns dos espaços dessa transformação, tornaram complexa a mentalidade institucional.

Mais recentemente, o debate sobre RAM/transformação voltou à tona. Mudanças na geopolítica dos EUA e a emergência de potências rivais desenharam um panorama em que a mudança militar tornou-se fundamental para vencer e preponderar em um mundo em transição. Como veremos a seguir, o debate contemporâneo sobre mudança militar dialoga fortemente com os desafios de antiacesso/negação de área (A2/AD) e políticas como a terceira estratégia de compensação, definida pelos EUA.

---

13 Em tradução livre, "construção da paz". Ver nota 12.

(9.3)
Mudança militar na atualidade: Estados Unidos, Rússia, China e Brasil

Contemporaneamente, os EUA observam uma mudança severa no ambiente estratégico global. A ênfase em ameaças irregulares, como o terrorismo, caminha em paralelo com dinâmicas geopolíticas tradicionais, especialmente a competição entre grandes potências. Com o notável ressurgimento da Rússia e a ascensão chinesa, potenciais concorrentes dos norte-americanos, planejadores civis e militares reconhecem a necessidade de direcionar as Forças Armadas do país novamente para a ênfase em guerras convencionais e de alta intensidade. Essa mudança dialoga forçosamente com o retorno às ideias ligadas à RAM (Collins; Futter, 2015) e à transformação militar. Em 2014, foi publicada pelo Departamento de Defesa dos EUA a terceira estratégia de compensação (*third offset strategy*) (Hagel, 2014). Esta, a primeira *offset strategy* do pós-Guerra Fria, encontra justificativa à luz da retomada da competição entre potências e da possibilidade de guerra convencional e reforço da dissuasão nuclear.

Os Estados Unidos e suas Forças Armadas vêm respondendo aos desafios do novo ambiente estratégico, e várias dessas respostas fazem eco ao debate sobre RAM/transformação militar. Entre elas, destacamos o enfoque no *jointness* (operações conjuntas, combinadas e interagências) e a busca por sinergia entre os ramos das Forças Armadas para operar e afetar múltiplos domínios (terra, mar, ar, espaço e espaço cibernético). Parte desse esforço está atrelado ao desafio dos EUA de neutralizar os sistemas de antiacesso/negação de área (A2/AD) de possíveis adversários. Esses sistemas visam a impedir que oponentes desdobrem força militar em qualquer domínio de uma determinada área de operações (antiacesso); caso a força hostil consiga acessar o espaço de operações, os sistemas de defesa deverão trabalhar para negar capacidade de projetar poder, manobra e fogo dentro do ambiente de combate (negação de área). Documentos como a *Quadrennial Defense Review* (QDR) (USA, 2014) ajudam a compreender a centralidade do desafio A2/AD e como ele se liga à transformação. Em sintonia com a terceira estratégia de compensação, a QDR indica um conjunto de capacidades as quais os EUA devem desenvolver e aprimorar: cibernéticas, defesa antimíssil, dissuasão nuclear, espaço, *Air/Sea* (A2/AD), *precision strike*, mísseis de cruzeiro de longo alcance, ISR, operações especiais e contraterrorismo (USA, 2014).

Por sua vez, desde a primeira década deste século, a Rússia busca superar os anos de deterioração do arsenal militar, decorrentes da dissolução da União Soviética em 1991. No ano de 2008, sob a tutela do ministro da defesa Anatoly Serdyukov, o país iniciou um ousado projeto de modernização militar. Primeiramente, ele tem a intenção de recuperar capacidades e prontidão após a tumultuada década de 1990. Quanto a isso, em 2015, um programa de investimentos colocou a Rússia entre o seleto grupo de países que despendem cerca de 5% do Produto Nacional Bruto (PNB) com gastos militares (IISS, 2017). Em sequência, tal projeto também busca proporcionar o desenvolvimento de capacidades de antiacesso e negação de área no contexto da expansão da Otan para o centro e o leste europeu. Entre essas iniciativas, o foco em sistemas de mísseis (defesa antimíssil e mísseis de longo alcance) caminha *pari passu* com as tentativas de modernizar as forças estratégicas russas (nucleares). O retorno da Rússia à posição de potência apta a rivalizar com os Estados Unidos ficou mais evidente na presente década; na Europa, a anexação da Crimeia e a consequente desestabilização da Ucrânia marcaram claramente esse processo. No Oriente Médio, o apoio do Presidente Vladimir

Putin ao ditador Bashar al-Assad na Guerra Civil Síria demonstrou a habilidade de Moscou de projetar poder não apenas na Europa, mas também no Oriente Médio, com impactos decisivos fora de seu entorno estratégico imediato. Os envolvimentos militares na Ucrânia e na Síria têm demonstrado, então, o nível de sofisticação de alguns equipamentos de tal nação.

Na Ásia, a China é a principal potência em ascensão, já consolidada como potência regional e em busca de proeminência global. Desde 2016, esse Estado implementa um programa de *upgrade* e modernização de suas capacidades militares convencionais. Nesse sentido, uma das mais destacadas ações foi a construção de instalações militares nos recifes de Fiery Cross, Subi e Mischief, na forma de pistas de pouso com capacidade de operação para grandes aeronaves e vetores de alto desempenho, o que fortalece a ideia de A2/AD. A maior assertividade chinesa no Mar do Sul da China evidencia que a liberdade de ação dos EUA no teatro de operações da Ásia-Pacífico asiático poderá ser contestada por capacidades de A2/AD e por meios não cinéticos (IISS, 2017).

De forma mais acelerada que os russos, a China vem empreendendo uma expressiva modernização militar. Assim, o que antes era tido como Forças Armadas Chinesas de orientação terrestre se converteu a passos largos em uma força cujo cerne do poder militar tende a ser aeronaval. Mudanças como essa são vistas como motivador de renovações estratégicas nos EUA, como a iniciativa do pivô asiático do Presidente Barack Obama. No campo militar, tal como o diálogo estratégico entre EUA e Rússia, China e Estados Unidos travam uma interação no campo das capacidades de A2/AD. Porém, não é somente o investimento em equipamentos que tem orientado a mudança militar na China. A partir dos anos 2000, uma mudança organizacional tomou forma no Exército Popular de Libertação, visando à ampliação da eficácia, por meio da criação de "comandos de teatro", com o foco no emprego das forças de modo conjunto (IISS, 2017). Outra preocupação chinesa, que coincide com os fundamentos da mudança, está direcionada ao propósito de fazer um elevado investimento em pesquisa e desenvolvimento tecnológico.

Não obstante o debate sobre RAM/transformação ser mais conhecido e discutido entre os países da Otan e grandes potências como Rússia e China, o fenômeno não é estranho a países periféricos. Desde a última década, nações da América Latina afirmaram passar por processos de transformação militar. Contudo, o sentido da expressão *transformação* usado na região nem sempre é o mesmo daquele empregado nos Estados Unidos (Covarrubias, 2005). Embora possamos afirmar que países da América Latina estariam, de fato, passando por processos de mudança militar, "são processos chamados comumente de 'modernização' que levam a cabo a reestruturação do dispositivo militar" (Covarrubias, 2005, p. 17).

Essa diferença conceitual é importante para o debate sobre transformação aqui empreendido. Nessa direção, segundo Sloan (2008), a modernização está no campo das mudanças evolucionárias, envolvendo melhoramentos incrementais nas capacidades necessárias para realizar missões já desempenhadas. A transformação, por outro lado, implica a aquisição de novas capacidades para realizar não apenas missões tradicionais, mas também missões inéditas. Em síntese, "enquanto a modernização melhora as habilidades de executar missões de acordo com os padrões existentes, a transformação das capacidades militares redefine padrões" (Sloan, 2008, p. 8, tradução nossa[14]).

---

14 No original: "while modernization improves the ability to execute missions under existing standards, transforming military capabilities redefines the standards themselves" (Sloan, 2008, p. 8).

No cenário latino-americano, a expressão *transformação* denota, portanto, processos de adaptação, modernização ou reestruturação[15].

Para o Brasil, na década de 2000, importantes fatores de mudança militar impactaram o ambiente decisório da defesa nacional. Experiências como a liderança brasileira do componente militar da Missão de Paz das Nações Unidas no Haiti (Minustah) (2004), o lançamento da Estratégia Nacional de Defesa (2008), o aumento da participação das Forças Armadas Brasileiras em operações de pacificação e Garantia da Lei e da Ordem (GLO) em território nacional, assim como em grandes eventos como a Copa do Mundo de 2014 e os Jogos Olímpicos de 2016, apresentaram desafios operacionais, doutrinários e a necessidade de balancear a concepção estratégica da defesa nacional entre a dissuasão e o emprego do instrumento militar em operações outras que não a guerra.

Em sintonia com esses debates, o Brasil apresentou em dezembro de 2008 sua Estratégia Nacional de Defesa (END) (Brasil, 2008)[16]. Em face do conhecido quadro de obsolescência material que caracteriza as condições das três forças nacionais, a END preconizava não apenas a modernização militar, mas em especial algo como uma transformação militar, com vistas a se enquadrar nos parâmetros da Era da Informação. Assim, as estratégias setoriais das forças e seu planejamento deveriam orientar-se pela transformação qualitativa de suas capacidades combatentes diante de um cenário de incertezas e de metamorfose das características e da conduta da guerra. Tornou-se patente, em especial no Exército e na Aeronáutica, a perspectiva de que era essencial não apenas modernizar a força, mas buscar e

---

15 Sobre o processo de reestruturação na Força Aérea Brasileira, sugerimos a leitura de Rosa (2018).

16 Em 2012, foram editadas novas versões da END e da Política Nacional de Defesa (PND), assim como a primeira edição do Livro Branco de Defesa Nacional (LBDN). Os documentos de defesa passaram por revisões em 2016 e 2020.

efetivar a transformação militar (Brasil, 2013) ou a reestruturação (Brasil, 2016).

Na verdade, no âmbito dos documentos de defesa, na Política Nacional de Defesa (PND), na END e no Livro Branco de Defesa Nacional (LBDN), à exceção deste último, não há citações sobre RAM ou mesmo quanto ao fenômeno da transformação militar. No LBDN, a referência à RAM é base de justificativa da "periódica necessidade de se romper paradigmas" e da demanda pela "transformação da defesa" nacional, viabilizadora do incremento da capacidade operacional das Forças Armadas Brasileiras (Brasil, 2012a, p. 191). Em 2016, minutas de revisão da PND e da END foram entregues ao Congresso Nacional e pouco se modificou no cenário anteriormente descrito; a única exceção foi a inserção do termo *transformação* nos trechos relativos ao Exército Brasileiro.

Entretanto, mesmo com a omissão da discussão sobre RAM ou transformação militar, percebe-se que existe uma preocupação com elementos desses movimentos nos documentos nacionais de defesa. Assim, a distribuição entre as Forças Armadas nos denominados *setores estratégicos*, o espacial, o cibernético e o nuclear (Brasil, 2012b), é uma evidência da priorização de fatores que caracterizam os fenômenos descritos, a saber, a tendência do uso dos meios de tecnologia da informação, dos dispositivos satelitais e do domínio de tecnologias críticas.

Associadas a essa tendência, a preocupação com a base industrial de defesa, provedora do fator tecnológico indispensável em uma RAM, e também a necessária evolução doutrinária e organizacional, por meio do planejamento por capacidades, demonstram que de alguma forma as políticas públicas de defesa e as inciativas em curso nas Forças Armadas Brasileiras não se encontram totalmente alienadas do processo de transformação militar em curso nas principais potências internacionais.

Considerações finais

Um esforço para sintetizar a discussão sobre mudança militar deve incorporar os principais elementos dos temas debatidos neste capítulo. Assim é que, no escopo da discussão sobre RAM, transformação militar e transformação da transformação, não podem faltar referências às tecnologias diferenciais empregadas no campo de batalha, à ênfase em mudanças conceituais e organizacionais nas Forças Armadas e ao modo pelo qual elas concebem a guerra ou a aplicação do poder militar em situações outras que não a guerra.

Percorrendo o caminho que culmina nestas considerações, observamos que de uma mera revolução técnico-militar a discussão progrediu para a caracterização de uma revolução nos assuntos militares. Possivelmente, a Guerra Fria foi um catalisador desse debate, mas, com certeza, a Guerra do Golfo, de 1991, foi o marco dessa convergência de pensamento na direção de um novo modo de se combater. Cohen (2014) é um dos autores que destacam a importância desse conflito, cujas transformações, colocadas ainda de forma embrionária, consolidaram o formato de uma nova RAM. Tal fato é reconhecido até mesmo pelos soviéticos, como indicam as observações do Marechal Nikolai Ogarkov (Watts, 2011). Nessa nova dinâmica, buscou-se alcançar a redução do atrito em combate, a ampliação da consciência situacional no espaço de batalha, o aproveitamento da tecnologia da informação e o aumento da precisão dos armamentos.

No entanto, o cenário da RAM recebeu uma evolução incremental com o avanço da computação, a fusão de dados – inclusive com a criação do conceito de guerra centrada em redes (Cebrowski, 2003), com o aumento da eficácia dos resultados pelo uso de plataformas de armas ágeis e de baixo custo, armamento de precisão absoluta, invisibilidade e ampliação da capacidade de detecção. Nessa evolução, percebeu-se que o custo de ingresso nessa nova realidade seria elevado, o que distanciou as nações detentoras de maior poderio econômico, tecnológico e militar daquelas de menor potencial.

Essa cisão gerou novas demandas, pois os atores minoritários recorreram às tradicionais táticas da guerra irregular. Novamente o modelo se adaptou e instigou estrategistas preocupados com a mudança, que abraçassem novas ideias. Na perspectiva de Hanson (2002), isso fez surgir soldados com maior autonomia e capacidade de questionamento. Esse novo contexto da evolução foi representado pela ideia de transformação militar, um movimento de adaptação das forças militares habituadas à guerra convencional para os novos desafios da conjuntura geopolítica: a guerra contra o terror, contra as insurgências, em lutas étnicas, no combate ao narcotráfico e no emprego em operações de *peacekeeping*.

O modelo, entretanto, ao que parece, demanda uma nova atualização. Na verdade, o que se percebe é uma crise no modelo que surgiu a partir da década de 1990. Talvez devêssemos caracterizar essa atualização como "a transformação da transformação da transformação militar", ou, em um acrônimo simplificador, "T3M". Esse novo desafio lançado aos decisores políticos nada mais é do que uma resposta à geopolítica da atualidade. O Quadro 9.1 sintetiza as principais ideias do fenômeno de mudança militar, da forma como foram discutidas neste capítulo.

Quadro 9.1 – Fenômeno de mudança militar

Etapa	Eventos ou atores	Tecnologia ou conceito
RAM	Guerra do Golfo I (1991) Conflito convencional	GPS, *stealth*, PGM, *jointness*
Transformação militar	11 de setembro de 2001 Guerra contra o Terror	Novas tecnologias (NCW e C4ISR)[17] Forças leves e ágeis
Transformação da transformação	ONU	*Peacekeeping* *Peacebuilding*
T3M	China, Rússia, Coreia do Norte e Irã	A2/AD Conflito convencional

Com este capítulo, buscamos, também, consolidar esse novo cenário, apresentando características da própria RAM em países como os EUA, a Rússia, a China e o Brasil.

Essas nações visam a estabelecer realidades militares com foco no desenvolvimento de capacidades militares convencionais, porém com alto grau de tecnologia associada, além de continuarem com o aparato nuclear dissuasório (à exceção do Brasil). Como observamos, o Brasil ainda é um personagem incipiente no contexto de uma RAM, de uma transformação militar ou até mesmo de uma T3M, mas tem buscado acompanhar – com dificuldades – os avanços em tecnologia e em organização da força. Sistematicamente e com grande esforço político, tal nação busca recursos orçamentários que sustentem os projetos estratégicos, tais como o programa espacial, o domínio do ciclo nuclear e a defesa cibernética. As experiências nas missões sob o comando da ONU, nos eventos internacionais e nas operações de GLO apontaram demandas de reorganização da estrutura, capacitação de recursos humanos, maior aderência ao conceito

---

17 *Respectivamente*, Network Centric Warfare *e* Command, Control, Communications, Computers, Intelligence, Surveillance and Reconnaissance.

de operações conjuntas (ou *jointness*), de reequipamento, de desenvolvimento de tecnologias críticas e, por fim, de adaptação das Forças Armadas Brasileiras ao cenário interno e à realidade geopolítica do continente. Todavia, a realidade econômica do Brasil impõe sérias barreiras à superação desses desafios. Nos últimos anos, aliás, o país tem reduzido significativamente suas compras militares (IISS, 2017).

Esse é, portanto, o cenário que modificou as principais Forças Armadas do mundo no pós-Guerra Fria. Ainda é questionável, como vimos ao longo do texto, se houve, de fato, rupturas revolucionárias no modo de se praticar a guerra nos séculos XX e XXI. A realidade evidencia com mais consistência evoluções incrementais, que por vezes demandam alterações no curso, como foi observado na crise do modelo da transformação militar. Diversos fatores influenciaram essas evoluções, entre os quais se destacam a geopolítica e a política interna das nações, assim como dinâmicas globais associadas a questões econômicas, étnicas, religiosas e sociais. A mudança militar é, em grande parte, resultado desse movimento de adaptação, cujo resultado exige das Forças Armadas alterações organizacionais, doutrinárias e tecnológicas.

A perspectiva histórica parece indicar que o momento atual é de transformações na conduta da guerra, como revela o título deste capítulo. Contudo, dimensionar o fenômeno como revolução, evolução ou transformação militar ainda é uma tarefa imprecisa, até porque, nas palavras de Andrew Krepinevich (2002, p. 3, tradução nossa), "o que é revolucionário não é a velocidade com que a mudança ocorre, mas a magnitude da mudança em si".

Síntese

Neste capítulo, abordamos o fenômeno da transformação militar e seus efeitos sobre a conduta da guerra no período pós-Guerra Fria. Apresentamos os debates basilares acerca do tema, entre os quais a revolução técnico-militar soviética, a revolução dos assuntos militares estadunidense e a consolidação do debate à luz do paradigma de transformação militar, inclusive o desafio das operações de contrainsurgência. Tratamos, também, do retorno da ênfase à guerra convencional de alta intensidade, derivada do debate sobre A2/AD, e da influência na retomada da pesquisa e *policy-making* sobre mudança militar. Como exemplo de todo o exposto, discorremos acerca dos casos dos Estados Unidos, da Rússia, da China e do Brasil. Na seção final, expusemos os principais desafios e limitações da transformação militar nesta década do século XXI.

CAPÍTULO 10
Para além das operações: breves considerações
sobre operações conjuntas, o modelo
conjunto e sua estruturação

Conteúdos do capítulo:

- Operações conjuntas e combinadas em perspectiva histórica.
- Conceitos e significados sobre o debate de *jointery*.
- Educação militar como vetor para o modelo conjunto.
- Operações conjuntas no Brasil.

Após o estudo deste capítulo, você será capaz de:

1. compreender os debates contemporâneos sobre operações conjuntas e combinadas entre as Forças Armadas;
2. utilizar corretamente os conceitos e avaliar os modelos de operações conjuntas, combinadas e interagências;
3. analisar criticamente os desafios brasileiros no caminho para o modelo conjunto.

(10.1)
Introdução: apresentando o contexto das operações conjuntas

Foi sobre o conceito de sinergia que as operações conjuntas e toda a estruturação de um modelo organizacional em países pioneiros se apoiaram para abrigar essa modalidade de operações. Alguns ainda a reivindicam como novidade, mesmo que tal julgamento seja, no mínimo, precipitado.

> O conceito de sinergia sugere que, em qualquer conflito futuro, o sucesso se articulará na habilidade de atingir a combinação bem-sucedida de forças terrestres, aéreas, marinhas, cibernéticas e espaciais, uma habilidade que requer o desenvolvimento de novas estruturas organizacionais, bem como o treinamento cuidadoso de comandantes e unidades e sistemas apropriados de comando, controle, comunicações e avaliação e análise de informações. (Black, 2013, p. 247, tradução nossa)[1]

Segundo Angstrom e Widen (2015), é fato que as operações conjuntas se tornaram um sinônimo de guerra do século XXI, disseminando o conceito de integração e sinergia. Porém, elencar tal modalidade como uma absoluta novidade é um passo um tanto equivocado; é possível identificar que existia a base integrada nas operações desde

---

1   No original: "The concept of synergy suggests that, in any future conflict, success will hinge on the ability to achieve a successful combination of land, air, sea, cyber, and space forces, an ability that requires the development of new organizational structures, as well as careful training of commanders and units and appropriate systems of command, control, communications, and information appraisal and analysis" (Black, 2013, p. 247).

a Antiguidade, remontando ao período das talassocracias (poderes marítimos) e à experiência da vitória grega sobre Xerxes e os persas na campanha de Salamina (480 a.C.) (Vego, 2008). As questões que se destacam nesse episódio específico se referem mais aos aspectos de sua condução do que ao resultado obtido, ou seja, a ascensão de Atenas como potência marítima (Stevens; Westcott, 1920). Aliás, trata-se basicamente de como a constituição dos grupos gregos – organizados em 36 homens a bordo das galés de três remos e constituídos por 18 "fuzileiros navais", 14 soldados fortemente armados e 4 arqueiros, superando os arqueiros e atiradores de dardos persas –, em conjunto com a condução estratégica de Aristides, o Ateniense, fundamentou-se nos princípios da superioridade da defesa em relação ao ataque e na manutenção da moral das tropas, conforme apregoam Biddle (2006) e Clausewitz (2006).

Ou seja, a integração, ou mesmo o entendimento do efeito sinergético nas batalhas, é uma lição que os gregos nos deixaram desde tempos bastante anteriores à institucionalização das operações conjuntas[2], o que refuta o caráter contemporâneo que muitos lhes atribuem. Não obstante, um fator que contribui para a difusão desse tipo de consideração é justamente a intermitência apresentada por essas operações ao longo da história, fazendo com que elas apareçam envoltas em um caráter de ruidosa novidade ou mesmo como

---

2   *Caso posterior examinado pelo mesmo autor consiste na Guerra Civil Siciliana, de 415 a.C., a qual contou com intervenção ateniense, com o envio de "27 mil soldados transportados em 134 navios (inclusive 60 navios de guerra) mais aproximadamente 130 navios menores de abastecimento" (Vego, 2008, p. 112, tradução nossa). Este constitui outro nível de integração, denominado em meados do século XX de* operação combinada (combined operation), *na qual Forças Armadas provenientes de diferentes nações operam conjuntamente (Jablonsky, 2010).*

a mais nova e atual panaceia, gerando visões críticas e determinado ceticismo quanto ao seu potencial e à sua aplicabilidade.

Exemplos de tais críticas emergiram especialmente entre as décadas de 1980 e 1990, período de institucionalização das operações conjuntas nos EUA com o *Goldwater-Nichols Act* (GNA) e no Reino Unido com a *Strategic Defence Review* (SDR). Um dos principais fatores que conduziram à institucionalização foi o econômico; contudo, em outro diapasão, economistas como Hartley (2002) pontuavam com ceticismo a redução dos custos com o setor da defesa e a otimização das operações, alegando a possibilidade de conluio militar e dominação das pautas da defesa em detrimento da participação e da liderança civil. Tal crítica se fazia bastante sensível em um contexto de construção de alicerces para a relação entre civis e militares em um âmbito operativo que ecoaria não apenas na esfera institucional, trazendo em si um verdadeiro desafio para os afeitos às operações conjuntas e à elevação do nível de integração proposto pelo modelo conjunto.

Retomando a questão da intermitência, devemos observar que esta, por sua vez, ocorreu em virtude da ausência de mecanismos que permitissem a cristalização e a multiplicação de tal conhecimento para além da esfera das operações, algo que ocorreu com relativa frequência, segundo Beaumont (1993). Tal ausência remonta especificamente a instituições de educação que promovessem a transmissão desse conhecimento através da troca de gerações de militares. Assim, emerge o desafio da educação militar conjunta – mais difundida na literatura como JPME (*joint professional military education*, em inglês) –, a qual encontra obstáculos e desdobramentos bastante contemporâneos, especialmente porque o treinamento de oficiais militares é um acontecimento comparativamente recente em relação ao surgimento das bases das operações conjuntas: o treinamento e a educação como componentes agregadores à experiência prática surgiram apenas no século XVIII, conforme Creveld (1990). Ademais, a experiência educacional segundo especialistas já era concebida como uma questão secundária desde a Antiguidade, de modo que a experiência nas guerras prevaleceu como protagonista por muitos anos: "para a maioria dos gregos até o final do século V a.C., a guerra era primeiramente um exercício de coragem e apenas secundariamente uma arte ou ciência – uma razão pela qual esta foi raramente confiada ao especialista" (Creveld, 1990, p. 8, tradução nossa)[3].

Outra questão foi a necessidade de dimensionar a guerra como uma atividade passível de ser estudada em sua própria gramática, alterando a percepção que a própria sociedade tinha a respeito, algo que mesmo entre os pioneiros britânicos não foi isento de adversidades dada a pouca valorização da atividade intelectual relacionada à guerra. De acordo com Creveld (1990, p. 49, tradução nossa), é "desnecessário dizer que uma sociedade que olhava para a guerra como uma extensão recreativa tanto da caça quanto do futebol a via em sentido oposto à continuação dos estudos"[4].

Dessa forma, para além das raízes históricas das operações conjuntas e seu contexto, é possível depreender que a materialização dessa modalidade de operações apresenta diversos desdobramentos e deriva de inúmeros componentes e variáveis, como a educação militar, o entendimento que a sociedade tem sobre tal educação como propagadora de alterações na área da defesa, a relação entre civis e

---

3 No original: "to most Greeks until the end of the fifth century B.C., war was primarily an exercise of courage and only secondarily an art or science – one reason why it was seldom entrusted to the specialist" (Creveld, 1990, p. 8).

4 No original: "Needless to say, a society that looked on war as an amusing extension of either hunting or football saw it as the opposite rather than as continuation of studies" (Creveld, 1990, p. 49).

militares e a questão do objetivo de atingir eficiência por meio do efeito sinergético. Todas essas questões se inter-relacionam por meio da chamada *dinâmica processual*, de modo que toda essa "constelação" abriga estruturas além da integração no âmbito das operações. Esse processo se compõe da instância operativa, dos aparatos institucional e educacional que viabilizam a integração e a atuação com vistas à sinergia, de modo que o que a literatura internacional entende por *jointery* na terminologia britânica, ou *jointness* na terminologia americana, não se resume apenas ou necessariamente às operações conjuntas.

Portanto, o objetivo deste capítulo é explicitar de maneira sucinta como se estrutura esse processo: em que consiste *jointery/jointness*, como se materializa o modelo conjunto e quais são os desafios que experiências pioneiras ainda enfrentam, revelando qual é o pano de fundo das operações conjuntas além do âmbito operacional. Considerando-se que a experiência brasileira ainda se faz recente nessa área, apresentar o contexto, os desafios e os desdobramentos que o processo de operar conjuntamente implica servirá para iluminar aspectos vindouros em potencial, resguardadas as devidas proporções e peculiaridades inerentes a cada experiência em âmbito nacional.

(10.2)
JOINTERY: CONCEITO, SIGNIFICADOS E BASES PARA O MODELO

"Qualquer discussão sobre guerra futura envolve considerar as guerras do porvir, e as últimas implicam um entendimento das variações de incumbência possíveis. Isso é tanto uma questão de incumbência de e para a sociedade

Augusto W. M. Teixeira Júnior e Antonio Henrique Lucena Silva

> *civil quanto uma incumbência de e para os militares."*
> (Black, 2013, p. 245-246, tradução nossa)[5]

Conforme mencionado anteriormente, as operações conjuntas emergiram da integração, não apenas da base operativa; como aponta Black (2013), qualquer discussão sobre o futuro das guerras prescinde de um grau de integração entre as instâncias civis e as militares – questão na qual também foram moldadas as operações conjuntas. Porém, alguns questionamentos permanecem quanto à inserção dessa modalidade de operações: o que vem a ser *jointery/jointness*[6] e qual é a relação das operações com esse conceito.

O conceito de *jointery* se constrói pela "costura" de diversos outros conceitos, a fim de atingir um ponto inteligível sem ser maior do que a soma dessas definições, de acordo com Wilkerson (1998). Oriundo de uma extrapolação da teoria das armas combinadas (Beaumont, 1993; Angstrom; Widen, 2015), o referido conceito pode ser compreendido como:

a) modalidade de guerra ou operação construída com forças coordenadas doutrinariamente e com exercícios conjuntos mediante as diferentes forças singulares, tentando atingir objetivos estratégicos por meio do combate no nível tático (Angstrom; Widen, 2015);

---

[5] No original: *"Any discussion of future warfare involves consideration of the wars to come, and the latter entails an understanding of possible variations in tasking. This is a matter both of tasking from and for civil society and also tasking by and for the military"* (Black, 2013, p. 245-246).

[6] Respectivamente, terminologia britânica e terminologia americana para o processo de integração institucional que se conformou no modelo conjunto observado em alguns países, porém iniciado no Reino Unido e nos Estados Unidos. Apesar de não haver um consenso específico na literatura que direcione a um significado geral para o fenômeno, utilizamos a interpretação do conceito em termos de processo neste e em outros trabalhos, para fins de análise.

b) compilação das habilidades provenientes de cada força singular – tradicionalmente definido como diferentes forças trabalhando e apoiando-se mutuamente, combinando, desse modo, marinha, exército, força aérea e, recentemente, forças especiais e operações psicológicas (Ötserberg, 2004);

c) envolvimento de mais de uma força singular no combate com o intuito de ganho de efetividade (Owens, 1994);

d) processo holístico que busca aumentar a efetividade de todas as operações militares mediante ações sincronizadas das Forças Armadas para produzir efeitos sinergéticos dentro e entre todos os elementos integradores e em todos os níveis da guerra (Vitale, 1995);

e) meio específico de empreender operações contando com mais de uma força armada de forma integrada, de modo a preservar as identidades das forças individuais e manter a preponderância de um "estado de espírito" conjunto (Griffin, 2005);

f) modalidade de operações cuja tônica é o esforço para sincronizar o emprego e a integração de capacidades das várias forças e suas respectivas plataformas (terra, mar, ar, espaço, ciberespaço etc.). Por sua vez, *jointness* seria a feição subjetiva nessa aplicação, funcionando como o sentimento recíproco de confiança na operação conjunta como processo bem-sucedido (Irish, 2004).

Cabe observar ainda que, além desses conceitos mais relativos à parte operacional, existe um viés institucional no qual *jointery* corresponde a:

g) neologismo ou "termo guarda-chuva", derivado do termo *joint* ("conjunto", em inglês), que se refere à integração de elementos provenientes das três Forças Armadas, mas que não se restringe apenas a esses elementos, abrangendo outros aspectos institucionais na área da defesa, como a integração de funções desempenhadas por civis e militares no âmbito do Ministério da Defesa (Edmonds, 1998; Taylor, 2009).

As dificuldades terminológicas relativas ao conceito novo não se limitaram a ele. A própria denominação *operações conjuntas* também passou por problemática similar até os ajustes definidos na Conferência de Arcádia[7]: o que os britânicos intitularam a princípio de *operações combinadas* (*combined operations*), durante a II Guerra Mundial, envolvendo marinha e apoio aéreo, os americanos denominaram *operações conjuntas* (*joint operations*); ao chegar ao Brasil, o conceito ora aparecia como *operações conjuntas*, ora como *operações integradas*, provocando dificuldades de interpretação (Beaumont, 1993; Proença Júnior; Diniz, 1998) até o termo ser definido, mediante instituição de doutrina, como *operações conjuntas*, em 2011.

A dificuldade de se instituir um recorte mais preciso para essa gama de significados se deve ao fato de o assunto não ter um tratamento tão "clínico", segundo Beaumont (1993), pois, ao emergir nos períodos de guerra, a questão do *jointery* provocou a sensação de que o efeito sinergético produzido nas operações poderia ser replicado em períodos de necessidade sem a introdução de uma estrutura permanente, fator identificado por Rubel (2001) como "princípio da necessidade". A despeito disso, uma estrutura permanente permitiria uma análise mais aproximada e a condensação de conhecimentos que pudessem ser partilhados e transmitidos por gerações adiante,

---

7   Resultou na Primeira Conferência de Guerra de Washington, visando ao consenso entre EUA e Grã-Bretanha quanto às atuações nos teatros operacionais, estruturas organizacionais de comando unificado e de esforço de guerra conjunto. Para mais informações, ver: USA – United States of America. **Proceedings of the American-British Joint Chiefs of Staff Conferences.** Washington, 1942. Disponível em: <http://www.ibiblio.org/hyperwar/Dip/Conf/Arcadia/ARCADIA.PDF>. Acesso em: 22 jul. 2020.

porém, em meio ao período de paz e à ausência de um norte institucional, seja por meio de legislação, seja por instituições ou doutrina, *jointery/jointness* assumiu muitos significados, variando conforme o público que o utiliza (Beaumont, 1993). A demanda por uma institucionalização das operações conjuntas, ponto de ignição do processo do modelo conjunto *per se* como expressão do processo de *jointery*, partiu, entre outros aspectos, de um viés econômico, na busca por tentar equacionar como reunir eficiência operativa e reduzir custos em termos econômicos e também redundâncias operativas. Entre as iniciativas que podemos destacar nas experiências pioneiras, a instauração de um comando conjunto em caráter permanente, tanto nos EUA quanto no Reino Unido, constituiu-se como marco inicial do processo institucionalizador, culminando no aprofundamento das mudanças organizacionais que conduziram à criação de institutos de formação conjunta de oficiais – fundados tanto nos EUA, pelo National War College, hoje incorporados de forma mais premente na National Defense University (NDU), quanto no Reino Unido, pela Joint Services Command and Staff College (JSCSC).

Nesse sentido, se fôssemos estruturar um passo a passo seguido pelas experiências pioneiras, poderíamos estimar a seguinte cronologia de eventos concernentes à instituição do modelo conjunto:

1. estimativa de eficiência operacional mediante as experiências;
2. estimativa de custos de estruturação;
3. instituição de estruturas permanentes, desde comando até instituições de instância governamental;
4. instituição de educação conjunta, aprofundando contato entre militares provenientes de diferentes Forças Armadas e civis especialistas.

Desnecessário mencionar que o processo não se dá, de forma alguma, de maneira tão linear. Cada experiência obteve avanços e retrocessos e, por meio da maturação do processo, de análises e mudanças, o modelo conjunto foi se transformando de esboço em realidade. Desafios das mais diversas searas se materializaram, assim como questões já evidentes desde os esforços de instauração das operações conjuntas a partir de Eisenhower (Jablonsky, 2010) foram evocadas como pontos passíveis de reflexão e delimitação, como a unificação de comando, a fricção entre as forças decorrente de identidades em contraposição à incerteza da preservação desse contingente e o estabelecimento em missão de "quem apoia" e "quem está sendo apoiado". Nessa direção, o processo evoluiu e ainda evolui de maneira aberta, com mudanças de caráter incremental, especialmente depois de transformações mais radicais entrarem em marcha – como a experiência canadense[8] –, inspirando mais cautela.

Dessa forma, levando-se em consideração as acepções de Irish (2004) a respeito de *jointery* e da construção de sinergia, é possível compreender que a evolução do incremento do referido processo perpassa, entre outros aspectos, o campo educacional:

---

8   *A experiência canadense de unificação total das Forças Armadas serviu como um parâmetro de questionamento sobre até que ponto a integração sob a bandeira do modelo conjunto deveria prosseguir, pois os reflexos dessa mudança mais radical adotada no Canadá em 1968 pela gestão Trudeau ainda ecoam contemporaneamente, mesmo após diversas tentativas de restabelecimento de identidade das Forças Armadas, entre outras mudanças estruturais observadas após 2005, como a incapacidade de seguir uma* grand strategy *própria, desvinculada dos EUA e do Reino Unido (Edmonds, 1998; Friedman, 2011; Granatstein, 2011).*

*a prática da **jointery**, que conduz a um grau de **jointness**[9], é, portanto, um pré-requisito para a sinergia que se desenvolve a partir da criação de uma Força Tarefa Conjunta. A sinergia apenas será resultante quando os componentes forem peritos em seus próprios ambientes e compreenderem as capacidades dos outros componentes. Então, a sinergia não é atingida automaticamente, ela é **desenvolvida** a partir de educação mútua e treinamento com base na perícia das forças singulares. Também procede que a **jointery** deve ser desenvolvida apenas até um grau no qual o impacto militar máximo pode ser promovido pela Força Conjunta. (Irish, 2004, p. 2, grifo do original, tradução nossa)*[10]

Esse é o ponto que, entre outros, se torna mais sensível no modelo conjunto e sua instituição, pois é por meio da iniciativa da educação conjunta que se pode promover um intercâmbio de compreensão das perspectivas civis e militares sobre defesa, caracterizando a divisão e o compartilhamento de incumbências conforme mencionado por

---

9 Segundo a compreensão específica de Irish (2004), jointery, nesse caso, corresponde à abordagem adotada pela Doutrina de Operações Conjuntas da Organização do Tratado do Atlântico Norte (Otan), enquanto jointness adquire uma feição mais subjetiva, consistindo no sentimento recíproco de confiança de que todos os envolvidos em uma missão vão operar conjuntamente com sucesso. Entretanto, conforme elucidado por Griffin (2005), jointery é, além de um processo, um estado de espírito, de modo que o sentimento denominado de jointness pelo autor anterior também estaria englobado no processo. Logo, a distinção terminológica proposta por Irish (2004) não é muito assertiva ao considerar que jointness é um termo mais presente na literatura americana, apresentando o mesmo significado que o processo de jointery, conforme fazem autores como Rubel (2001) e Vitale (1995), entre outros.

10 No original: "The practice of **jointery**, leading to a degree of **jointness** is therefore a pre-requisite for the synergy that develops from the creation of a Joint Task Force. Synergy will only result when components are expert in their own environments and understand other components' capabilities. So synergy is not achieved automatically; it **develops** from mutual education and training founded on single-service expertise. It also follows that **jointery** should be developed only to the degree that maximum military effect can be delivered by the Joint Force"(Irish, 2004, p. 2, grifo do original).

Black (2013). De acordo com Beaumont (1993), o preço por deixar as operações conjuntas ao sabor do acaso foi alto e cobrado de diversas formas ao longo da história, haja vista o fracasso na condução de determinadas operações, como a de Galípoli[11]. Essa preocupação em não repetir os mesmos erros foi central na elaboração do currículo de cursos que visam à preparação de oficiais para este contexto reemergente. Os desafios, no entanto, encontram-se na criação de uma cultura que confira maior importância a tais operações, tanto no âmbito do treinamento e do adestramento quanto no âmbito da educação, de modo a superar uma das principais barreiras citadas por diversos autores: o paroquialismo das Forças Armadas.

(10.3)
A EDUCAÇÃO MILITAR COMO UM DOS PRINCIPAIS VETORES DO MODELO CONJUNTO

Conforme Watson (2007, p. XV, tradução nossa), a educação profissional militar

> não é o mesmo que treinamento ou educação em geral. A educação profissional militar visa aos campos que são cruciais para o crescimento específico do oficial para ranques mais elevados da força. Enquanto o treinamento transmite uma habilidade técnica útil para cumprir uma tarefa

---

[11] Galípoli se tornou um exemplo emblemático de como operações conjuntas não deveriam ser conduzidas, uma vez que sua concepção falhou em diversos aspectos: desde a visão dividida sobre as probabilidades de sucesso, contando com aspectos não partilhados entre Winston Churchill, Jackie Fisher e Marshal Kitchener, até falhas de comunicação entre as forças e outros equívocos de natureza operacional, gerando o que Griffin (2005) chamou de "ambiguidade estratégica militar". Esse caso é estudado dentro da grade curricular do JSCSC, assim como a bem-sucedida Operação Overlord.

específica, a educação pretende transmitir um processo de pensamento que pode ser aplicado em múltiplas circunstâncias.[12]

As peculiaridades da educação profissional militar vão muito além da especificidade do público, incluindo a aplicabilidade dos conteúdos após a exposição a tal experiência, no cotidiano prático do estudante, e, como processo, abrange muitos desafios. Quando se trata de educação militar conjunta, os desafios adquirem contornos ainda mais visíveis. Marsella (2004) aponta diversas dificuldades nessa seara, como a divergência de objetivos pedagógicos derivada das diferentes culturas das Forças Armadas e da alocação de recursos, tempo e pessoal a fim de tornar o treinamento conjunto um instrumento efetivo. Tais questões envolvem várias instâncias, pois compreendem política, orçamento vigente, estrutura e voluntarismo por parte das forças, constituindo pontos que nem sempre são abordados ou mesmo possíveis de se abordar de maneira simultânea.

Agregando mais desafios, o que foi denominado *ambiente operacional conjunto* (*joint operational environment* – JOE) adquiriu maior complexidade a partir da II Guerra Mundial com a introdução de considerável aparato tecnológico; assim, as operações foram se tornando mais complexas à medida que aumentava a busca por maior eficiência nos combates em termos de comando e emprego de força, alterando-se os requisitos para a satisfação desses objetivos. Logo, o papel da educação militar foi enaltecido, uma vez que seu escopo, diferentemente do treinamento, abrange maior área e capacita os profissionais para

---

12 No original: *"Professional military education is not the same as training or general education. Professional military education targets the fields which are crucial to the officer's specific rise to the upper ranks of service. While training is to convey a technical skill useful in accomplishing a particular task, education is intended to convey a thought process that can be applied in multiple circumstances"* (Watson, 2007, p. XV).

que pensem além do teatro de operações, conferindo-lhes habilidades e competências para lidar com uma plataforma mais variada, de modo a atuar de maneira interagencial. Dessa forma, mais pontos de inflexão foram agregados para além das próprias diferenças entre as forças, como a participação de civis e outras agências nas operações, configurando-se um dos maiores desafios vigentes para esse modelo de educação, conforme Syme Taylor (2010): o balizamento entre os conhecimentos adquiridos na experiência e no adestramento militar e os saberes provenientes da área mais acadêmica, escamoteada por um período consideravelmente longo, levando-se em conta os aspectos apresentados anteriormente com apoio em Creveld (1990).

Conforme mencionado, o perfil dos oficiais no início do século XX não era exatamente afeito às questões intelectuais. Apesar da importância da história e de suas lições que ajudam a tecer novas perspectivas na condução de operações, de acordo com Kiszely (2006), mesmo em um Estado como o Reino Unido, precursor da educação de oficiais inteiramente conjunta, a educação enfrentou obstáculos. Segundo o autor,

> *Primeiramente, no início do século XX, o Exército não era letrado ou intelectual em sentido algum. Acreditava-se que o tempo vago era melhor ocupado não com leitura – um dos piores epítetos para um oficial seria o de "rato de biblioteca" –, mas em atividades físicas, tais como caça, jogos e esportes [...]. Em segundo lugar, as oportunidades para estudar história militar como parte do currículo militar eram raras. Pelo fato de apenas uma pequena proporção dos oficiais ter participado dos colégios militares, o treinamento de cadetes era a primeira e última instrução formal em história militar recebida em sua maioria. Além disso, tal estudo tendia a ser altamente factual e antiquado em natureza, ou seguindo as tradições vitorianas e edwardianas de celebrar os triunfos imperiais, ou aquiescendo*

com o que foi afirmado como ciência [...]. Além disso, aqueles que realmente satisfizeram os estudos de história militar de natureza crítica, como Fuller e Liddell Hart, foram interpretados como enfraquecedores da boa ordem e da disciplina militar ao fazê-lo. Uma visão militar perpetuou no Gabinete de Guerra e no Ministério da Defesa até proximidades do século XX, com oficiais fortemente desencorajados, não menos pela censura burocrática, a publicar qualquer coisa que pudesse ser interpretada como controversa. (Kiszely, 2006, p. 24, tradução nossa)[13]

A mudança dessa percepção aconteceu a partir da instituição de mais escolas para a formação dos oficiais e da introdução de estudos de história militar também em instituições civis. Isso esclareceu aos militares que não se tratava de uma busca por soluções meramente restritas ao âmbito acadêmico, mas de um componente necessário à capacitação para a tomada de decisões à luz de erros e acertos ocorridos anteriormente, uma vez que, segundo Howard (2006, p. 13, tradução nossa), "as guerras do passado fornecem a única base de dados pela qual os militares aprendem a conduzir sua profissão: como

---

13 No original: "First, the early twentieth-century Army was not a literary or intellectual army in any sense. It believed spare time was best occupied, not in reading – one of the most damning epithets an officer could attract was 'bookish' – but in physical activities such as hunting, and playing games and sports [...]. Second, the opportunities to study military history as part of the military curriculum were few and far between. Because only a small proportion of officers attended staff college, officer cadet training was the first and last formal instruction in military history that most received. Moreover, such study often tended to be highly factual and antiquarian in nature, either following the Victorian and Edwardian traditions of celebrating imperial triumphs, or else indulging in what was claimed to be science [...]. Moreover, those who did indulge in military historical studies of a critical nature, such as Fuller and Liddell Hart, were perceived to be undermining good order and military discipline by so doing. A similar view continued in the War Office and the Ministry of Defence to the close of the twentieth century, with officers strongly discouraged, not least by bureaucratic censorship, from publishing anything that could possibly be construed as contentious" (Kiszely, 2006, p. 24).

fazer e, ainda mais importante, como não fazer"[14]. E, a despeito das mudanças em diversos aspectos e modalidades de combate, a natureza da guerra não se altera, conforme apregoou Clausewitz (2006). Logo, os estudos de história militar seguem como componentes relevantes para a formação militar.

Tendo o desafio de condensar educação e treinamento, a educação profissional militar conjunta passou por uma ampliação de requisitos à medida que debates sobre o assunto ganharam maiores proporções, abarcando questões como o equilíbrio apropriado entre as habilidades de combate e as disciplinas acadêmicas, sem desguarnecer os discentes quanto aos debates da história, das relações internacionais, da economia de defesa e dos estudos de gestão e liderança (Utting, 2009). Porém, à parte desses debates mais ligados às especificidades de currículo, Utting (2009) sinaliza que a ênfase em desenvolvimento de habilidades tem sido observada em conjunto com as habilidades cognitivas de que os oficiais precisam para serem bem-sucedidos no contexto do século XXI. Não obstante, existem ainda outros pontos a serem considerados para que a aplicação da educação militar conjunta não seja apenas uma mera inclusão de operações de maneira isolada no currículo, tornando-se parte do processo de *jointery*. São eles:

a) ajuste à política vigente, incluindo a produção de análises e documentos que deem suporte e diretriz às mudanças para além da legislação, como a instituição de marcos em doutrina;
b) rompimento com a incerteza, suscitando confiança e a minimização do paroquialismo, um dos chavões que acompanham

---

14 No original: "*Past wars provide the only database from which the military learn how to conduct their profession: how to do it and even more important, how not to do it*" (Howard, 2006, p. 13).

o conceito de *jointness/jointery* desde sua concepção (Beaumont, 1993), de forma que Utting (2009, p. 314, tradução nossa) aponta a necessidade do desenvolvimento de respeito e empatia: "os militares precisam se resguardar contra o etnocentrismo e desenvolver habilidades empáticas e respeitosas; 'o requisito de entender a cultura do oponente, ser solidário com aquele oponente e mostrar sutileza como resposta se torna fundamental'"[15].

c) inclusão de componentes curriculares que busquem na história e na aplicação militar suas inspirações para desenvolver nos oficiais as competências necessárias não apenas para o progresso deles na carreira, como também para o ajuste às missões do contexto contemporâneo;

d) a vivência prévia como um componente a ser observado de maneira mais próxima em termos de impactos no processo e na condução das operações conjuntas.

Nesse sentido, é possível observar que, mais do que a mera inclusão de componentes curriculares atualizados, a educação militar conjunta tem por princípio formar profissionais alinhados com uma série de contextos que variam desde a conjuntura internacional das guerras, da política de defesa do Estado e da produção de competências no combate até a produção de capacitação de liderança e pensamento crítico, o que não constitui uma tarefa simples. Pelo contrário, conforme Utting (2009), a ampliação dos requisitos profissionais acarretou debates sobre as áreas que deveriam ser compreendidas pela educação militar profissional, bem como o período de duração dos

---

15 *No original:* "So too the military needs to guard against ethno-centrism and develop respectful and empathetic skills 'the requirement to understand one's opponent's culture, to empathize with that opponent, and to show subtlety in response becomes paramount'" (Utting, 2009, p. 314).

cursos e o cenário contemporâneo ser contemplado pelo currículo, a fim de favorecer o desenvolvimento de habilidades cognitivas que levem os oficiais do século XXI ao sucesso. Todas essas questões – imersas em um contexto em que as tensões derivadas das relações entre militares de diferentes origens e a convivência com os civis se situam em um mesmo ambiente – são o que garante o aumento das proporções do desafio. Contudo, apesar das dificuldades de implementação, a educação militar conjunta se apresenta como chave para a institucionalização do processo de *jointery*, sendo um dos principais parâmetros de análise para a instituição do modelo conjunto e um marcador no processo de mudança organizacional.

(10.4) Operações conjuntas no âmbito nacional

Em suma, apresentamos aqui aspectos do surgimento das operações conjuntas e seus desdobramentos em termos institucionais, de maneira a demonstrar o contexto no qual elas se inserem e o modelo do qual fazem parte. Entendemos ser importante, sob o ponto de vista comparativo, ter em mente aspectos concernentes às experiências de institucionalização pioneiras para analisar o caso brasileiro, uma vez que, embora a institucionalização de um modelo conjunto propriamente dito não seja um movimento ainda observável no país, tais parâmetros podem ser úteis para fins de diagnóstico.

Basicamente, o cenário de defesa de costa e a importância do espaço marítimo são pontos pacíficos no que concerne ao contexto brasileiro, não apenas pela parte estratégica no resguardo da Amazônia Azul e do ouro negro representado pelo pré-sal, mas também pelo fato de que aprimoramentos ainda precisam ser realizados em termos de sensoriamento e planos de defesa dessa área, em comparação com os que estão vigentes nas fronteiras terrestres. Por conta da atuação do Exército norteada por certas preocupações com as regiões fronteiriças, com a mobilização de outras agências em esforços de patrulhamento que ganharam maiores proporções a partir do Plano Estratégico de Fronteiras (PEF)[16], do próprio Sistema Integrado de Monitoramento de Fronteiras (Sisfron), do investimento em melhoria das comunicações com a construção do Satélite Geoestacionário de Defesa e Comunicações Estratégicas (SGDC)[17], além da histórica atuação diplomática desde o Barão do Rio Branco, as perspectivas de ameaças terrestres ao Brasil são baixas.

O marco para as operações conjuntas no Brasil, para além dos exercícios vigentes e de operações de caráter interagencial – como a Operação Ágata e as operações de segurança realizadas em grandes eventos internacionais, como a visita do papa ao Brasil, a Rio 2016 e a Copa do Mundo –, ocorreu com a instituição da Doutrina de Operações Conjuntas. A origem da Doutrina de Operações Conjuntas como coroação dos conhecimentos e aplicações daquela modalidade de operação aqui no Brasil, uniformizando o ensino das operações conjuntas nos institutos de formação militar do Estado, foi

---

16 *O PEF, instituído em 2011 durante o governo de Dilma Rousseff, foi um reforço para o resguardo de 16.880 km de fronteiras terrestres e abarcou em seu âmbito as Operações Ágata e Sentinela para a prevenção e repressão de ilícitos. Para mais informações, ver: BRASIL. Decreto n. 7.496, de 8 de junho de 2011.* **Diário Oficial da União**, *Poder Executivo, Brasília, DF, 9 jun. 2011. Disponível em: <http://www.planalto.gov.br/ccivil_03/_ato2011-2014/2011/decreto/d7496.htm>. Acesso em: 22 jul. 2020.*

17 *O Satélite Geoestacionário, primeiro construído no Brasil, foi fruto de cooperação com a empresa francesa Thales Alenia Space e cobrirá toda a extensão do território nacional e o Oceano Atlântico. Para mais informações, ver: BRASIL conquista satélite que vai melhorar defesa e comunicação.* **G1**, *1 dez. 2016. Disponível em: <http://g1.globo.com/jornal-nacional/noticia/2016/12/brasil-conquista-satelite-que-vai-melhorar-defesa-e-comunicacao.html>. Acesso em: 22 jul. 2020.*

estabelecida com a instituição da Comissão Interescolar de Doutrina de Operações Conjuntas (Cidoc), por meio da Portaria n. 316, de 7 de fevereiro de 2012, do Ministério da Defesa (Brasil, 2012c). No entanto, anteriormente, a materialização da Cidoc, um grupo de trabalho instituído em setembro de 2011, mesmo ano de publicação da Doutrina de Operações Conjuntas, buscou instaurar em 90 dias a estrutura no âmbito do ensino (Oliveira, 2015), que deveria:

> *I – destinar, no primeiro semestre, um mínimo de sessenta horas de instrução para componentes do corpo docente das quatro Escolas de Altos Estudos (EGN, ECEME, ECEMAR e ESG), com a finalidade de lhes uniformizar o ensino de operações conjuntas;*
>
> *II – garantir as condições necessárias para que o assunto "Doutrina de Operações Conjuntas" seja ministrado, conforme o planejamento de cada Escola, em observação da Doutrina preconizada nos manuais do EMCFA; e*
>
> *III – destinar um mínimo de quarenta horas de instrução nas grades curriculares dos EE, para que estes conduzam um trabalho em grupo, de modo interescolar, com seus corpos discentes subdivididos e mesclados, sobre o "Processo de Planejamento para Operações Conjuntas".* (Brasil, 2012c, art. 8º)

Esse processo preconizado pela Cidoc foi importante para que as operações conjuntas viessem a compor a grade curricular na formação, um legítimo avanço se considerarmos que um dos pontos de crítica à limitação do processo de *jointery* em termos de aplicação é que este poderia vir a ser uma mera especialização, ficando, por isso, à margem de outras competências da formação militar (Caddick, 1999). Logo, nesse ponto, a demanda por conhecimento e aplicação desse "novo" formato de operações já foi reconhecida no Brasil, além de suas potencialidades.

Todavia, conforme destacado por Negrão (2013), esse é um passo importante e que pode priorizar outros, visto que a estrutura de formação militar brasileira contemporânea elimina algo que se mostrou como pedra de toque para a imersão no referido modelo: a vivência conjunta. Por mais que existam esforços de padronização no âmbito do ensino e da própria instituição da Doutrina de Operações Conjuntas, a vivência não é um elemento substituível. Quanto a isso, mesmo sem uma abordagem comparativa entre modelos, Negrão (2013, p. 53-54) sugere uma constatação semelhante ao analisar a experiência da Escola Superior de Guerra (ESG) com o Curso de Estado-Maior Conjunto (CEMC) e as demais instituições das forças singulares.

Já em termos de perspectivas de aplicação de operações conjuntas, a Operação Atlântico é a materialização mais próxima dessa abordagem de defesa da costa que se pode observar hoje, visto que "a operação tem em seu planejamento o controle de área e tráfego marítimo; missões de interceptação; defesa de costa; patrulha marítima; transporte aéreo logístico; defesa antiaérea; e coordenação e controle do espaço aéreo"(Forças..., 2012). Contudo, o potencial brasileiro para concretizar um arranjo mais compreensivo, instituindo-se um modelo conjunto que atenda às expectativas presentes em um bom delineamento de política de defesa – assim como as hipóteses de emprego inerentes ao cenário geopolítico em que o Brasil se encontra inserido –, perpassa dimensões que não correspondem apenas ao aspecto operacional do operar conjuntamente, mas a um arcabouço organizacional que somente a maturidade das instituições, juntamente com a política, pode oferecer. É nesse sentido que a observância de experiências com maior período de ocorrência pode oferecer uma diretriz quanto aos desafios vindouros e às etapas a serem cumpridas.

Atualmente, fora operações voltadas para a segurança de grandes eventos, como foi o caso da vinda do papa ao Brasil, da Copa do Mundo e das Olimpíadas, a operação conjunta com caráter interagencial vigente no Brasil em suas diversas edições é a Operação Ágata, parte integrante do Plano Estratégico de Fronteiras (PEF). Essa operação é encabeçada pelo Estado-Maior Conjunto das Forças Armadas e tem um escopo de atuação extenso no sentido de inibir crimes ambientais e narcotráfico nas regiões de fronteira, abrangendo também o espaço marítimo brasileiro[18]. Apesar de ter mudado seu formato a partir de 2017, não divulgando mais detalhes sobre quando as missões que a compõem tomariam lugar, a fim de evitar que detratores obtivessem tais informações, o que questionamos no presente texto não são especificamente os componentes em nível operacional e tático, aspecto passível de análise e que poderia promover discussão profícua sobre o nível de interoperabilidade aplicado em tais operações vis-à-vis a estrutura versada em doutrina atinente ou ainda sobre as versões diferentes da operação após 2017, por exemplo. A questão concernente a este trabalho é se o arcabouço institucional que constitui o pano de fundo das operações conjuntas aqui no Brasil é robusto o suficiente para comportar as potenciais aplicações dessa modalidade de operações, ou seja, trata-se de um escopo mais amplo.

O que se percebe a princípio no Brasil é que as operações conjuntas ainda são executadas de maneira mais "tímida", seja por falta de "musculatura" institucional, seja pelo fato de o início mais pronunciado dessas operações no país não ser proveniente de uma condução política desde uma base institucional permanente, estabelecendo-se

---

18 Para mais informações a respeito da Operação Ágata, ver: BRASIL. Ministério da Defesa. *Operação Ágata*. Disponível em: <https://www.gov.br/defesa/pt-br/assuntos/exercicios-e-operacoes/operacoes-conjuntas/operacao-agata>. Acesso em: 22 jul. 2020.

um modelo. Diferentemente da experiência britânica, cuja orquestração política foi, como vimos, impulsionada pela demanda por reduções de custos ante as limitações orçamentárias na área da defesa, no Brasil a motivação foi o alinhamento operacional com as novas formas de guerra no paradigma das operações conjuntas. Porém, o desalinho entre política e estruturas que visam à manutenção e ao aprimoramento desse processo forma o principal conjunto de barreiras para o estabelecimento do modelo conjunto no atual momento brasileiro.

Apesar de existir um grau de institucionalização propiciado pela Cidoc, seriam necessários passos menos comedidos rumo a uma mudança de maior magnitude, como a instituição de um organismo capaz de mensurar e avaliar as medidas tomadas nesse sentido, elencando as lições aprendidas em termos especificamente aplicados às operações conjuntas ou interagenciais, como o Centro de Lições Aprendidas do Exército (Center for Army Lessons Learned – CALL), instituído nos EUA. Em um âmbito de força singular, essa estrutura existe e é aplicada pelo Exército por meio do Centro de Doutrina do Exército (CDoutEx), fundado em 2012, e, em um caráter mais abrangente no que se refere à produção de estudos prospectivos, pelo próprio Centro de Estudos Estratégicos do Exército, fundado em 2004 e subordinado ao Estado-Maior do Exército (EME) (Arakaki, 2015). No entanto, a existência dessas instituições em nível de Exército não exclui a margem de possibilidade de a Cidoc vir a desempenhar as funções destacadas anteriormente, já que tanto na experiência britânica quanto na americana os organismos que desempenham tais papéis tiveram origem na necessidade de regular/mensurar a aplicação de doutrina voltada para as operações conjuntas.

Dessa forma, um levantamento quanto à perspectiva de redução de custos aliado a políticas inicialmente *top down* pode ser um mecanismo útil no fornecimento de insumos para a aplicação de um modelo como aquele, especialmente em períodos de austeridade, contemplando-se, assim, reduções orçamentárias até mesmo em áreas críticas para o Estado. Tal movimento, à semelhança do que ocorreu com o aparato britânico, poderia prover eliminação de redundâncias institucionais e custos resultantes dessa situação, o que prescindiria de um levantamento mais bem detalhado e um estudo diretamente conectado com o assunto – algo passível de ser analisado em outra oportunidade.

Toda a discussão a respeito da estruturação das operações conjuntas no Brasil e de um possível modelo conjunto e seus respectivos entraves pode ser resumida especialmente por meio de duas características centrais presentes em nosso cenário:

1. adoção de um modelo institucional e operativo com base *ad hoc*;
2. postura defensiva reativa em desalinho com o estabelecido na Estratégia Nacional de Defesa (END).

Se foi a ausência de mecanismos estruturais permanentes uma das principais responsáveis pela intermitência das operações conjuntas na história e, consequentemente, um fator de interrupção na evolução da eficiência operativa dessa modalidade por meio de uma transmissão de conhecimento que transcendesse gerações, a ausência de instituições de base permanente para além da Comissão Interescolar no Brasil pode denotar uma dependência do princípio da necessidade em detrimento de uma evolução para um modelo institucional mais bem delimitado. Apesar de existirem instituições de educação militar no Brasil em base singular e conjunta – com limitações no sentido da vivência e compartilhamento de atividades, questão também passível de discussão –, ambas as experiências pioneiras citadas tiveram seu ponto de início no estabelecimento de um comando conjunto permanente, estrutura ainda ausente no Brasil. E tal ausência se relaciona com a segunda característica mencionada.

A defesa proativa preconizada pela END, atualizada pela primeira vez em 2012, converge com "a negação do uso do mar, o controle de áreas marítimas e a projeção de poder", compondo a estratégia de defesa marítima do Brasil (Brasil, 2012b, p. 69). Por *defesa proativa* Judice e Piñon (2016) entendem a defesa cujo arranjo se dá de maneira a antecipar futuros problemas. Ela consiste em uma aplicação estrutural com vistas a frustrar eventuais ataques às áreas estratégicas mencionadas e ressaltadas pelos autores como uma das incumbências da Marinha do Brasil. Embora esteja presente nesse documento, a postura brasileira é a de reação, em desalinho com o que determina a END. Além desse desalinhamento, o cerne da questão é que a postura reativa, ao contrário da proativa, abre precedentes para uma incerteza maior quanto à capacidade de resposta da Marinha. Esse ponto também é levantado por Morgero (2014), que pondera se a ativação dos comandos permanentes brasileiros, todos singulares, à exceção do atual Comando de Operações Aeroespaciais (Comae), apenas com o fim de atender "a questão que gerou o acionamento" seria o melhor modelo. A despeito de os níveis decisórios serem semelhantes nos Estados analisados por Morgero (2014) – no caso, EUA, França, Espanha, Argentina, Chile e Brasil –, a estruturação da resposta, ou como se dá o processo em termos organizacionais e operacionais, é o que confere a tônica distinta e passível de questionamentos no Brasil, especialmente quanto à eficiência e à capacidade de resposta, conforme mencionado.

A esta altura, é possível questionar se é de fato um objetivo brasileiro o aumento de eficiência naquela modalidade de operações e, a partir disso, embarcar rumo a uma jornada institucional de alinhamento entre as inclinações políticas nacionais e internacionais na condição de Estado aspirante à condição de potência e os anseios dos atores envolvidos diretamente com a defesa nacional. Se assim for, é necessário que as ações desde a base política adquiram maior envergadura e que haja a mudança de concepções que foram chave para as experiências explanadas anteriormente: criação de estruturas permanentes e viabilização de mais canais que permitam a vivência conjunta. A instituição de um modelo conjunto envolve a compreensão dessa última dimensão e, sobretudo, a consciência de que tal mudança organizacional emerge, antes de mais nada, de um paradigma de política de defesa. Apenas dessa forma será possível materializar ganhos de eficiência convergentes com o potencial de desenvolvimento brasileiro, o qual habita muito além da concepção *ad hoc* das operações conjuntas.

Síntese

No presente capítulo, tecemos considerações de natureza estrutural acerca das operações conjuntas no âmbito de um contexto institucional. Nesse sentido, ilustramos os conceitos basilares que fundamentam essa modalidade de operações, examinamos brevemente o estado da arte destas no Brasil e discutimos a realidade brasileira vis-à-vis o potencial do Estado como *player* global.

CAPÍTULO 11
Guerra irregular, contraterrorismo e
contrainsurgência

Conteúdos do capítulo:

- Características da guerra irregular.
- As transformações na forma de fazer a guerra ocorridas desde os anos 1960.
- A relação entre guerra irregular e terrorismo.
- Especificidades da insurgência.

Após o estudo deste capítulo, você será capaz de:

1. compreender as transformações ocorridas desde os anos 1960 nas maneiras de guerrear e as contribuições dessas mudanças para a guerra do futuro;
2. os reflexos da guerra irregular nas guerras e nos conflitos armados do século XXI;
3. identificar as relações entre guerra irregular e terrorismo, como discussão preliminar para debater o contraterrorismo.

TIAGO LUEDY

MILTON DEIRÓ NETO

As transformações nas relações internacionais após a Segunda Guerra Mundial suscitaram inúmeras mudanças nos campos civil e militar. Durante a fase inicial da Guerra Fria, as tensões geopolíticas, associadas à permanência do modelo produtivo do fordismo e à possibilidade da mútua destruição nuclear, mantiveram uma certa constância nos cenários estratégicos. No entanto, o fim dos anos 1960 e o início dos anos 1970 trouxeram alterações profundas no sistema internacional: a descolonização resultou no "surgimento" de novos países (e, portanto, novos atores internacionais); as novas bases nacionalistas atreladas à matriz ideológica da era bipolar desencadearam a emersão de novos polos de conflito ou novas dinâmicas conflitivas em zonas antigas; a assimetria de poder entre Estados e entre Estados e organizações não estatais difundiu a guerra irregular – forma de combate tão antiga quanto as primeiras civilizações humanas – como metodologia *antiestablishment* e antiestado.

A ausência de organização militar formal e de legitimidade jurídica (Visacro, 2009) não impediu que vietnamitas, argelinos, palestinos, afegãos, angolanos ou mesmo latino-americanos pegassem em armas e usassem técnicas não convencionais para lutar: o velho conceito castelhano de *guerrilla* ("pequena guerra"), do qual se originou etimologicamente o termo *guerrilha*, foi retomado e aplicado na prática, para converter a inferioridade numérica e técnica em uma vantagem, fazendo da mobilidade, da organização celular, do ataque surpresa e da própria ausência de identificação visual militar elementos de ações táticas altamente eficientes. *Freedom fighters*, terroristas, rebeldes, não importa a classificação dada a tais elementos/grupos, a guerrilha era um aspecto comum de suas ações (Rapoport, 2004).

A despeito da metodologia não convencional da guerra irregular, a inspiração política dos grupos rebeldes bem como sua persistência em empregar a violência para atingir objetivos políticos fazem da máxima clausewitziana de guerra como um "ato de violência destinado a forçar o adversário a submeter-se à nossa vontade" (Clausewitz, 2003, p. 7) uma realidade também nesses casos (embora a questão conceitual da guerra e o *status* de beligerância possam ser invocados para debater se algumas dessas modalidades de conflito se configuram ou não como guerra).

Dessa forma, nossa proposta com o presente capítulo é oferecer a você, leitor, subsídios analíticos, técnicos e teóricos sobre a guerra irregular para compreender as transformações ocorridas desde os anos 1960 nas maneiras de lutar a guerra e as contribuições dessas mudanças para a guerra do futuro, bem como os reflexos da guerra irregular nas guerras e nos conflitos armados do século XXI. Trataremos ainda das relações entre guerra irregular e terrorismo/contraterrorismo e das relações entre guerra irregular e insurgência/contrainsurgência, examinando casos clássicos e contemporâneos, transformações ocorridas na última década e o legado desse acumulado histórico na construção das doutrinas aplicadas atualmente.

(11.1)
Breve visão das transformações na guerra desde 1960

No período de mais de um século que separa as Guerras Napoleônicas da Segunda Guerra Mundial, houve pouca evolução da guerra como fenômeno da política internacional. Isso não quer dizer que não tenham ocorrido transformações significativas na forma de lutar a guerra: a *blitzkrieg* germânica na Segunda Guerra Mundial sucedeu a guerra de trincheiras da Primeira Guerra Mundial, que, por sua vez, sucedeu a guerra de lenta mobilidade, a qual marcou os conflitos do século XIX; a aviação estratégica dominou os blindados, os quais haviam dominado as cavalarias tradicionais; e a quebra do átomo superou a pólvora como fator estratégico (embora, na prática, a pólvora continue como o principal elemento de uso amplo nos conflitos armados). No entanto, e apesar de tais evoluções, a guerra ao fim de 1945 permanecia fundamentalmente a mesma de 1815: conflitos travados entre Estados para a consecução de objetivos políticos em geral territorializados, tendo a tecnologia como principal suporte para as ações de campo.

A Guerra Fria, contudo, representou uma nova perspectiva para os conflitos armados: a ideologia converteu-se em elemento fundamental para ações de campo, passando a orientar grupos não estatais nas lutas contra centros de poder, dos Contras na Nicarágua ao Viet Cong no Vietnã (grupos não estatais apoiados, respectivamente, por EUA e URSS). Isso transformou a forma de lutar a guerra, em um primeiro momento no âmbito do jogo de poder das superpotências e, posteriormente (com o fim da URSS e do socialismo real na Europa), configurando-se como um elemento central nas mudanças do *way of war* de diversos países. Da revolução nos assuntos militares (RAM) americana às reformas russas de Shoygu, todos os países têm se preocupado cada vez mais com a descentralidade e a conectividade dos conflitos armados na contemporaneidade.

A cultura, da mesma forma, tornou-se constituinte inseparável das guerras contemporâneas (Keegan, 2006), sendo fundamental para o desenvolvimento da própria guerra irregular. Não à toa o *Field Manual 3-24*, de 2006, do Exército dos Estados Unidos, destacou o papel que propaganda, ideologias e a difusão descentralizada de comunicação têm como ferramenta essencial da insurgência moderna

(USA, 2006). A chamada *construção imagética da realidade* faz parte, hoje, de políticas oficiais de exércitos nacionais e também do imaginário coletivo dos grupos insurgentes: basta assistir aos vídeos do grupo terrorista Estado Islâmico para perceber como elementos culturais são usados amplamente para atividades tão diversas quanto recrutamento, operações psicológicas, propaganda de guerra e táticas de "terror pela comunicação".

Apesar de o tema *cultura* não aparecer com tanta frequência nos estudos de guerra, considerando-se que uma cultura reflete o *Zeitgeist*[1] de um sistema político determinado e que isso, por seu turno, impacta a projeção de poder, é coerente pensar a cultura como parte da guerra na acepção clausewitziana, a continuação da política por outros meios, ou seja, a submissão do inimigo à sua vontade (Clausewitz, 2003) de acordo com sua visão de mundo específica. É necessário, assim, primeiramente construir essa visão de mundo (que os alemães chamam de *Weltanschauung*, os americanos de *worldview* e os russos de *mir*) com base em valores sociais de um determinado povo em uma dada época, para só então usar tal instrumento como recurso estratégico, tático e operacional.

Os anos 1960, nesse aspecto, foram prolíficos em inovações na forma de lutar e de empreender a guerra. No contexto histórico que precedeu a *détente*[2] da Guerra Fria, a onda de descolonizações dos

---

[1] Zeitgeist *é um termo em alemão que pode ser traduzido como "espírito do tempo" (ou "espírito da época") e que busca simbolizar o conjunto do clima intelectual e cultural do mundo em determinada época.*

[2] Détente *é um termo francês que significa "distensão" ou "relaxamento" e que é usado atualmente no campo da política internacional para fazer referência a qualquer situação na qual o relacionamento hostil seja apaziguado de forma a diminuir o risco de conflito declarado entre as partes. O uso mais comum e que popularizou seu emprego remete à redução das tensões entre os EUA e a URSS durante a Guerra Fria, especialmente no final da década de 1960, após a crise dos mísseis de Cuba.*

anos 1950/1960 criou a necessidade de constituição de um modo inédito de analisar a guerra. Colônias em busca de independência em relação às suas metrópoles precisaram enfrentar exércitos nacionais fortes, contando com o apoio secreto de agências de inteligência de uma das duas superpotências da era (EUA e URSS), portanto obtendo um suporte limitado. Para compensar a nítida discrepância de poder militar, os "rebeldes" (independentemente de sua ideologia) intentaram travar uma forma de guerra diferente, em menor escala, mas com igual letalidade, usando a camuflagem da vida civil para ocultar atos de sabotagem, terrorismo e confronto indireto (escaramuças, emboscadas etc.)[3].

Quando os Estados se aperceberam da dificuldade de emprego do poder militar tradicional para derrotar os insurgentes, passaram a gradualmente capacitar suas tropas no mesmo tipo de "guerra das pulgas" que seus inimigos adotavam. A lentidão para adotá-la, no entanto, custou caro aos exércitos nacionais e às nações que eles representavam. Os três principais casos de derrota de um exército tradicional por insurgentes ocorreram exatamente pela insistência em empregar métodos tradicionais de combate contra um inimigo irregular: a França na Argélia (1954-1962), os EUA no Vietnã (1955-1975) e a União Soviética no Afeganistão (1979-1989) foram exemplos dolorosos para os países derrotados de que algumas guerras precisam ser travadas conforme as regras do inimigo, a despeito de toda a superioridade tecnológica e militar de que se disponha.

Apesar disso, algumas iniciativas importantes foram instituídas e – não obstante a derrota final dos respectivos exércitos – construíram um legado importante para o desenvolvimento da contrainsurgência

---

[3] Esse elemento tático de emprego de forças militares mais fracas contra forças mais fortes foi chamado por Taber (2002) de *"guerra das pulgas"* (war of the flea).

na atualidade[4]. As ações e experiências do MACV-SOG (Military Assistance Command, Vietnam, Studies and Observation Group) americano no Vietnã, no Laos e no Camboja, do EPIGN (Escadron Parachutiste d'Intervention de la Gendarmerie Nationale) francês na Argélia e das Spetsnaz soviéticas no Afeganistão[5] foram responsáveis por tal legado, mas a implementação tardia (ou desordenada) desses grupos contribuiu para a derrota de seus respectivos países[6].

No caso dos Estados Unidos, tanto a revolução nos assuntos militares (RAM) quanto as reformas no Comando de Operações Especiais Conjunto (Joint Special Operations Command – JSOC) promovidas pelo almirante William McRaven, passando pelo desenvolvimento da *network-centric warfare* (NCW) pelo contra-almirante Arthur Cebrowski, da teoria das quatro gerações de guerra pelo Major William S. Lind e da doutrina de contrainsurgência pelo General David H. Petraeus, tiveram como base o aprendizado americano no

---

[4] Trata-se de conclusões de Kilcullen (2010), Marston e Malkasian (2010), Glenn (2015), Gates e Roy (2016) e, parcialmente, Petraeus (1987).

[5] *O MACV-SOG foi um grupo de operações especiais do Exército dos Estados Unidos que executou operações não convencionais em todo o sudeste da Ásia, principalmente no Vietnã e em países vizinhos, como Laos e Camboja (onde se escondiam tropas vietcongues). O EPIGN (Esquadrão Paraquedista de Intervenção da Gendarmerie) foi uma unidade do Groupement de Sécurité et d'Intervention de la Gendarmerie Nationale – GSIGN (Grupamento de Segurança e de Intervenção da Gendarmerie), que atuou até 2007. Os Spetsnaz são as forças especiais das Forças Armadas da Rússia.*

[6] *Curiosamente, menos de uma década após o fracasso de sua estratégia de guerra no Vietnã, os Estados Unidos implementaram com sucesso táticas de guerrilha em apoio aos Mujahidin ("guerreiros sagrados") afegãos contra os soviéticos, garantindo a vitória daqueles em relação a estes (relatos detalhados dessa operação da Central Intelligence Agency – CIA podem ser vistos no livro* Charlie Wilson's War, *de George Crile). Ironicamente, essas mesmas técnicas de guerrilha foram usadas pelos Mujahidin contra os Estados Unidos nas décadas seguintes, como parte da tática da campanha global de terrorismo promovida pela Al-Qaeda e suas afiliadas após o 11 de Setembro de 2001.*

Vietnã. Essa evolução histórica delineou o caminho para as profundas transformações na forma de lutar a guerra no século XXI.

(11.2)
A NOVA FACE DA GUERRA: CONFLITOS ARMADOS NO SÉCULO XXI

No século XXI, já em seu princípio, houve uma experiência que afetou significativamente a mentalidade tradicional de combates armados: os ataques terroristas às Torres Gêmeas e ao Pentágono, ocorridos em 11 de setembro de 2001. A ação terrorista em consonância com a tática da "guerra das pulgas" obteve sua maior vitória: um ataque direto e altamente letal contra a maior potência militar do mundo, os Estados Unidos – e isso colocou no centro dos debates estratégicos a necessidade de adaptabilidade da forma de fazer a guerra diante da nova realidade de guerra ao terror.

A tática utilizada pela Al-Qaeda até então, de ataques menores às forças expedicionárias americanas ou a membros do corpo político-diplomático dos EUA no exterior, foi substituída por outra que aparentava ser mais funcional: um ataque direto, letal e midiático contra o coração econômico (Wall Street) e militar (Pentágono) dos Estados Unidos, que, acuados, reagiriam com desmedida e desproporcional violência. Essa era, ao menos, a ideia fundamental de Osama bin Laden: usar o terrorismo como elemento de atração dos americanos para uma guerra em várias frentes, a qual aparentemente os Estados Unidos não poderiam ganhar. Harari (2015) sintetizou essa tática de Bin Laden com a metáfora da mosca entrando no ouvido de um touro dentro de uma loja de cristais: uma vez que a mosca irritasse o touro, ele faria o trabalho de destruição da loja de cristais sem que a mosca tivesse de gastar recursos em excesso.

Essa tática posteriormente foi transformada pelo Ayman al-Zawahiri, segundo no comando da Al-Qaeda, em *death by a thousand cuts*, em que pequenos atentados de baixo custo – muitos deles programados para fracassar – criariam um estado de medo social tão grande que imporia aos Estados uma ampliação de gastos com segurança, efeito similar ao de atentados caros como o de 11 de setembro de 2001.

A ideia de Bin Laden, contudo, provocou reações diversas a longo prazo. Efetivamente, a resposta inicial do governo americano foi como a do touro raivoso em uma loja de cristais: deu início às guerras do Afeganistão e do Iraque, com aumento exponencial de gastos e pouco sucesso. Isso, porém, mudou com a eleição de Barack Obama e as transformações que seu alto comando militar promoveu no *american way of war*. Como explica Bergen (2013), houve uma microrreforma na doutrina do JSOC, levada adiante pelos almirantes Mike Mullen e William McRaven e pelos generais Stanley McChrystal e David Petraeus. O JSOC e a doutrina de operações especiais dos EUA foram transformados em máquinas eficientes de combate, a custos baixos e com altíssimo grau de inventividade, flexibilidade e sucesso.

As operações especiais dos EUA tornaram-se mais próximas de corpos de guerra irregular que dos imensos, lentos e caros comandos convencionais das Forças Armadas/militares ocidentais. O ápice do sucesso ocorreu quando integrantes das operações especiais de todas as forças militares americanas (à exceção da U.S. Coast Guard), atuando em plena interoperabilidade e no estado da arte, em conjunto com a Special Activities Division da CIA, entraram no território paquistanês e mataram Osama bin Laden, na Operação Lança de Netuno, comandada diretamente pelo almirante William McRaven, ex-Navy Seal responsável pela reforma das SpecOps americanas em direção à doutrina de guerra irregular e em rede (Bergen, 2013).

É fundamental, neste ponto, traçarmos a origem dessa nova forma de lutar a guerra. Precisamos retornar, assim, ao ano de 1979, quando, menos de uma década após o fiasco de uma guerra tradicional (Vietnã), os EUA se viram envolvidos em outra derrota vergonhosa: o fracasso da Operação *Eagle Claw* no Irã. Esse foi o marco de uma mudança doutrinária nos EUA que buscou associar a mais fina tecnologia militar ao mais bruto conjunto de capacidades militares tradicionais e à mais flexível forma de lutar a guerra (operações especiais atuantes em guerra irregular).

O ano de 1979 foi, para a política externa dos EUA, um *annus horribilis*. Em fevereiro, completou-se o processo da Revolução Iraniana, em que uma monarquia secular pró-EUA foi derrubada por lideranças islâmicas antiamericanas[7], em uma das maiores derrotas para a inteligência americana no século XX. Em novembro, a embaixada americana em Teerã foi invadida e diplomatas americanos tomados reféns. Como resultado, no começo de 1980, o presidente americano, o democrata Jimmy Carter, ordenou a execução da Operação *Eagle Claw* para resgatar os reféns da embaixada. A operação consistiu em enviar tropas especiais em aeronaves para, após seu reagrupamento no deserto iraniano, alcançar Teerã e resgatar os reféns. Ocorreu que, a despeito da percepção de que uma operação de guerra de baixo impacto (uma forma mais técnica de guerrilha) seria a melhor opção (e era!), os militares dos EUA ainda não tinham ideia de como executá-la e efetivaram uma abordagem tática conservadora: comandos separados, sem interoperabilidade, com infiltração e exfiltração tradicionais por meios maciços de poder aéreo (ainda que ocultos)

---

7 *Ironicamente, tais lideranças haviam sido usadas pela CIA nos anos 1950 para derrubar um político nacionalista iraniano, Mohammed Mossadegh. A ligação geopolítica entre esses episódios pode ser lida na obra* Todos os homens do xá, *de Stephen Kinzer.*

com camuflagem desértica e sem identificações visuais. A operação falhou quando, em virtude da ausência de interoperabilidade e de comunicação integrada, aeronaves se chocaram e terminaram com nove mortos, quatro feridos (além de duas aeronaves destruídas) e fracasso total nos objetivos da missão, o que custou a reeleição de Carter. Também em 1979 a União Soviética invadiu o Afeganistão sem que nem militares nem a CIA tivessem identificado os sinais dessa incursão militar.

O problema em ambos os casos (Irã e Afeganistão) não foi a ausência de visão sobre a necessidade de alterar o paradigma americano de *way of war*, mas a dificuldade de implementar isso na prática. Tudo começou a mudar quando, pouco tempo após o fracasso da *Eagle Claw*, ainda em 1980, foi criado o já citado Comando de Operações Especiais Conjunto (Joint Special Operations Command – JSOC) para coordenar de maneira conjunta as operações especiais americanas no campo militar, bem como promover sua interoperabilidade com as operações especiais da CIA e, posteriormente, da Drug Enforcement Administration (DEA) e do Federal Bureau of Investigation (FBI) (Bergen, 2013).

Desde o princípio, o JSOC se engajou de modo assertivo com a forma irregular de lutar os conflitos. Das operações de apoio e treinamento aos Contras na Nicarágua e à Operação *Inherent Resolve*[8] contra o Estado Islâmico, o JSOC tem articulado alta tecnologia com operações de baixo impacto e táticas de guerra irregular para alcançar suas vitórias no campo de batalha, com destaque para a Operação Lança de Netuno e para as operações de assassinato de alvos de alto

---

8   *A Força-Tarefa Conjunta Combinada – Operação Resolução Inerente é uma coalizão militar internacional formada por mais de 30 países e liderada pelos EUA contra o Estado Islâmico.*

valor no Afeganistão e no Iraque, aí incluída a operação contra Abu Musab al-Zarqawi (ex-líder da Al-Qaeda no Iraque e mentor da criação do Islamic State in Iraq and Syria – Isis, continuado por seu sucessor, Abu Bakr al-Baghdadi) e contra Uday e Qusay Hussein, filhos de Saddam Hussein e chefes da resistência antiamericana no Iraque.

Além da reforma do JSOC, que, entre 2003 e 2008 (sob o comando do General Stanley McChrystal) e entre 2008 e 2011 (sob o comando do Almirante William McRaven), teve sua estrutura aprimorada e ainda mais centralizada na guerra irregular (Bergen, 2013), houve também na década de 1980 uma relevante transformação no *american way of war* com impactos significativos para a evolução da doutrina de guerra irregular no mundo militar: a chamada *revolução nos assuntos militares* (RAM).

Implementada no final dos anos 1980 e começo dos anos 1990, a RAM consistiu em respostas militares às transformações tecnológicas que marcaram a transição do modo fordista para o modo pós-fordista de produção, revolucionando as comunicações, a produção em massa, a logística global, entre outras áreas (Dillon, 2014). Em um primeiro momento, tais transformações se restringiram à aplicação de novas tecnologias militares no campo de batalha. Pouco tempo depois, no entanto, já havia sido alterada profundamente a própria maneira de os americanos irem à guerra. A informação e a comunicação foram convertidas em armas (*weaponization of communications and information*, segundo Dillon), e foi então que surgiu um novo e importante conceito associado à RAM: a ideia de *network-centric warfare* (NCW), desenvolvida por um almirante da Marinha Americana, Arthur Cebrowski.

A NCW refere-se a uma adaptabilidade da forma de lutar a guerra às transformações de ordem econômica e social no mundo, com destaque para as seguintes mudanças: a) do foco na plataforma para o foco na rede; b) da percepção dos atores do cenário internacional, vistos cada vez mais como dinâmicos e interconectados; c) da visão quanto ao próprio cenário internacional, com o surgimento da necessidade de ajustar o processo de tomada de decisões estratégicas considerando-se os valores de adaptabilidade e mutabilidade de tal cenário (Cebrowski; Garstka, 1998).

Essa nova percepção de *warfighting*, associada à difusão de tecnologia que facilita a tomada de decisões em um cenário estratégico, modificou profundamente a forma de engajar-se em conflitos. Apesar disso, ao contrário de favorecerem apenas os grandes sistemas de armas e, portanto, as formas mais convencionais de se empreender um conflito armado, a NCW e a RAM favoreceram exatamente a forma de guerra irregular ao privilegiarem a rede, e não uma visão linear do conflito; ao fortalecerem a descentralização e a especialização ao invés da centralização e da generalização; ao induzirem a opção por corpos pequenos, altamente capacitados e letais, de soldados de forças especiais em detrimento de grandes exércitos; ao privilegiarem as tecnologias de baixa visibilidade e assinatura radar (*stealth*) e drones em vez de grandes corpos de aviação; e, finalmente, ao reconhecerem a complexidade e descentralidade das ameaças do mundo contemporâneo.

Isso não significa dizer que exércitos convencionais estão fadados ao fracasso ou ao desaparecimento, mas que há uma tendência de que tais organizações foquem mais a dinâmica irregular da guerra (por ter custo financeiro e humano mais baixo, assim como maior eficiência), associando isso sempre que possível à complementaridade que grandes corpos de exército ainda têm. A guerra ao terrorismo, que abordaremos na próxima seção, tem evidenciado essa tendência.

(11.3)
Terrorismo e guerra irregular: a tática jihadista e a modalidade de combate contraterrorismo

O terrorismo vem sendo objeto de inúmeros debates na academia de relações internacionais desde seu surgimento como elemento geopolítico internacional, no *aftermath* da Revolução Iraniana, em 1979 (Rapoport, 2004). Entre as visões internacionalizantes do fenômeno e as identificações simples e diretas sobre o assunto, o termo *terrorismo* encontra dificuldades de conceituação concreta e objetiva, tanto em razão da discrepância de perspectivas dos estudiosos ao redor do globo quanto em virtude de sua própria realidade. Embora esteja claro que o terrorismo já atingiu escala e dimensões que superam as fronteiras dos países – o que o torna inegavelmente um fenômeno internacional – e atraiu a atenção de estudiosos de várias partes do mundo, assim como a ação política de diversas nações, uma unanimidade entre definições parece distante.

De acordo com Bruce (2013), isso ocorre porque uma das razões que dificultam a criação de conceito universal para o terrorismo é a disparidade de culturas dos países, ao que Ganor (2002) vai adicionar o fato de que o terrorista sob o ponto de vista de um dado sujeito é o *freedom fighter* aos olhos do outro. A violência política ilegítima contra um sistema legítimo – cerne do comportamento terrorista – sempre estará permeada de discursos contendo metáforas maniqueístas para apresentar as ações terroristas como uma forma de guerra justa e uma luta pela liberdade.

Como bem observa Sinai (2008), o único ponto de convergência de todas as opiniões e definições internacionais sobre o conceito de terrorismo é justamente o uso da violência deliberada em civis, nesse contexto, com objetivos geralmente políticos a serem obtidos por meio do terror. O ataque e o uso dessa violência contra alvos militares seriam, ainda segundo Sinai (2008), parte regular do conflito (mesmo que não declarado), fazendo parte dele também o direito de retaliação (que não seria uma ação de contraterrorismo). Ganor (2002) chama a atenção para o fato de que o ponto de convergência citado, o uso da violência deliberada em civis, é também um fator diferenciador da ação de guerrilheiros e de terroristas: embora os objetivos de ambos possam ser considerados idênticos, os primeiros visam alvos militares, enquanto os últimos buscam deliberadamente atingir alvos civis, o que os coloca fora da possibilidade de serem tidos como *freedom fighters*.

Considerando-se que o correto entendimento sobre o que é terrorismo e de que forma essa ameaça se coloca internacionalmente às sociedades serve de base para a elaboração de leis antiterror, planos antiterroristas e ações de contraterrorismo, fica evidente o perigo que é trabalhar com conceitos mal formulados. Além da dificuldade em combater a real ameaça terrorista, o uso de significados e conceitos discordantes ou pouco consensuais também abre a possibilidade da má aplicação de leis antiterror contra ações violentas que se assemelham a atos terroristas, mas que não o são, necessariamente. Nesse sentido, Bruce (2013) afirma que a aplicação desses conceitos pode tanto proteger a sociedade quanto reprimi-la, ao interpretar equivocadamente atos de violência como terrorismo e aplicar a crimes comuns as medidas cabíveis às práticas terroristas. Para Schmid (2004), a falta de uma definição internacionalmente aceita pode até mesmo acabar se tornando um fator encorajador de futuros atos de terrorismo.

Com efeito, tanto a compreensão do fenômeno do terrorismo global quanto o combate à ameaça terrorista tornam-se cada vez mais difíceis de articular, ou seja, a ausência de uniformidade conceitual e as interpretações divergentes impossibilitam a elaboração de políticas e estratégias funcionais de contraterrorismo, já que o discurso em torno daquele fenômeno leva cada país a criar seu próprio conceito a respeito, sempre com base em seus próprios interesses.

Se colocarmos o terrorismo em perspectiva histórica, veremos que ele não é um acontecimento recente, isto é, o uso do terror e da violência extrema como instrumento político e de guerra não é novidade na história da humanidade. Hoje os veículos de comunicação são mais rápidos em noticiá-lo e dar-lhe rápida notoriedade, mas atores não estatais utilizando o terror para a consecução de objetivos políticos é algo bastante antigo, anterior à Era Moderna, aliás. De acordo com Woloszyn (2010), a prática do terror sempre esteve presente na história da humanidade como expressão pura da violência; logo, ações terroristas não se constituem em um fenômeno atual. A fim de precisar melhor o contexto histórico em questão, o autor conclui que possivelmente a prática do terror surgiu durante a República romana, no século III a.C., como tática militar, sob o nome de *guerra destrutiva* ou *punitiva* (Woloszyn, 2010).

Outro exemplo histórico é apontado por Lewis (2003): os *hashashins*, membros de uma seita persa radical que, matando por motivos religiosos e políticos, agiram no mundo mediterrâneo desde as Cruzadas, podem ser reconhecidos como um primeiro grupo organizado cujo objetivo era, primordialmente, praticar o terrorismo. Inicialmente submetidos à estrita aplicação de uma versão puritana e radical do islamismo, os *hashashins* logo se tornaram um mito no mundo mediterrâneo e começaram a atuar mediante pagamento, transformando a prática do terror em um negócio. Sua atuação expandiu-se pelo mundo muçulmano e também pelo mundo cristão, sendo responsável por inúmeros atentados pessoais e coletivos na Itália (Lewis, 2003) e por toda a extensão do Império Otomano (Palmer, 2013), onde viraram instrumento político e religioso dos janízaros (a elite militar otomana) contra e a favor dos sultões.

Embora não despreze as origens do fenômeno na Antiguidade e na Idade Média, Sémelin (2009) destaca a presença do terrorismo em tempos históricos modernos e suas profundas ligações com o terrorismo contemporâneo. Segundo o autor, as violências em massa do século XX chegam pelo menos ao período das revoluções ocidentais do século XVIII. Essa referência à Revolução Francesa (1789) não é à toa: foi nesse evento histórico que o léxico associado ao termo *terrorismo* se formou, a partir da chamada *La Terreur* (1792-1794), fase revolucionária de violência extrema, arbitrariedade e execuções em massa promovidas pelos revolucionários franceses mais radicais, também conhecida como *Fase do Terror*. O historiador britânico Eric Hobsbawm (2008, p. 49) identifica o surgimento do terrorismo moderno, como termo e prática, na segunda fase da Revolução Francesa, como forma de consolidar o nacionalismo do país contra invasores: "para o francês da sólida classe média que estava por trás do Terror, ele não era nem patológico nem apocalíptico, mas primeiramente e sobretudo o único método efetivo de preservar seu país". Em outras palavras: o terrorismo era um instrumento a serviço da política.

Mesmo entendendo que o termo *terrorismo* surgiu em razão da violência política praticada na Revolução Francesa, para os objetivos do presente capítulo utilizaremos a delimitação temporal apresentada por Rapoport (2004) e a definição de *terrorismo moderno* como aqueles atos de violência perpetrados a partir do final do século XIX. De acordo com esse autor, o surgimento do terrorismo moderno se deu no ano de 1878 quando Vera Zasulich, depois de ferir um policial russo acusado de abusar dos presos, afirmou ser uma terrorista, não uma assassina (Rapoport, 2004). Gray (2004) corrobora a ideia anterior, ao asseverar que os precursores mais próximos da Al-Qaeda foram os anarquistas revolucionários da Europa no final do século XIX. Embora a Revolução Francesa tenha originado o termo para definir uma tática, foi o anarquismo russo do século XIX o responsável pela transformação da tática em estratégia e, consequentemente, em instituto político concreto.

Além da obra de Gray (2014), a ideia de terrorismo como fenômeno moderno está presente nas obras de Habermas (2010), segundo o qual, não obstante sua linguagem religiosa, o fundamentalismo é um fenômeno exclusivamente moderno, e de Rapoport (2004), para quem o terror está profundamente enraizado na cultura moderna.

Cabe, neste ponto, uma distinção fundamental: terrorismo **moderno** é um fenômeno temporalmente anterior ao terrorismo **contemporâneo**. Em nosso entendimento, o terrorismo moderno se refere às três primeiras ondas apresentadas por David Rapoport (2004), professor emérito de Ciência Política da Universidade da Califórnia (Ucla) e um dos autores fundadores dos estudos sobre terrorismo, ao passo que o terrorismo contemporâneo se refere à quarta onda também por ele delimitada. Em seu texto, Rapoport (2004) explica cada uma das etapas históricas do terrorismo, mostrando que, em cada uma delas, o terrorismo foi a forma de disseminar ideias, coagir Estados e aliciar militantes em prol de objetivos específicos.

A primeira onda foi a anarquista, iniciada em 1880, no período do Império Russo, com o objetivo político de derrubar o regime czarista até então vigente. A matriz dessas operações foram as ações terroristas tomadas pelos insurgentes. Sua estratégia era, entre outras, assassinar políticos importantes para o regime, atingindo-se, assim, a base dele. Durou cerca de 40 anos e depois desapareceu, e sua característica teórica principal foi a revolução (mudança de regime).

A segunda onda foi a anticolonialista, que teve sua origem após o fim da Primeira Guerra Mundial, ocorrendo entre os anos de 1920 e

1960, com objetivos revolucionários (libertação). A busca por liberdade levou os cidadãos de países notadamente da África e da Ásia a pegar em armas em prol da independência ante as grandes metrópoles. Vale a pena ressaltar que foi durante essa onda, conforme Rapoport (2004), que os rebeldes pararam de utilizar a denominação *terrorista* para se referirem a eles mesmos, substituindo-a por *guerreiros da liberdade* (*freedom fighters*), pois acreditavam que os terroristas eram a outra parte, contra a qual eles estavam lutando e que diziam ser um governo de terror.

A terceira onda foi a da nova esquerda (*new left*) ou extrema esquerda (*extreme left*), erigida no contexto do final da Guerra Fria, entre 1960 e 1980, com ataques mais assemelhados aos que hoje vemos e coordenados por organizações com fins revolucionários (políticos), tais como a Organização para a Libertação da Palestina (OLP) e as Brigadas Vermelhas. As organizações da terceira onda terrorista faziam uso de sequestro de pessoas e aeronaves e também praticavam guerra de guerrilha, tendo sido influenciadas pela vitória dos vietcongues contra as tropas americanas (o que representou um significativo estímulo para esses grupos), sendo em alguns lugares contestada sua caracterização como terrorista.

A quarta onda, que é a atual, é a onda religiosa, surgida em 1979; ela ganhou força com a Revolução Islâmica no Irã e com a ocupação soviética no Afeganistão. Apesar de hoje vermos constantemente a religião islâmica sendo associada a essa onda, tanto porque algumas organizações terroristas são de orientação muçulmana (ainda que fazendo, no mais das vezes, interpretações errôneas do Corão como justificativa para seus atentados) quanto porque existe um preconceito cada vez maior em relação ao Islã, ela não é a única afiliação religiosa que foi usada para justificar atos de terror. O cristianismo também chegou a ser distorcido e serviu de orientação para fins violentos, assim como o judaísmo e outras tantas religiões e seitas, como o culto japonês Aum Shinrikyo. No entanto, segundo Rapoport (2004), o islamismo é a religião mais importante nessa onda.

A separação entre o terrorismo moderno das três primeiras ondas e o terrorismo contemporâneo da quarta onda é fundamental, já que, tanto por sua esfera de atuação (global) quanto por seu *modus operandi* (campanha ampla de terror, como estratégia e tática), por seus objetivos declarados (*jihad* contra a opressão ocidental judaico-cristã) e por sua busca por legitimidade (atacando a "ilegitimidade total" do Ocidente), o terrorismo da quarta onda é o primeiro fenômeno verdadeiramente global de impactos transnacionais e motivado por questões igualmente transnacionais.

Nesse aspecto, questões étnicas, religiosas e identitárias se somaram aos nacionalismos já presentes em ondas anteriores, configurando um fenômeno complexo e multifacetado, extrapolando as fronteiras nacionais e beneficiando-se da globalização e da modernidade para agir sem limites por todo o mundo. Embora a quarta onda não seja exclusivamente islâmica, ela tem sido dominada por uma versão radical do islamismo, e a Al-Qaeda é o grupo terrorista paradigmático dessa vertente, ainda que não seja o único nela inserido. De acordo com Gray (2004), a Al-Qaeda é um subproduto da globalização. Ela utiliza os artifícios da globalização para lutar contra o próprio processo da globalização nos moldes ocidentais, buscando uma globalização à sua própria maneira. Tal organização fundamenta-se primeiramente na ideia de *ummah* (comunidade muçulmana global), deturpando esse instituto e as próprias lições do Corão e afirmando, como fizeram Osama bin Laden e seu lugar-tenente Ayman al-Zawahiri a partir de 2001, ser dever de todo muçulmano unir-se à *jihad* contra os Estados Unidos e "seus lacaios" até que todo o mundo faça parte da *ummah* (ou seja, até que todo o mundo esteja sob o domínio dessa leitura radical do Islã). Em segundo lugar, fundamenta-se na crítica às relações de poder desiguais, fortalecendo, assim, seus discursos radicais e justificando discursos também radicais por parte das comunidades de segurança dos Estados nacionais de todo o mundo, que, sob o pretexto de "combater o terror", implementam políticas opressivas que violam direitos fundamentais do ser humano.

A problematização da ameaça e do perigo é essencial para a compreensão desse fenômeno, visto que, na visão de Dillon (2014), o que torna o mundo perigoso depende criticamente de como o perigo é percebido pelas instituições e no âmbito das relações de poder que constituem nossas sociedades. A complexidade e a problematização das ações terroristas, bem como das ações de combate ao terrorismo, tornam o campo dos estudos sobre terrorismo extremamente fértil para a aplicação da doutrina da guerra irregular. O terrorismo é, por excelência, um fenômeno de guerra irregular (Taber, 2002; Silva; Butler, 2011) desde suas origens históricas (Rapoport, 2004).

No processo histórico de formulação de doutrinas de contraterrorismo, a tendência de combate regular – por seu acúmulo de insucessos – foi substituída por doutrinas mais flexíveis de guerra irregular (Silva; Butler, 2011). A própria formação de unidades altamente especializadas de contraterrorismo nos exércitos (como o Seal Team VI nos EUA e o Spetsgruppa A na Rússia), nas forças policiais (como o Comando de Operações Táticas – COT da Polícia Federal Brasileira e a Counterterrorism Unit do FBI americano) e mesmo nas agências de inteligência (a Special Activities Division da CIA americana e a unidade especial mista de contraterrorismo dos serviços interno e externo de inteligência da Rússia, respectivamente Serviço Federal de Segurança – FSB e Serviço de Inteligência Estrangeiro – SVR) com treinamento específico para ações de guerra irregular, operações especiais e ações de comandos (Dunningan, 2009) demonstra isso: diante de um inimigo que não se diferencia de civis, é fulcral ter maneiras de evitar os enganos provocados pela dissimulação do inimigo, a qual é a base da guerra (Tzu, 2016). E, para tanto, torna-se basilar manter um corpo militar regular altamente treinado em guerra irregular, como forma de se sair vitorioso também nesse último cenário, cada vez mais frequente no conturbado contexto das relações internacionais contemporâneas.

(11.4)
INSURGÊNCIA E GUERRA IRREGULAR: DA TÁTICA INSURGENTE DE ATORES NÃO ESTATAIS À DOUTRINA ESTRATÉGICA DE ADESTRAMENTO DE FORÇAS ESPECIAIS DOS ESTADOS

No campo das guerras travadas entre uma força regular e uma guerrilha, merece destaque uma categoria que até agora não foi aqui analisada ao se falar de guerra irregular: a insurgência (ou insurreição). A insurgência acontece quando um grupo se rebela contra um poder estabelecido (a própria conceituação do verbo *insurgir* como "revoltar-se contra um poder estabelecido" já dá uma clara direção do sentido do termo) e isso pode acontecer apoiado em bases políticas, econômicas, sociais ou até mesmo em uma combinação desses fatores.

Visacro (2009, p. 224) explica que a insurreição é uma "sublevação popular desprovida de motivação ideológica, fundamentada, apenas, em reivindicações políticas, sociais e/ou econômicas específicas e limitadas, como a concessão de direitos ou a restituição de prerrogativas". Esse conceito evoca duas observações importantes: (i) a insurreição não tem motivação ideológica e (ii) as insurgências são específicas e limitadas.

Quando a luta armada é calcada em preceitos ideológicos, Visacro (2009, p. 224) assevera que se trata de "uma forma peculiar [...] que compreende as ações no campo militar de um fenômeno político-social bem mais amplo, de cunho extremista, destinado à conquista do poder", e que deve ser vista como uma guerra revolucionária. Ainda que a revolução se inicie com uma insurreição, a categoria *guerra revolucionária* traz intrinsecamente esse ingrediente ideológico que falta à simples insurreição. De igual modo podemos falar do escopo dos movimentos de insurgência, que podem variar em grau de atuação, abrangendo desde revoltas localizadas (específicas e limitadas) até uma guerra civil, com espectro bem mais amplo.

Outro aspecto importante na classificação das insurgências está relacionado ao poder constituído contra o qual lutam os grupos rebeldes: eles podem ser tanto nacionalmente instituídos, embora tidos como ilegítimos por parte dos insurgentes, quanto formados por uma força estrangeira. Nos casos em que um país está ocupado ou sitiado por forças estrangeiras, a insurreição pode variar de uma guerra de resistência, como a luta travada pelo Exército da Pátria polonês contra a ocupação nazista durante a Segunda Guerra Mundial ou como a resistência empreendida pelos guerrilheiros *mujahidin* no Vale do Panjshir (Afeganistão), até uma guerra de independência, também chamada de *guerra de libertação nacional*, comumente associada ao desmantelamento do império neocolonial europeu sobre a Ásia e a África no imediato pós-Segunda Guerra, como a Revolta dos Mau-Maus no Quênia na busca pela autonomia política diante dos colonizadores britânicos (Visacro, 2009).

> *Alguns eventos, quanto à sua classificação, não deixam margem a dúvida. A revolta camponesa ocorrida em Canudos foi uma insurreição e a luta guerrilheira [...] [que levou] Fidel Castro ao poder em Havana, foi uma*

revolução. Entretanto, outros conflitos exigem uma análise um pouco mais profunda, por exemplo: a bem-sucedida guerra de resistência iugoslava [...] era entendida por seu maior expoente, Joseph Broz Tito, como mera etapa de uma dinâmica revolucionária marxista mais ampla; as guerras da Indochina e do Vietnã fizeram parte de um único processo histórico, que abarcou guerra regular e irregular, guerra de independência, guerra de resistência e guerra revolucionária; a violência deflagrada no Iraque pós-Saddam Hussein compreendeu elementos da insurgência sunita destituída do poder, da resistência nativa contra a ocupação anglo-americana e da dedicada militância jihadista internacional. (Visacro, 2009, p. 224-225)

O reconhecimento do estado de beligerância dos atores insurgentes é outro ponto importante a ser destacado. Formalmente, rebeldes insurgentes não são considerados como parte beligerante, isto é, como a beligerância é uma disposição dos Estados à guerra, o reconhecimento dos insurgentes os levaria a uma condição de ator (transitório) nas relações internacionais (de acordo com o direito internacional), o que os colocaria sob os auspícios das leis da guerra.

Já houve casos em que, em um mesmo território soberano, mais de dois grupos insurgentes contestavam o poder estabelecido. Nesses casos, o modelo tradicional de dois lados em oposição, um poder constituído e um grupo rebelde, deixou de ser o padrão. Talvez o conflito mais representativo da insurgência multipolar seja a Guerra Civil Russa (1918-1921), período durante o qual diversos grupos militares (entre os quais, para termos uma ideia da quantidade de "atores" envolvidos, o Exército Verde, grupo armado de camponeses nacionalistas; o Exército Azul, um grupo separatista; o Exército Branco, um grupo heterogêneo formado por ex-generais czaristas e republicanos liberais; o Exército Negro – ou Exército Insurgente Makhnovista –, formado por milícias anarquistas; e o Exército Vermelho – o Exército Bolchevique –, que ao final saiu vencedor) se enfrentaram, querendo, cada qual, implantar seu próprio sistema de poder.

Há outros modelos possíveis, como a coexistência da forma tradicional de insurgência com um outro movimento não relacionado, mas contestador do mesmo poder instituído no mesmo território soberano. Nesse cenário em particular, o caso de Angola é emblemático: durante a Guerra Civil Angolana (1975-2002), duas forças insurgentes (duas antigas forças de libertação de Angola, a União Nacional para a Independência Total de Angola – Unita e o Movimento Popular de Libertação de Angola – MPLA) disputaram o poder quando da saída dos portugueses, em 1975, ao mesmo tempo que a Frente para a Libertação do Enclave de Cabinda (Flec), uma guerrilha separatista, se insurgiu pela independência de Cabinda, um enclave do território angolano localizado ao norte do país, entre o Congo e a República Democrática do Congo.

O Brasil também assistiu ao surgimento de diversos grupos insurretos que lutaram contra o poder estabelecido, tanto nas cidades quanto nas áreas rurais, fazendo uso de táticas de guerrilha e até de atos considerados terroristas. Nas cidades, merecem destaque a Aliança Libertadora Nacional (ALN), criada por Carlos Marighella[9], e a Vanguarda Popular Revolucionária (VPR), formada mediante a união dos dissidentes da Organização Revolucionária Marxista Política Operária (Polop) com os remanescentes do Movimento Nacionalista Revolucionário (MNR), em que se destacou a atuação

---

9   Carlos Marighella escreveu o Manual do guerrilheiro urbano, um opúsculo de 50 páginas dividido em 14 capítulos, mais voltado para a propaganda do que para a didática sugerida no título. A obra, publicada em junho de 1969, tinha a pretensão de servir de orientação aos movimentos revolucionários que estavam dispostos a utilizar táticas de guerrilhas.

de Carlos Lamarca (Gaspari, 2002). Já entre as guerrilhas rurais, cabe mencionar a Guerrilha da Serra do Caparaó e a Guerrilha do Araguaia, ambas combatidas e vencidas pelo governo, a primeira por tropas da Polícia Militar de Minas Gerais e a segunda pelo Exército Brasileiro. No Araguaia, o Exército Brasileiro desenvolveu uma doutrina própria de contrainsurgência que foi a base da vitória contra os grupos guerrilheiros instalados no Bico do Papagaio[10].

Percebe-se que a ideia de insurgência como sublevação popular tem sido uma constante histórica em vários países e que suas formas de combate têm se mostrado igualmente um padrão histórico por parte dos Estado nacionais. A própria ideia de contrainsurgência tem orientado não apenas o adestramento de soldados nos exércitos e nas polícias nacionais dos países, mas também a aquisição de equipamento adequado a esse tipo de combate[11]. É perceptível, assim, que o acumulado histórico na construção dessas doutrinas de contrainsurgência – individualizadas por país e por tempo histórico – tem sido fundamental para que, por meio das lições aprendidas, se possam desenvolver políticas e doutrinas de contrainsurgência cada vez mais efetivas e funcionais.

---

10 *O Bico do Papagaio é uma microrregião no extremo norte do Estado do Tocantins, situada entre os rios Araguaia e Tocantins, em uma área de transição entre a fauna e a flora do cerrado e da Amazônia. A região, que pertencia ao Estado de Goiás antes da criação do Tocantins, está hoje sob a jurisdição da 8ª Região Militar, subordinada ao Comando Militar do Norte.*

11 *Um exemplo disso foi a aquisição, pela Força Aérea dos Estados Unidos, de aeronaves brasileiras Embraer Super Tucano (como parte do Programa Light Air Support – LAS, ou "Apoio Aéreo Leve"), que se mostraram adequadas para operações de contrainsurgência (Coin).*

Considerações finais

Ainda que de maneira introdutória, no presente capítulo buscamos analisar questões relativas à guerra irregular como fenômeno geopolítico e estratégico da contemporaneidade, bem como suas relações com o contraterrorismo e a contrainsurgência como práticas de segurança dos Estados. Com base no que discutimos ao longo do texto, chegamos a algumas conclusões.

Primeiramente, a guerra irregular, aqui entendida como uma forma de "beligerância" que vai além dos limites tradicionalmente estabelecidos, marcada pela existência de atores de fora do campo militar que utilizam metodologias não convencionais com padrões variáveis (em termos políticos, sociais e militares) para converter a inferioridade numérica e técnica em uma vantagem, tornou-se tendência majoritária dos conflitos descentralizados do século XXI, e as Forças Armadas dos países também precisam se adaptar a essa "nova" realidade.

Em segundo lugar, as dimensões cultural, social e econômica têm vital importância na forma de lutar a guerra no século XXI. Em terceiro lugar, as experiências históricas das ações de insurgência e de terrorismo, expressões da guerra irregular, orientaram o desenvolvimento dos modos de contenção e combate desses fenômenos, sendo a coluna vertebral das ações de contraterrorismo e contrainsurgência as lições aprendidas com sucessos e fracassos.

Em quarto lugar, a discussão sobre essas novas formas de lutar a guerra está apenas começando, e é preciso haver um esforço multidisciplinar e transdisciplinar (que inclua a academia e os institutos de pesquisa civis) para que, com base nas lições históricas, seja possível desenvolver doutrinas cada vez mais eficientes de contraterrorismo e de contrainsurgência que, respeitando o Estado de direito, contribuam para a eliminação absoluta de todas as ameaças à paz, à segurança e ao bem-estar dos cidadãos no plano doméstico em cada um dos países e no sistema internacional.

A fim de estarmos preparados para a guerra em suas mais diversas expressões, especialmente formas de guerra irregular como a guerrilha, os movimentos de resistência, a insurreição e o terrorismo, que, aliás, têm sido cada vez mais comuns desde meados do século XX (tendo em vista que a maioria dos conflitos transcorridos desde então é de natureza assimétrica), é necessário levarmos em consideração o aprendizado histórico obtido com as experiências de combate a ações desse tipo na formulação de doutrinas, estratégias e táticas de contraterrorismo e contrainsurgência no adestramento das forças. Como diz o provérbio latino atribuído a Vegécio, "*Si vis pacem, para bellum*" ("Se queres a paz, prepara a guerra").

Síntese

Neste capítulo, apresentamos elementos analíticos, técnicos e teóricos sobre a guerra irregular para discutir as transformações ocorridas desde os anos 1960 nas maneiras de lutar a guerra e as contribuições dessas mudanças para a guerra do futuro; os reflexos da guerra irregular nas guerras e nos conflitos armados do século XXI; as relações entre guerra irregular e terrorismo, como discussão preliminar para debater o contraterrorismo, seus casos clássicos e contemporâneos, suas transformações na última década e o legado desse acumulado histórico na construção de doutrinas de contraterrorismo; as relações entre guerra irregular e insurgência, como forma de mostrar que as especificidades dos casos históricos de insurgência no mundo influenciaram as doutrinas de contrainsurgência aplicadas atualmente. O adestramento das forças é um desafio no contexto desse caráter multidimensional da guerra irregular.

CAPÍTULO 12
Desmistificando a guerra híbrida
e outros mitos

Conteúdos do capítulo:

- Guerra híbrida: conceito.
- Debate sobre a aplicação da guerra híbrida.
- Desmistificação dessa terminologia.
- A Guerra da Crimeia em 2014.

Após o estudo deste capítulo, você será capaz de:

1. compreender o surgimento do termo *guerra híbrida* e como ele se conecta ao que a Rússia desenvolveu em suas operações militares na Ucrânia em 2014;
2. identificar e entender as diferentes correntes sobre as classificações das gerações das guerras;
3. entender que a guerra híbrida não é uma nova arte da guerra, mas apenas um conceito adicional para apresentar algo "novo" entre elementos já existentes dentro da guerra.

"[...] a estratégia tem uma natureza complexa e uma função que vem sendo imutável ao longo dos séculos."

(Gray, 2016)

"[...] a guerra consiste em atividade investida de uma essência permanente, porém moldada por características cambiantes." (Maximiano, 2015)

O pensamento comum a respeito da guerra e da força militar é que, quando ambas são empregadas, ocorrem dois efeitos imediatos: destruição e morte (Smith, 2008b). Indo mais além, essa força militar é compreendida como sendo aplicada exclusivamente pelas Forças Armadas, compostas por soldados, equipamentos e uma cadeia logística de suporte. O imaginário popular sempre se remete às guerras do século XX, que envolveram milhares de soldados e equipamentos no campo de batalha, algo que se tornou corriqueiro a partir das campanhas napoleônicas e sua *leveé en masse* no final do século XVIII[1]. Como exemplo, tomemos a Primeira Guerra Mundial (1914-1918), quando os Aliados em 1916 sofreram em torno de 600.000 baixas por uma conquista ínfima em termos de custo e benefício na Ofensiva do Somme. No dia 1º de julho, início do ataque, o Exército Britânico teve 57.470 baixas, com 993 oficiais e 18.247 soldados mortos. O total de baixas britânicas desse único dia superou a soma das sofridas em

---

1   O termo *levée en masse*, *traduzido para o português como "levante em massa", é um conceito que se originou no final do século XVIII na França revolucionária, quando ocorreu o massivo recrutamento de voluntários para o Exército Francês Revolucionário, paralelamente a uma grande mobilização da população em prol do esforço de guerra. Tal noção é originalmente creditada a Jacques Antoine Hippolyte, Conde de Guibert, e seu ideal de um exército pacífico e defensivo composto de soldados-cidadãos.*

toda a Campanha da Crimeia (1853-1856), na Guerra dos Boêres (1899-1902) e na Guerra da Coreia (1950-1953) (Blom, 2015). Padrões de perdas como esses também perduraram durante a Segunda Guerra Mundial. Em junho de 1941, Adolf Hitler reuniu, para invadir a União Soviética e derrotar o Exército Vermelho, 151 divisões, sendo 19 delas blindadas e 15 de infantaria motorizada, acompanhadas de 2.770 aviões de combate, 7.200 peças de artilharia e 3.350 carros de combate, tudo isso em uma linha de frente de 1.800 km de extensão (Glantz, 2001). Em seu clímax, a Batalha de Kursk, ocorrida em 1943, teve 6.000 carros de combate, 4.000 aviões e 2 milhões de soldados lutando entre si.

Os conflitos citados são a perfeita síntese do tipo de confronto que paira no imaginário das pessoas. De acordo com Rupert Smith (2008b), autor do livro *A utilidade da força: a arte da guerra no mundo moderno*, o entendimento do público em geral em relação a forças militares, operações militares e guerras baseia-se em um paradigma criado no fim do século XVIII e começo do século XIX, período em que as guerras industriais, convencionais e em larga escala entre Estados foram forjadas. Uma série de conflitos na segunda metade do século XIX e no século XX, como a Guerra Civil Americana (1861-1865), as Guerras de Unificação Alemã (1864-1871), as duas grandes guerras (1914-1918 e 1939-1945) e a Guerra do Vietnã (1955-1975), contribuiu para a criação e a manutenção desse arquétipo sobre a guerra (Smith, 2008b).

No entanto, há exatos 46 anos, depois de o Japão sofrer dois ataques nucleares, as características dos conflitos internacionais em larga escala começaram a mudar; a dissolução da União Soviética e a Guerra do Golfo – ambas em 1991 – foram eventos que protagonizaram tais transformações. Essa última guerra é considerada a "primeira guerra de informação", uma vez que o domínio de dados pela coalizão internacional levou à interdição das forças iraquianas antes que elas adquirissem um controle estratégico do território (Chapman, 2003). Para muitos estrategistas, tal conflito pareceu indicar que uma nova era tinha chegado e que ela impactaria diretamente a natureza da guerra.

A rápida vitória sobre o Exército Iraquiano confirmou a superioridade da tecnologia militar ocidental e o papel que ela poderia desempenhar como fator decisivo para alcançar o sucesso militar na guerra moderna (Thompson, 2011). Na Guerra do Golfo, a tecnologia de ponta empregada, como a discrição dos aviões furtivos, as bombas guiadas com precisão, os sensores avançados e o emprego da doutrina C4I (comando, controle, comunicações, computadores e inteligência), representou para aqueles que detinham esse tipo de recurso uma reconfiguração considerável da maneira de empreender confrontos (Thompson, 2011).

Essas mudanças resultaram em um significativo aumento no número de novas teses e discussões dedicadas a investigar a guerra moderna, assim como o conceito de guerra propriamente dito e a forma de condução dela (Caliskan, 2017). Consequentemente, uma abundância de definições veio à tona na área acadêmica nas três últimas décadas (1990-2020), com uma em particular destacando-se por ser uma evolução das concepções que a antecederam: o conceito de guerra híbrida, que vislumbra o emprego de forças convencionais e não convencionais para o alcance dos objetivos políticos e está presente em várias obras que examinam os conflitos no século XXI, tais como as do americano William S. Lind (*On War* e *The Four Generations of Modern War*) e a da britânica Mary Kaldor (*New and Old Wars: Organized Violence in Global Era*).

Neste capítulo, objetivamos analisar a guerra híbrida, observando se, de fato, ela ilustra uma nova forma de guerrear e se o uso desse conceito é adequado quanto ao entendimento dos confrontos pós-Guerra Fria. Para atingirmos esse propósito, veremos, em primeiro lugar, como os debates sobre a natureza da guerra levaram à criação no ambiente acadêmico de termos/neologismos, a fim de designar elementos desse tipo de confronto, até chegarmos à guerra híbrida, esmiuçando, em segundo lugar, sua definição. Inicialmente, você, leitor, acompanhará o desenvolvimento de dois conceitos sobre a guerra moderna que surgiram após a Guerra Fria e ajudaram a balizar a construção da noção de guerra híbrida. O primeiro deles é o da *guerra de quarta geração*, expressão cunhada por William S. Lind ainda na década de 1990, quando tal autor classificou a guerra em gerações temporais. De acordo com Lind (2014), a quarta geração – a que vivemos atualmente – é composta pela descentralização da guerra, com o Estado, que por muito tempo deteve o monopólio da força, perdendo essa supremacia para grupos não estatais. Mais adiante, discorreremos sobre o segundo conceito que precede o de guerra híbrida: a chamada *guerra de três quarteirões*, idealizada pelo General Charles Krulak, a qual descreve o complexo campo de batalha e os novos desafios encarados pelos fuzileiros navais americanos no final da década de 1990.

Dessa forma, abordaremos essas e outras noções que ajudaram a formular a teoria da guerra híbrida, proposta em 2007 pelo Tenente-Coronel Frank Hoffmann. Logo após, exploraremos tal teoria primeiro sob a luz de eventos recentes – no caso, o uso do *modus operandi* por parte da Rússia tanto na anexação da península da Crimeia em 2014 quanto na subsequente guerra no leste da Ucrânia, na região conhecida como Donbass – e depois através da lente de acadêmicos que já discorreram sobre o tema.

Na sequência, explicitaremos as falhas que o conceito de guerra híbrida encerra. Para isso, mostraremos que os eventos ocorridos na

Crimeia em 2014 evidenciaram uma série de fatores propiciadores da fácil conquista dessa península por parte dos russos e, ainda, traçaremos um paralelo entre este último fato e a anexação da Áustria pela Alemanha Nazista em 1938, evento cujas características se assemelham às daquele fato.

Por fim, analisaremos, fundamentados nos ensinamentos e teorias sobre a guerra do autor prussiano Carl von Clausewitz, o conceito de guerra híbrida e seus antecedentes teóricos. Apontaremos o equívoco de se criarem diversos neologismos ao se investigar a natureza da guerra, uma vez que essa prática, além de desviar o foco durante o estudo de um conflito, por vezes não tem respaldo de análises estratégicas, o que torna "perigoso" um planejamento estratégico a longo prazo nela alicerçado.

(12.1)
Interpretações sobre as transformações da conduta da guerra

É notório que a comunidade acadêmica subsiste mediante a promoção de ideias inéditas (Maximiano, 2015). De fato, a inalterabilidade das várias particularidades da guerra coloca em xeque os inúmeros novos pensamentos, referências e jargões, que a princípio parecem ousados e inovadores, mas no fim são apenas meros neologismos (Maximiano, 2015). Essas tipologias, antes de mais nada, buscam definir a guerra e sua natureza por meio de teorias em que a distinção de práticas contemporâneas na conduta da guerra se contrapõe àquelas das guerras convencionais do século XX (Caliskan, 2017).

Entre os conceitos sobre a guerra contemporânea, um foi bastante difundido nos anos 1990: a guerra de quarta geração, perspectiva concebida pelo autor americano William S. Lind, que classificou os conflitos em quatro gerações temporais, na tentativa de descrever as novas dinâmicas e tendências na conduta da guerra no final do século XX. A primeira dessas gerações refere-se às manobras e às formações no campo de batalha do ano de 1660, passando pelo uso maciço da força humana, caracterizado, nesse período, tanto pelas Guerras Napoleônicas (1803-1815) e sua *levée en masse* quanto pela Guerra Civil Americana (1861-1865).

A segunda geração foi marcada pelo aumento do poder de fogo dos beligerantes e teve como expoente o Exército Francês durante e depois da Primeira Guerra Mundial, o qual visou a aprimorar a mobilidade tática e o poder de fogo por meio do uso da artilharia indireta. A terceira geração também se originou na Primeira Guerra, quando os exércitos buscaram meios de recompor a manobrabilidade perdida nas trincheiras. Nesse sentido, destacaram-se as táticas dos *stormtroopers*[2] alemães na Batalha de Caporetto em 1917 e as ofensivas alemãs no ano seguinte na frente ocidental, ambas caracterizadas pelo uso da velocidade e da surpresa contra o oponente (Gray, 2007a).

E, finalmente, a quarta geração representa, de acordo com Lind (2014), os embates que presenciamos na atualidade, em que não há uma linha segura entre guerra e paz. Nessa geração, o mundo estaria presenciando uma situação em que o Estado-nação – que deteve o monopólio da guerra desde o Tratado da Westphalia em 1648 – é cada vez mais desafiado por atores não estatais, como terroristas e guerrilheiros. Trata-se de uma forma de insurgência moderna em que o uso de todas as ferramentas disponíveis, tanto militares como econômicas, sociais e até políticas, é implementado para convencer

---

2 Stormtroopers, *traduzido para o português como "tropas de choque", foram soldados alemães de elite da Primeira Guerra Mundial conhecidos por suas novas táticas de infiltração em trincheiras inimigas.*

a tomada de decisão de um oponente, e os objetivos estratégicos do Estado são invariáveis ou muito onerosos (Echevarria, 2005). Alguns dos proponentes dessa teoria de Lind defendem que ela é apenas um "veículo", algo que suscita o debate e, consequentemente, a correção de condutas erradas e de deficiências na doutrina, treino e organização por parte do Exército Americano. O Quadro 12.1 sintetiza os conceitos das quatro gerações da guerra.

Quadro 12.1 – Guerra e suas gerações de acordo com William S. Lind

1ª Geração	Compreendeu o período entre 1648-1814 e caracteriza-se pela *levée en masse* da era napoleônica e pela disposição das tropas no campo de batalha, com colunas de soldados lutando de maneira organizada e em espaço aberto. Tal conjuntura mudou em virtude do avanço da tecnologia, pois o advento de novas armas promoveu a criação de outras táticas de batalha.
2ª Geração	Ocorreu mediante a atuação do Exército Francês na Primeira Guerra Mundial e o foco que ele dedicou à coordenação do poder de fogo contra o inimigo.
3ª Geração	Também se originou durante a Primeira Guerra Mundial, porém agora com os alemães e sua guerra de manobra, com ênfase na velocidade e na iniciativa.
4ª Geração	É marcada pela perda do monopólio da força por parte do Estado para grupos não estatais.

Fonte: Elaborado com base em Lind, 2014.

Conforme apontado por Echevarria (2005), a teoria em questão é falha em vários aspectos. Quando se atribuem as mudanças na conduta da guerra a gerações, isso implica que cada fase evoluiu a partir da experiência da anterior, o que não é verdadeiro nesse caso. O poder de fogo, por exemplo, que desempenhou relevante papel na segunda geração, também foi elemento decisivo tanto no fim do século XIX como na Guerra do Vietnã. De igual modo, a insurgência, característica relacionada à quarta geração, sempre ocorreu na história estratégica militar (Echevarria, 2005).

Além da perspectiva de Lind, o final dos anos 1990 também presenciou o surgimento de mais termos e referências para a conduta da guerra. Em 1997, nos EUA, o General Charles Krulak cunhou o termo *guerra dos três quarteirões*, um conceito-metáfora para ilustrar os desafios do campo de batalha moderno que os fuzileiros navais americanos enfrentavam em países subdesenvolvidos como a Somália e a ex-Iugoslávia. Assim Krulak descreve sua concepção:

> *Em um momento, nossos membros em serviço estarão alimentando e vestindo refugiados deslocados, fornecendo assistência humanitária. No próximo momento, eles conterão duas tribos guerreiras – realizando operações de manutenção da paz – e, finalmente, estarão lutando uma batalha de média intensidade e muito letal – tudo no mesmo dia, tudo dentro de três quarteirões da cidade. Será o que chamamos de "Guerra dos Três Quarteirões".* (Krulak, 1997, citado por Collins, 2004, p. 61, tradução nossa)

A princípio, o termo não ganhou nenhuma notoriedade expressiva, nem mesmo no Corpo de Fuzileiros Navais Americanos, do qual o General Krulak foi comandante de 1995 a 1999 (Dorn; Varey, 2009). No entanto, em 2005, o General James Mattis e o Tenente-Coronel Frank Hoffman, pegando um gancho na teoria de Krulak, adicionaram mais um quarteirão (em vez de manter os três pensados por Krulak), contemplando agora os aspectos psicológicos da guerra e as operações de informação realizadas durante os conflitos. No artigo "Guerra do futuro: a ascensão das guerras híbridas", esses autores afirmam que o planejamento de cenários de defesa e o planejamento de força dentro do Exército Americano estavam ainda focados na conduta da guerra no estilo tradicional ou convencional, algo já ultrapassado e que, não obstante a evidente superioridade bélica americana[3], criava um flanco exposto e uma lógica convincente para que atores estatais e não estatais fugissem dos conflitos tradicionais e buscassem combinações tecnológicas e táticas a fim de ganhar certa vantagem no confronto (Mattis; Hoffman, 2005).

Apesar de negarem que os conflitos entre atores estatais haviam desaparecido do cenário global, os dois teóricos acreditavam na possibilidade de o quantitativo de oponentes irregulares com métodos também irregulares, como terrorismo, insurgência e coerção por meio de narcocriminosos, aumentar exponencialmente, tornando-se, assim, a próxima ameaça que os EUA enfrentariam no cenário internacional. Nessa direção, aqueles oponentes buscariam explorar vantagens táticas em um momento e lugar de sua escolha, em vez de "jogarem" de acordo com as regras convencionais. Mais adiante, tais grupos irregulares procurariam acumular uma série de pequenos feitos táticos e engrandecê-los mediante a cobertura da mídia e a guerra de informações, enfraquecendo a resolução dos EUA no conflito (Dorn; Varey, 2009).

Mattis e Hoffman (2005, p. 19, tradução nossa) afirmam esperar que

> *futuros inimigos vejam as quatro abordagens como uma espécie de menu e selecionem uma combinação de técnicas ou táticas atraentes para eles. Nós não enfrentamos uma série de quatro oponentes separados, tanto quanto a combinação de novas abordagens – uma fusão de diferentes*

---

3 *Importante notar que, apesar da crítica a William S. Lind e suas gerações da guerra, o autor reconhece que o Exército Americano no século XXI ainda estava treinado e doutrinado para uma guerra convencional.*

modos e meios de guerra. Essa síntese sem precedentes é o que chamamos de Guerra Híbrida.

A união das principais ideias designadas pelos dois termos aqui examinados delineou a estrutura para o surgimento da expressão *guerra híbrida*, que ganhou destaque em 2007 quando Hoffman escreveu um artigo intitulado "Conflitos no século XXI: o crescimento das guerras híbridas", no qual discute os novos desafios do uso da força em um mundo pós-Guerra Fria. No texto, Hoffman defende que os conflitos estatais – tão presentes no século XX – iriam ser substituídos pelas guerras híbridas e pelos conflitos de caráter assimétrico, nos quais não haveria uma clara distinção entre soldados e civis e que ainda contariam com o emprego de violência organizada, crime e terror. Na sequência, o autor define *guerras híbridas* como confrontos em que há o uso combinado de instrumentos de poder – incluindo forças convencionais, táticas de natureza irregular, coerção por meio de atos terroristas e desordem criminal – para atingir efeitos sinérgicos nas dimensões física e psicológica desse embate, promovendo, assim, o alcance do objetivo estratégico (Hoffman, 2007).

Ainda de acordo com Hoffman, baseando-se nas operações do Hezbollah[4] contra as forças israelenses na Segunda Guerra do Líbano em 2006, a guerra híbrida é uma construção analítica adequada para explicar o sucesso alcançado por oponentes não estatais contra forças militares convencionais em um ambiente moderno de combate. Conforme o autor,

---

4   O *Hezbollah*, que em árabe significa "Partido de Deus", é um partido político islâmico e, ao mesmo tempo, um grupo paramilitar que surgiu em 1982 durante a Guerra Civil Libanesa.

A fusão de milícias militares, combatentes especialmente treinados e grupos antitanque com mísseis guiados corroboram o caso, como também o uso pelo Hezbollah de modernas operações de informações e inteligência, arsenal de foguetes para uso tático e operacional e mortais mísseis antinavio. Os líderes do Hezbollah descrevem sua força como um cruzamento entre um exército convencional e uma força de guerrilha, e acreditam ter desenvolvido um novo modelo. (Hoffman, 2009, p. 5, tradução nossa)

O segundo trabalho de Hoffman, em 2007, inflamou o debate intelectual quanto à guerra híbrida (Fridman, 2017), fomentando, por conseguinte, a articulação de quatro distintos grupos acadêmicos dedicados ao estudo do referido conceito. O primeiro grupo, enraizado nos círculos militares dos EUA e alicerçado na teoria de Hoffman, continuou a desenvolver o fundamento teórico e conceitual da guerra híbrida. O segundo grupo, com sua maioria também proveniente do Exército dos EUA, dedica-se ao estudo da experiência militar contemporânea, argumentando que a guerra híbrida é, de fato, um conceito novo para a compreensão da segurança do século XXI. O terceiro grupo compilou as descobertas dos dois primeiros grupos com o objetivo de reproduzir recomendações práticas para as futuras forças militares. Já o último grupo, composto principalmente de historiadores militares e estrategistas, é o mais cético, e seus integrantes argumentam que o entendimento propiciado pela noção de guerra híbrida é insuficiente para elucidar fatos da realidade, isto é, pouco contribui para isso, portanto não deveria ser concebido como um conceito de fato (Fridman, 2017).

Nos anos seguintes, a guerra híbrida adquiriu ainda mais proeminência nas já citadas discussões, e essa expressão passou a ser usada, a partir de então, para fazer referência ao uso de diversos métodos de guerra, militares e não militares, como terrorismo, insurgência, coerção econômica e criminalidade, bem como à extensiva execução de operações de informação no ambiente geral do campo de batalha. Tal debate teve o fôlego renovado em razão dos incidentes envolvendo Ucrânia e Rússia no início de 2014 – a anexação da Crimeia e o conflito não declarado no leste ucraniano: Afinal, a prática da guerra híbrida constituía ou não um novo modelo operacional para se alcançarem objetivos políticos? Muitos estudiosos – como Andrew Fevery em seu livro *Hybrid Warfare: Secrets of Revolution* e o capitão do Exército Australiano Nicholas Barber em seu artigo intitulado "A Warning from the Crimea: Hybrid Warfare and the Challenge for the ADF" – descreveram tais incidentes como casos clássicos de guerra híbrida.

(12.2)
Guerra civil no leste da Ucrânia: um caso de guerra híbrida?

O envolvimento da Rússia na política interna ucraniana é uma constante desde o fim da União Soviética, visto que tal nação vizinha é percebida como componente crítico da segurança estratégica russa. A suspensão da assinatura para aproximação entre Kiev, capital da Ucrânia, e União Europeia em novembro de 2013 gerou uma série de protestos, conhecidos como *Euromaidan*, que resultou na renúncia do presidente ucraniano Viktor Yanukovych e sua fuga do país. As consequências dessas manifestações frustraram o Kremlin, que não poderia reverter a situação, porém conseguiria paralisar o país vizinho por certo tempo enquanto reafirmava seu papel político-estratégico na região (Yekelchyk, 2015).

Assim, a Rússia conduziu, a partir de fevereiro de 2014, duas fases bem distintas de operações na Ucrânia: a anexação relâmpago da

Crimeia e a contínua invasão de Donbass, no leste ucraniano, paralela ao suporte a rebeldes separatistas na referida região (Kofman; Rojansky, 2015). A anexação da Crimeia – a princípio decorrente de uma operação militar secreta que combinou incerteza, desinformação e surpresa no nível operacional – foi alcançada também por meio de recursos mais conhecidos, como a guerra eletrônica e as forças convencionais, as quais completaram a anexação com a ocupação da península (Kofman; Rojansky, 2015). Nessa conjuntura, de acordo com Popescu (2015, tradução nossa), "não foi apenas fácil para a Rússia, simplesmente não houve esforço". Essa abordagem operacional levou muitos pesquisadores a concluir que os russos haviam desenvolvido um novo conceito para a arte da guerra e que esta se distinguia, por conseguinte, substancialmente dos velhos padrões do uso da força que a história já havia presenciado (Jones, 2014).

A anexação da Crimeia e a conduta russa durante tal operação causaram surpresa na comunidade internacional, já que essa postura estabeleceu nítido contraste em relação às últimas intervenções militares efetuadas pela Rússia. As duas campanhas da Chechênia (1994-1996 e 1999-2000) e da Geórgia (2008), por exemplo, foram duramente criticadas em virtude da má execução das operações, do emprego excessivo da força, da falta de coordenação de contingentes, do uso de equipamentos obsoletos e, por fim, da insatisfatória aplicação da estratégia (Renz; Smith, 2016). Já na Crimeia, pouco mais de um mês havia se passado desde o início das ações, quando o conselho local da cidade de Sevastopol colocou um cidadão russo como prefeito da cidade, até o dia 18 de março de 2014, momento em que o presidente russo Vladimir Putin assinou uma emenda à Constituição Russa que admitiu a República da Crimeia e a cidade federal de Sevastopol como elementos da Federação Russa. Nesse ínterim, soldados aparentemente profissionais – comumente conhecidos como "homens verdes" –, vestidos em uniformes de combate, porém sem insígnias, tomaram *checkpoints* e pontos estratégicos da península, como aeroportos, prédios governamentais, estações de rádio e de TV (Renz; Smith, 2016).

Na ausência de uma ameaça direta, os russos lançaram mão de meios não convencionais como propaganda, desinformação e decepção para influenciar as audiências internas e externas. Dessa forma, a máquina de propaganda russa difundiu que os protestos ucranianos eram, na verdade, cometidos por serviços de inteligência ocidentais e que o governo ucraniano era fascista e antissemita. Além disso, propagou a ideia de que não havia nenhuma invasão à Crimeia, mas apenas um genuíno e legítimo movimento pró-anexação conduzido por grupos simpáticos à Rússia e sua cultura. Redes de televisão russas e a internet foram usadas constantemente para promover o suporte às ações na Crimeia, reforçando ainda mais a tese de que Moscou deveria proteger os grupos étnicos russos na região e que o novo governo ucraniano era antirrusso (Iasiello, 2017). Analisando-se os fatos, é possível notar que a tomada da península da Crimeia foi o mesmo que uma infiltração.

De acordo com a analista polonesa Jolanta Darczewska (2014, p. 5, tradução nossa),

A operação na Crimeia serviu como pretexto para a Rússia demonstrar ao mundo sua potencial capacidade na guerra de informação. Seu objetivo é usar métodos de difícil detecção para subordinar as elites e as sociedades em outros países, fazendo uso de vários tipos de canais secretos e abertos (serviços secretos, diplomacia e mídia), de impacto psicológico e de sabotagem ideológica e política.

O bem-sucedido uso de instrumentos não militares e de informação na anexação da Crimeia foi o principal motivo pelo qual o rótulo de *guerra híbrida* ganhou tanta força nos círculos de debate acadêmicos (Renz; Smith, 2016). Para Wesley Clark e Jack Keane (2018), do *The Washington Times*, a Rússia realizou uma guerra híbrida contra a Ucrânia e conquistou a península da Crimeia. Já segundo analistas, a Rússia estaria, na verdade, conduzindo uma guerra híbrida contra o Ocidente (Renz; Smith, 2016); contudo, o que tratam como guerra híbrida é tão somente o uso por parte da Rússia de vários canais de comunicação (mídias tradicionais, mídias sociais e discursos políticos) para influenciar a opinião pública e os processos de decisão política de outros países, o que também inclui ações de espionagem. Outros analistas consideram como guerra híbrida situações em que aviões militares voam perto do espaço aéreo de outros países. O fato é que todas essas ações/recursos já haviam ocorrido outras vezes muito antes da investida russa. Por fim, de acordo com o *The Economist*, influente jornal britânico, a guerra híbrida é o método preferido de Vladimir Putin quando se trata de geopolítica, e o maior medo da Organização do Tratado do Atlântico Norte (Otan) é o Kremlin utilizar esse método contra um dos países-membros da organização (From Cold..., 2015). Comprovou essa preocupação o depoimento de Jens Stoltenberg, secretário-geral da Otan, em um seminário em março de 2015:

> *Os russos vêm usando soldados por procuração, forças especiais descaracterizadas, intimidação e propaganda, tudo isso como forma de aumentar a confusão; para obscurecer seu real propósito na Ucrânia e causar um ar de negação sobre o fato. Portanto, a Otan deve estar preparada para lidar com todos esses aspectos desta nova realidade. E isso significa que devemos prestar atenção em como nos preparamos para deter e, se necessário, nos defender da guerra híbrida.* (Freedman, 2017, p. 225, tradução nossa)

Após a anexação da Crimeia, alguns pesquisadores tentaram traçar as origens da nova abordagem russa e estabelecer uma conexão entre os escritos e os discursos de pensadores militares nos últimos anos antes do conflito na Ucrânia. O discurso do General Valery Gerasimov para a Academia de Ciências Militares russa em janeiro de 2013, por exemplo – publicado pelo jornal *Military-Industrial Kurier* em fevereiro do mesmo ano sob o título "O valor da ciência está na previsão" –, chamou de imediato a atenção de estudiosos da temática aqui abordada. Em seu discurso, o general afirma:

> *No século 21, vimos uma tendência de desfocar as linhas entre os estados de guerra e paz. As guerras não são mais declaradas e, tendo começado, procedem de acordo com um modelo desconhecido.*
>
> *A experiência dos conflitos militares – incluindo aqueles relacionados com as chamadas revoluções coloridas no norte da África e no Oriente Médio – confirmam que um estado perfeitamente próspero pode, em questão de meses e até dias, ser transformado em uma arena de conflito armado feroz, tornar-se vítima de intervenção estrangeira e afundar em uma rede de caos, catástrofe humanitária e guerra civil.*
>
> *[...]*
>
> *[...] O papel dos meios não militares de alcançar os objetivos políticos e estratégicos cresceu e, em muitos casos, ultrapassou o poder das armas em sua eficácia.*
>
> *[...] O foco dos métodos aplicados nos conflitos alterou-se na direção do amplo uso de outros meios, como político, econômico, informativo, humanitário e outros métodos não militares, aplicados em coordenação com o protesto da sociedade.*

> *Tudo isso é complementado com o uso de meios militares em um caráter discreto, incluindo a realização de ações de informação e de Forças Especiais. O uso aberto de forças – geralmente sob o pretexto de manutenção da paz e regularização de crise – acontece até certo estágio no conflito, geralmente com o objetivo de consolidar o sucesso no conflito.* (Gerasimov, 2013, citado por Galeotti, 2014, tradução nossa)

Apesar de não citar a guerra híbrida propriamente em seu discurso, Gerasimov rapidamente se tornou, nas palavras de Snegovaya (2015), a "face da guerra híbrida". No entanto, a fala do general russo se referia, na verdade, à Primavera Árabe, à intervenção militar na Líbia por parte da Otan e às novas tendências de conduta da guerra por parte do Ocidente, iniciadas, ainda conforme Gerasimov, com a Guerra do Golfo, em 1991 (Renz; Smith, 2016). Para Bartles (2016), em vez de projetar uma doutrina russa para futuras operações, o referido general, na realidade, enfatizou os métodos não militares como sendo as principais ameaças à soberania da Rússia, resultado dos movimentos sociais e políticos financiados pelos EUA, como a Primavera Árabe e as Revoluções Coloridas.

Assim como no caso do discurso de Gerasimov, houve uma interpretação equivocada, por parte de estudiosos, quanto à guerra híbrida. Com relação ao sucesso obtido na Crimeia, que, como vimos, alguns alegam ser consequência daquele tipo de abordagem teórica (Neville, 2015), é importante analisar o contexto da situação, de modo a "decifrar as origens, o significado, a característica e as consequências da guerra" (Gray, 2007a, p. 55, tradução nossa). Nesse caso, não houve a aplicação de nenhuma fórmula miraculosa para se atingir a vitória, mas o aproveitamento de uma série de fatores, entre os quais podemos citar a fraca liderança política da Ucrânia no momento da crise; o vasto elemento civil pró-Rússia dando suporte à anexação;

a presença de instalações militares que permitiram às forças especiais ter uma presença maior na área de operações; e a completa falta de reação militar por parte da Ucrânia e da comunidade internacional (Renz; Smith, 2016).

O contexto da rápida anexação da Crimeia mediante o uso combinado de meios convencionais e não convencionais remete ao *Anschluss* ("anexação", "união"), isto é, a anexação político-militar da Áustria em 1938 por parte da Alemanha Nazista. Algumas circunstâncias desses dois eventos são bem semelhantes, como o largo elemento pró-Alemanha na Áustria que apoiou a anexação, "fusão" que, na época, seria impossível sem esse suporte austríaco (Neville, 2015). O igual suporte alemão ao partido nazista austríaco, a instauração de certas medidas econômicas que sufocaram a economia austríaca, o poder da grande máquina propagandística nazista, que disseminava informações facilmente através do rádio, de jornais e de panfletos, além das forças convencionais, tudo isso foi usado por Adolf Hitler para concretizar seu objetivo estratégico: reinserir a Áustria na grande Alemanha (Neville, 2015).

Como observado, o *modus operandi* da Rússia na Ucrânia dificilmente pode ser taxado como algo novo na conduta da guerra. Ou seja, o emprego combinado de recursos convencionais e não convencionais com vistas a dado objetivo estratégico é tão antigo como a própria guerra em si e não é, evidentemente, uma invenção russa. Desde os eventos na Crimeia, como apontamos antes, o termo *guerra híbrida* tornou-se uma conveniente referência para aqueles que desejam descrever a guerra moderna em que há aquela fusão de recursos. Porém, o termo em si é tão amplo e vago que suscitou inúmeras críticas. O chefe do Departamento de Defesa da RUSI e veterano da Força Aérea Real Jock Stirrup (2009, citado por Seely, 2017), por exemplo, considera que, pela definição desse termo, toda guerra seria híbrida.

Já Ruslan Pukhov, diretor do Centro de Análises de Estratégias e Tecnologias em Moscou, argumenta que as ações russas na Ucrânia nada mais foram do que a aplicação do conjunto padrão de meios de qualquer operação de baixa intensidade, o que ocorreu não só nas últimas décadas, mas nos últimos séculos. Entende ainda que é difícil imaginar a aplicação da força convencional sem o uso de informação para moldar a opinião pública e internacional, meios econômicos como bloqueios ou sanções e ações políticas e métodos de guerra secreta para manipular e derrotar o inimigo. Pukhov assinala, por fim, que essa conduta de confrontos faz parte do "alfabeto" de qualquer guerra desde a Antiguidade (Seely, 2017). Ainda quanto às críticas ao termo *guerra híbrida*, o especialista em inteligência e segurança e professor da Universidade de Glasgow Damien van Puyvelde (2015) destaca que, se qualquer conflito que não se limitar a uma forma ou dimensão na guerra for considerado híbrido, aquela expressão perderá seu valor e causará confusão ao invés de clarificar a situação.

O historiador militar Basil Liddell Hart é conhecido por ter desenvolvido o conceito denominado *grande estratégia*, isto é, o emprego intencional de todos os instrumentos de poder disponíveis a uma comunidade de segurança na busca por atingir seu objetivo estratégico (Gray, 2007a). Meios como a diplomacia e o bloqueio naval – como o empreendido por Napoleão Bonaparte contra o Império Britânico com o intuito de estrangular a economia inglesa no século XIX – são exemplos citados por Liddell para demonstrar modos de se engajar um inimigo em áreas onde ele menos espera (Mason, 1970). Indiscutivelmente, a tentativa da Rússia de engajar a Ucrânia por meio de métodos não convencionais reflete no uso por parte do país de ferramentas de poder que são integradas à estratégia nacional (Seely, 2017).

É importante notar que, no contexto da história militar-estratégica, o termo *guerra híbrida*, como os outros já citados ao longo deste capítulo, refere-se a apenas mais um conceito por meio do qual se promete oferecer uma nova fórmula milagrosa para se vencer uma guerra. Nesse sentido, a ideia de novas receitas e conceitos militares promovendo êxito em qualquer conflito esbarra no erro comum de se atentar para as abordagens e as doutrinas operacionais em detrimento da própria estratégia, negligenciando-se o fato de que o sucesso dela é completamente dependente da conjuntura de cada situação. O autor Hew Strachan (2003) define esse fenômeno como "astratégico".

Por fim, as críticas quanto à questão aqui exposta prosseguem quando se considera o perigo de usar certos termos como novas fórmulas da vitória. Conforme observa Echevarria, novas designações e conceitos são úteis para direcionar a atenção dos políticos para os novos desafios na segurança internacional. Todavia, em virtude dessa tendência, corre-se também o risco de se definirem tipos de guerra contemporânea não alicerçados em análises estratégicas, incorporando-se, consequentemente, definições contraprodutivas em um planejamento estratégico a longo prazo (Renz; Smith, 2016).

(12.3)
ANALISANDO A GUERRA HÍBRIDA À LUZ DOS CONCEITOS DE CARL VON CLAUSEWITZ

A guerra híbrida, à semelhança dos conceitos que lhe antecederam e que já mencionamos nesta obra, está atualmente vinculada a uma corrente de pensamento que remete às "novas guerras" e, de acordo com alguns autores, como Mary Kaldor, William Lind e Frank Hoffman, essa concepção colaborou significativamente para se entender o porquê de a superioridade militar convencional ter pouco impacto em guerras civis ou contrainsurgências. O ponto principal dessa teoria é que as características fundamentais da guerra e sua natureza estão sujeitas a mudanças, tornando possível que conflitos armados se desenvolvam através de várias fases distintas (Schuurman, 2010). Essa proposição entra em direta contradição com o renomadíssimo trabalho do autor prussiano Carl von Clausewitz.

A autora Mary Kaldor, uma das maiores simpatizantes do conceito de "novas guerras", rejeita a teoria de Clausewitz e a ideia da natureza da guerra como uma trindade paradoxal, argumentando que o Estado não é o ator principal nos conflitos, sendo este substituído por grupos relacionados em termos de etnia, tribo ou religião, e que essas forças, ou seja, Estado e novos grupos, raramente lutam entre si em um encontro decisivo (Duyvesteyn; Ansgtrom, 2005). Kaldor e outros autores refletem a tendência de entender que os desenvolvimentos modernos provocam mudanças significativas na guerra e em sua natureza, constituindo-se, assim, uma transgressão ao "velho" conceito clausewitziano.

As teorias atuais da guerra são, na maioria dos casos, frutos da perspectiva clausewitziana (Gray, 2007a). Clausewitz (1984) investigou a guerra e sua natureza, concluindo, primeiro, que ela é formada por uma trindade (povo, Forças Armadas e governo) e, segundo, que é uma forma de violência organizada motivada por fins políticos. Segundo ele, a guerra

> *é mais do que um verdadeiro camaleão, que adapta um pouco suas características a uma determinada situação. Como um fenômeno total, suas tendências predominantes sempre tornam a guerra uma trindade paradoxal – composta da violência, do ódio e da inimizade primordiais, que devem ser vistos como uma força natural cega; do jogo do acaso e da probabilidade, no qual o espírito criativo está livre para vagar; e de seu*

elemento de subordinação, como um instrumento da política, que a torna sujeita apenas à razão.

O primeiro desses três aspectos diz respeito principalmente às pessoas; o segundo ao comandante e ao seu exército; o terceiro ao governo. (Clausewitz, 1984, p. 89, tradução nossa)

Os defensores do conceito de "novas guerras" afirmam que os conflitos pós-Guerra Fria romperam com o pensamento de Carl von Clausewitz, já que o modelo triádico do autor prussiano pressupõe guerras travadas apenas por Estados, algo que não condiz com a realidade das últimas décadas (Schuurman, 2010). Contudo, Clausewitz apontou que cada instituição de sua trindade paradoxal se apresentou de diversas formas com o passar do tempo; o termo *governo*, por exemplo, é definido por ele como um "aglomerado de forças vagamente associadas" (Clausewitz, 1984, p. 588, tradução nossa), o que pode corresponder a um chefe de Estado ou até mesmo a um chefe tribal. Isso mostra que as tentativas de inabilitar ou refutar a teoria da guerra proposta por Clausewitz esbarram em problemas diversos, os quais atrapalham a análise de sua obra e a percepção da importância dela para os estudos estratégicos e da guerra, que é bastante notória nos círculos dos estudos de defesa.

De acordo com o autor Marcelo Oliveira Lopes Serrano (2013, p. 65),

Além de historiador e general, outra característica de Clausewitz era a sua inclinação à reflexão filosófica, que deixou impressão marcante em sua obra. Clausewitz explora os limites filosóficos da guerra como fenômeno em si mesmo, isolado de qualquer outra influência além de suas forças intrínsecas, ou seja, busca vislumbrar, em sentido platônico, a noção da guerra ideal, que ele denomina absoluta. A partir desta argumentação abstrata, Clausewitz analisa como as forças da realidade intervêm, neutralizando os mecanismos de ascensão aos extremos e impedindo as guerras reais de tornarem-se absolutas.

Os proponentes dessas novas fórmulas e seus respectivos conceitos parecem se esquecer dos ensinamentos de Carl von Clausewitz e ignorar a história estratégica, consequentemente falhando em analisar a guerra da forma como ela deve ser vista, isto é, como um duelo em larga escala em que cada oponente tenta impor sua vontade ao outro (Clausewitz, 1984). Além disso, a guerra consiste em um misto constante de alcance do objetivo político, incerteza e "condições permanentemente cambiantes mediante o emprego da violência legitimada por paixões orientadas pela razão" (Maximiano, 2015, p. 13).

Clausewitz afirmou ainda que a guerra apresenta duas naturezas: objetiva e subjetiva. A primeira consiste nos aspectos comuns a todos os conflitos em qualquer época da história estratégica, isto é, elementos gerais que são universais, nos quais todos os teóricos deveriam apoiar-se, como a guerra como ato político ou o uso da violência em sua condução. Já a natureza subjetiva da guerra compreende os detalhes mutáveis e variáveis dos confrontos (Clausewitz, 1984). Em outras palavras, essa definição mostra que guerra é guerra em todos os períodos da história, entre todos os tipos de beligerantes e independentemente do armamento ou da tática contemporânea aplicada. Dessa forma, a perspectiva clausewitziana comprova que a guerra híbrida e demais conceitos da linha de pensamento das "novas guerras" não têm o apelo necessário para serem validados e, por isso, não devem configurar-se como uma teoria útil. De fato, as guerras dos últimos 200 anos constituíram-se de várias formas, porém parte de sua natureza permanece igual.

Considerações finais

Todos os estudos a respeito das guerras modernas são pertinentes quando buscam esclarecer as mudanças da natureza subjetiva delas. Todavia, no momento em que tais pesquisas tentam delinear novas teorias necessariamente contrárias à clausewitziana, sem satisfatória compreensão dessa última perspectiva, acabam por desviar o foco principal na análise de um conflito. Como apontado antes, o conceito de guerra híbrida não é uma ferramenta analítica de conflitos contemporâneos adequada, não está em conformidade com a teoria da guerra clausewitziana e muito menos elucida a conduta russa na Crimeia em 2014. Esse último evento suscitou a associação entre guerra híbrida e práticas combinadas de meios convencionais e não convencionais, sendo esse termo frequentemente empregado para fazer referência a todas as condutas russas recentes. Nesse sentido, o conceito de guerra híbrida acarretou mais prejuízos à compreensão dos desenvolvimentos da conduta da guerra contemporânea e da política estratégica de países como a Rússia do que contribuições, pois não explica o sucesso da operação militar do país na Crimeia, além de não contemplar adequadamente o conteúdo e a direção militar em curso na região de Donbass para a submissão da Ucrânia.

Síntese

Neste capítulo, apresentamos o debate sobre a guerra híbrida a partir dos acontecimentos na Ucrânia em 2014. Em outras palavras, a anexação da Crimeia pela Rússia reacendeu a discussão sobre a guerra e sua natureza, levando muitos estudiosos a se referirem àquele fato como um exemplo perfeito do emprego do conceito de guerra híbrida e como um caso ilustrativo de uma nova arte da guerra. No entanto, mediante evidências teóricas e históricas aqui explanadas, demonstramos que *guerra híbrida* é apenas mais um entre diversos termos que surgiram como uma tentativa errônea de definir a guerra contemporânea.

Considerações finais

Como abordamos ao longo desta obra, a disciplina de Estudos Estratégicos ressurgiu nos meios acadêmicos para elucidar questões imprescindíveis sobre guerra, emprego da força, interesse e poder nas relações internacionais. Durante os anos 1990 e 2000, houve um aumento considerável dos estudos de segurança tanto no exterior como no Brasil, os quais incorporaram perspectivas mais amplas, como segurança humana e ambiental. Muitos acadêmicos defendem que os estudos estratégicos deveriam ser um subcampo da segurança internacional; entretanto, acreditamos que essa área merece um lugar próprio.

Ciente do fato de que essa área foi historicamente negligenciada no país e da necessidade de incluí-la nas discussões empreendidas no âmbito dos cursos de Relações Internacionais, a Associação Brasileira de Relações Internacionais (Abri) recomendou a inclusão da análise estratégica nas matrizes curriculares. Portanto, o presente livro foi elaborado para suprimir essa lacuna na realidade nacional.

Os estudos estratégicos e de segurança internacional apresentam um elemento de comunalidade: mesmo com agendas distintas, tratam da conduta da violência organizada no interior do espectro político. E, como vimos, a aplicação da força nas relações internacionais é algo presente desde os primórdios da humanidade.

O "retorno" desses estudos ao espaço do qual nunca deveriam ter saído, do debate no Brasil, reinaugurou uma agenda de pesquisa para os estudantes dos cursos de Relações Internacionais e Ciência Política e delineou novas perspectivas. Foi com a missão de evocar e fomentar os principais debates dos estudos estratégicos e suas conexões com as disciplinas dos cursos citados e demais áreas afins que produzimos esta obra. Por meio dela, focalizamos, em suma, as respostas dos Estados e de outros atores no ambiente de segurança internacional: se a segurança é a condição, a estratégia é o caminho para alcançá-la.

Referências

ACHEN, C. H.; SNIDAL, D. Rational Deterrence Theory and Comparative Case Studies. **World Politics**, v. 41, n. 2, p. 143-169, 1989. Disponível em: <http://www.robertthomson.info/wp-content/uploads/2010/11/achen_snidal_RDT_WP89.pdf>. Acesso em: 19 jun. 2020.

ADLER, E. Complex Deterrence in the Asymmetric-Warfare Era. In: PAUL, T. V.; MORGAN, P. M.; WIRTZ, J. J. (Ed.). **Complex Deterrence**: Strategy in the Global Age. Chicago: University of Chicago Press, 2009. p. 85-108.

ALLISON, G.; ZELIKOW, P. **Essence of Decision**: Explaining the Cuban Missile Crisis. New York: Longman, 1999.

ANDREWS, T. D. **Revolution and Evolution:** Understanding Dynamism in Military Affairs. Washington: National Defense University, 1998.

ANDRIGHETTO, F. Oficial explica por que o Brasil não usa o fuzil AK-47. **Folha de S. Paulo**, 25 fev. 2011. Disponível em: <http://www1.folha.uol.com.br/livrariadafolha/881291-oficial-explica-por-que-o-brasil-nao-usa-o-fuzil-ak-47-ouca.shtml>. Acesso em: 19 jun. 2020.

ANGSTROM, J.; WIDEN, J. J. **Contemporary Military Theory**: the Dynamics of War. London: Routledge, 2015.

ARAKAKI, H. T. O Estado-Maior do Exército e a doutrina. **Doutrina Militar Terrestre**, v. 3, n. 7, p. 36-47, 2015. Disponível em: <http://ebrevistas.eb.mil.br/index.php/DMT/article/view/696/749>. Acesso em: 29 maio 2020.

ARMSTRONG, B. F. (Ed.). **21st Century Mahan**: Sound Military Conclusions for the Modern Era. Annapolis: Naval Institute Press, 2013.

ARON, R. **Pensar a guerra, Clausewitz**: a era planetária. Brasília: Ed. da UnB, 1986. (Coleção Pensamento Político, v. 2).

ARQUILLA, J.; RONFELDT, D. Cyberwar Is Coming! **Comparative Strategy**, v. 12, n. 2, p. 141-165, 1993.

ART, R. J. To What Ends Military Power? **International Security**, v. 4, n. 4, p. 3-35, 1980.

ASSIS, A. C. de O. **Amazônia Azul**: o patrimônio da geopolítica brasileira no mar? 65 f. Monografia (Graduação em Relações Internacionais) – Universidade Federal da Paraíba, João Pessoa, 2016. Disponível em: <https://repositorio.ufpb.br/jspui/bitstream/123456789/1475/1/ACO241016.pdf>. Acesso em: 28 maio 2020.

ATZILI, B.; PEARLMAN, W. Triadic Deterrence: Coercing Strength, Beaten by Weakness. **Security Studies**, v. 21, n. 2, p. 301-335, 2012.

BARTLES, C. K. Getting Gerasimov Right. **Military Review**, v. 96, p. 30-38, Jan./Feb. 2016. Disponível em: <https://community.apan.org/cfs-file/__key/docpreview-s/00-00-00-11-18/20151229-Bartles-_2D00_-Getting-Gerasimov-Right.pdf> Acesso em: 28 maio 2020.

BAYLIS, J.; WIRTZ, J. J.; GRAY, C. S. (Ed.). **Strategy in the Contemporary World**. 4. ed. Oxford: Oxford University Press, 2014.

BEAUFRE, A. **An Introduction to Strategy**. New York: Praeger, 1965.

BEAUFRE, A. **Introdução à estratégia**. Rio de Janeiro: BIBLIEx, 1998.

BEAUMONT, R. A. **Joint Military Operations**: a Short History. London: Greenwood, 1993.

BELLAMY, C. What Is Information Warfare? In: MATTHEWS, R.; TREDDENICK, J. (Ed.). **Managing the Revolution in Military Affairs**. New York: Palgrave, 2001. p. 56-75.

BENSON, B. Unified Land Operations: the Evolution of Army Doctrine for Success in the 21st Century. **Military Review**, p. 47-57, Mar./Apr. 2012. Disponível em: <https://pdfs.semanticscholar.org/4ec0/1f3e4c48375e8393db9379ef08500684060d.pdf>. Acesso em: 28 maio 2020.

BERGEN, P. L. **Procurado**: do 11 de Setembro ao ataque a Abbottabad, os dez anos de caça a Osama Bin Laden. Barueri: Amarilys, 2013.

BETZ, D. J.; STEVENS, T. Introduction. **Adelphi Series**, v. 51, n. 424, p. 9-34, 2011. Dossiê especial "Cyberspace and the State: Toward a Strategy for Cyber-Power".

BIDDLE, S. **Military Power**: Explaining Victory and Defeat in Modern Battle. Princeton: Princeton University Press, 2004.

BIDDLE, S. **Military Power**: Explaining Victory and Defeat in Modern Battle. Princeton: Princeton University Press. 2006.

BLACK, J. **War and Technology**. Bloomington: Indiana University Press, 2013.

BLOM, P. **Fracture**: Life and Culture in the West, 1918-1938. New York: Basic Books, 2015.

BOOT, M. The Struggle to Transform the Military. **Foreign Affairs**, v. 84, n. 2, p. 103-118, Mar./Apr. 2005. Disponível em: <jstor.org/stable/20034279?read-now=1&seq=1#page_scan_tab_contents>. Acesso em: 28 maio 2020.

BOOT, M. **War Made New**: Weapons, Warriors, and the Making of the Modern World. New York: Gotham Books, 2006.

BOOTH, K. **Navies and Foreign Policy (Routledge Revivals)**. New York: Routledge, 2014.

BOSTON DYNAMICS. **SpotMini**. 2018. Disponível em: <https://www.bostondynamics.com/spot-mini>. Acesso em: 10 fev. 2018.

BRACKEN, P. Net Assessment: a Practical Guide. **Parameters**, v. 36, n. 1, p. 90-100, Spring 2006. Disponível em: <http://www.comw.org/qdr/fulltext/06bracken.pdf>. Acesso em: 28 maio 2020.

BRAGA, C. da C. **A Guerra da Lagosta**. Rio de Janeiro: Serviço de Documentação da Marinha, 2004.

BRASIL. Constituição (1988). **Diário Oficial da União**, Brasília, DF, 5 out. 1988.

BRASIL. Decreto n. 1.265, de 11 de outubro de 1994. **Diário Oficial da União**, Poder Executivo, Brasília, DF, 13 out. 1994. Disponível em: <http://www.planalto.gov.br/ccivil_03/decreto/1990-1994/D1265.htm>. Acesso em: 19 jun. 2020.

BRASIL. Decreto-Lei n. 200, de 25 de fevereiro de 1967. **Diário Oficial da União**, Poder Executivo, Brasília, DF, 27 fev. 1967. Disponível em: <http://www.planalto.gov.br/ccivil_03/decreto-lei/del0200.htm>. Acesso em: 19 jun. 2020.

BRASIL. Lei Complementar n. 97, de 9 de junho de 1999. **Diário Oficial da União**, Poder Legislativo, Brasília, DF, 10 jun. 1999. Disponível em: <http://www.planalto.gov.br/ccivil_03/leis/lcp/lcp97.htm>. Acesso em: 19 jun. 2020.

BRASIL. Escritório de Projetos do Exército Brasileiro. **Astros 2020**. Disponível em: <http://www.epex.eb.mil.br/index.php/astros-2020>. Acesso em: 22 jul. 2020a.

BRASIL. Escritório de Projetos do Exército Brasileiro. **Defesa cibernética**. Disponível em: <http://www.epex.eb.mil.br/index.php/defesa-cibernetica/defesa-cibernetica>. Acesso em: 19 jun. 2020b.

BRASIL. Escritório de Projetos do Exército Brasileiro. **Integrando capacidades na vigilância e na atuação em nossas fronteiras**. Disponível em: <http://www.epex.eb.mil.br/index.php/sisfron>. Acesso em: 19 jun. 2020c.

BRASIL. Escritório de Projetos do Exército Brasileiro. **Programa Proteger**: Proteção da Sociedade. Disponível em: <http://www.epex.eb.mil.br/index.php/proteger>. Acesso em: 19 jun. 2020d.

BRASIL. Marinha do Brasil. Estado-Maior da Armada. **Doutrina Básica da Marinha**. Brasília, 2014. Disponível em: <http://www.consultaesic.cgu.gov.br/busca/dados/Lists/Pedido/Attachments/418525/RESPOSTA_PEDIDO_EMA-305_2014.pdf>. Acesso em: 19 jun. 2020.

BRASIL. Ministério da Defesa. **Estratégia Nacional de Defesa**. Brasília, 2008. Disponível em: <https://livroaberto.ibict.br/bitstream/1/605/2/Estrategia-Nacional-de-Defesa.pdf>. Acesso em: 19 jun. 2020.

BRASIL. Ministério da Defesa. **Livro Branco de Defesa Nacional**. Brasília, 2012a. Disponível em: <https://www.gov.br/defesa/pt-br/arquivos/estado_e_defesa/livro_branco/livrobranco.pdf>. Acesso em: 19 jun. 2020.

BRASIL. Ministério da Defesa. **Política Nacional de Defesa e Estratégia Nacional de Defesa**. Brasília, 2012b. Disponível em: <http://www.defesanet.com.br/defesa/noticia/32308/END-Estrategia-Nacional-de-Defesa/>. Acesso em: 19 jun. 2020.

BRASIL. Ministério da Defesa. Portaria n. 316, de 7 de fevereiro de 2012. **Diário Oficial da União**, Brasília, DF, 8 fev. 2012c. Disponível em: <https://www.normasbrasil.com.br/norma/portaria-316-2012_236606.html>. Acesso em: 19 jun. 2020.

BRASIL. Ministério da Defesa. Comando da Aeronáutica. Estado-Maior da Aeronáutica. **Concepção Estratégica Força Aérea 100**. Brasília, 2016. Disponível em: <https://www2.fab.mil.br/ecemar/index.php/coordenadoria-academica/cursos/category/47-documentos-didaticos?download=347:dca-11-45-concepcao-estrategica-forca-aerea-100-2016>. Acesso em: 29 maio 2020.

BRASIL. Ministério da Defesa. Exército Brasileiro. **Manual de campanha**: cooperação civil-militar. Brasília: Comando de Operações Terrestres, 2017.

BRASIL. Ministério da Defesa. Exército Brasileiro. Estado-Maior do Exército. Portaria n. 61, de 16 de fevereiro de 2005. **Boletim do Exército**, Brasília, DF, n. 7, 18 fev. 2005. Disponível em: <http://www.sgex.eb.mil.br/sistemas/be/copiar.php?codarquivo=112&act=bre>. Acesso em: 19 jun. 2020.

BRASIL. Ministério da Defesa. Exército Brasileiro. Estado-Maior do Exército. Portaria n. 134, de 10 de setembro de 2012. **Boletim do Exército**, Brasília, DF, n. 37, 14 set. 2012d. Disponível em: <http://www.sgex.eb.mil.br/sistemas/be/copiar.php?codarquivo=1089&act=bre>. Acesso em: 19 jun. 2020.

BRASIL. Ministério da Defesa. Exército Brasileiro. Estado-Maior do Exército. Portaria n. 1.253, de 5 de dezembro de 2013. **Boletim do Exército**, Brasília, DF, n. 51, 20 dez. 2013. Disponível em: <http://www.sgex.eb.mil.br/sistemas/be/copiar.php?codarquivo=1215&act=bre>. Acesso em: 19 jun. 2020.

BRASIL. Senado Federal. Decreto Legislativo n. 179, de 14 de dezembro de 2018. **Diário Oficial da União**, Brasília, DF, 17 dez. 2018. Disponível em: <http://legis.senado.leg.br/norma/30745258>. Acesso em: 19 jun. 2020.

BROAD, W. J.; MARKOFF, J.; SANGER, D. E. Israeli Test on Worm Called Crucial in Iran Nuclear Delay. **The New York Times**, 15 Jan. 2011.

BRODIE, B. (Ed.). **The Absolute Weapon**: Atomic Power and World Order. New York: Harcourt, 1946.

BRUCE, G. Definition of Terrorism: Social and Political Effects. **Journal of Military and Veterans' Health**, v. 21, n. 2, May 2013. Disponível em: <https://jmvh.org/article/definitionof-terrorism-social-and-political-effects/>. Acesso em: 29 maio 2020.

BRYANT, G. J. Asymmetric Warfare: the British Experience in Eighteenth-Century India. **Journal of Military History**, v. 68, n. 2, p. 431-469, 2004.

BULL, H. **A sociedade anárquica**: um estudo da ordem na política mundial. Brasília: Ed. da UnB/IPRI; São Paulo: Imprensa Oficial de São Paulo, 2002. (Clássicos IPRI, n. 5).

BUZAN, B.; HANSEN, L. **The Evolution of International Security Studies**. Cambridge: Cambridge University Press, 2009.

BUZAN, B.; WÆVER, O.; WILDE, J. de. **Security**: a New Framework for Analysis. Boulder: Lynne Rienner, 1998.

BYMAN, D. L.; WAXMAN, M. C. Kosovo and the Great Air Power Debate. **International Security**, v. 24, n. 4, p. 5-38, 2000. Disponível em: <https://scholarship.law.columbia.edu/cgi/viewcontent.cgi?article=3246&context=faculty_scholarship>. Acesso em: 29 maio 2020.

BYMAN, D. L.; WAXMAN, M. C.; LARSON, E. **Air Power as a Coercive Instrument**. Santa Monica: Rand, 1999.

CABLE, J. **Gunboat Diplomacy**: 1919-1991. 3. ed. Basingstoke: Palgrave Macmillan, 1994.

CADDICK, D. J. **Purple Haze**: Jointery and Its Limitations. Shrivenham: Joint Services Command and Staff College, 1999.

CAIDIN, M. **O exército do ar**: a história do comando estratégico aéreo. Rio de Janeiro: Record, 1965.

CALISKAN, M. **A Critique of Hybrid Warfare in the Light of Russia-Ukraine Crisis and Military Strategy**. 27 May 2017. Disponível em: <https://www.behorizon.org/a-critique-of-hybrid-warfare/>. Acesso em: 19 jun. 2020.

CALLADO, A. Miterrand ganhou a Guerra das Malvinas. **Folha de S. Paulo**, 21 set. 1996. Disponível em: <http://www1.folha.uol.com.br/fsp/1996/9/21/ilustrada/24.html>. Acesso em: 19 jun. 2020.

CAMPOS, A. M. Accountability: quando poderemos traduzi-la para o português? **Revista de Administração Pública**, v. 24, n. 2, p. 30-50, 1990. Disponível em: <http://bibliotecadigital.fgv.br/ojs/index.php/rap/article/view/9049/8182>. Acesso em: 19 jun. 2020.

CASTEX, R.; KIESLING, E. C. **Strategic Theories**. Annapolis: Naval Institute Press, 1994. (Classics of Sea Power).

CEBROWSKI, A. K. **Military Transformation**: a Strategic Approach. Washington: Office of Force Transformation, 2003.

CEBROWSKI, A. K.; GARSTKA, J. J. Network-Centric Warfare: Its Origins and Future. **Proceedings of the U.S. Naval Institute**, v. 124, n. 1, p. 28-35, 1998.

CHALMERS, M.; LUNN, S. **NATO's Tactical Nuclear Dilemma**. London: Rusi, 2010. Disponível em: <https://rusi.org/sites/default/files/201003_op_natos_tactical_nuclear_dilemma.pdf>. Acesso em: 19 jun. 2020.

CHAPMAN, G. An Introduction to the Revolution in Military Affair. In: AMALDI CONFERENCE ON PROBLEMS IN GLOBAL SECURITY, 15., 2003, Helsinki. Disponível em: <http://lincei-celebrazioni.it/rapporti/amaldi/papers/XV-Chapman.pdf>. Acesso em: 19 jun. 2020.

CHEDIAC, J. Twenty-five Years Ago: the 1991 Iraq Gulf War, America Bombs the "Highway of Death". **Global Research**, 4 Apr. 2016. Disponível em: <https://www.globalresearch.ca/twenty-five-years-ago-the-1991-iraq-gulf-war-america-bombs-the-highway-of-death/5518407>. Acesso em: 19 jun. 2020.

CHILD, J. Geopolitical Thinking in Latin America. **Latin American Research Review**, v. 14, n. 2, p. 89-111, 1979.

CLARK, W.; KEANE, J. Ukraine's Hybrid War. **Washington Times**, 6 Mar. 2018. Disponível em: <https://www.washingtontimes.com/news/2018/mar/6/ukraines-hybrid-war/>. Acesso em: 29 maio 2020.

CLARKE, R. A.; KNAKE, R. K. **Cyber War**: the Next Threat to National Security and What to Do About It. 2. ed. New York: HarperCollins, 2012.

CLARKE, R. A.; KNAKE, R. K. **Guerra cibernética**: a próxima ameaça à segurança e o que fazer a respeito. Rio de Janeiro: Brasport, 2015.

CLAUSEWITZ, C. von. **Campagne de 1814**. Paris: Ivrea, 1993.

CLAUSEWITZ, C. von. **Da guerra**. São Paulo: M. Fontes, 1976.

CLAUSEWITZ, C. von. **Da guerra**. São Paulo: M. Fontes, 1996.

CLAUSEWITZ, C. von. **Da guerra**. São Paulo: M. Fontes, 2003.

CLAUSEWITZ, C. von. **Da guerra**: a arte da estratégia. São Paulo: Tahyu, 2005.

CLAUSEWITZ, C. von. **Da guerra**. 3. ed. São Paulo: M. Fontes, 2010a. (Clássicos Martins Fontes).

CLAUSEWITZ, C. von. **La Campagne de 1799 en Italie et en Suisse**. Paris: Ivrea, 1979.

CLAUSEWITZ, C. von. **Napoleon's 1796 Italian Campaign**. Tradução de Nicholas Murray e Christopher Pringle. Lawrence: University Press of Kansas, 2018.

CLAUSEWITZ, C. von. **On War**. Princeton: Princeton University Press, 1984.

CLAUSEWITZ, C. von. **On War**. Oxford: Oxford University Press, 2006. (Oxford World's Classics).

CLAUSEWITZ, C. von. **On Wellington**: a Critique of Waterloo. Tradução de Peter Hofschröer. Norman: University of Oklahoma Press, 2010b. (Campaigns and Commanders Series).

CLAUSEWITZ, C. von. **The Campaign of 1812 in Russia**. New York: Da Capo Press, 1995.

CLAUSEWITZ, C. von; WELLESLEY, A. **On Waterloo**: Clausewitz, Wellington, and the Campaign of 1815. Tradução de Christopher Bassford, Daniel Moran e Gregory Pedlow. [S.l.]: Clausewitz.com, 2010.

CLINE, L. E.; SHEMELLA, P. (Ed.). **The Future of Counterinsurgency**: Contemporary Debates in Internal Security Strategy. Westport: Praeger, 2015.

COHEN, E. Technology and Warfare. In: BAYLIS, J.; WIRTZ, J. J.; GRAY, C. S. (Ed.). **Strategy in the Contemporary World**. Oxford: Oxford University Press, 2013. p. 132-150.

COHEN, E. Technology and Warfare. In: BAYLIS, J.; WIRTZ, J. J.; GRAY, C. S. (Ed.). **Strategy in the Contemporary World**. 4. ed. Oxford: Oxford University Press, 2014. p. 132-150.

COHEN, E. The Mystique of U.S. Air Power. **Foreign Affairs**, v. 73, n. 1, p. 109-124, Jan./Feb. 1994.

COHEN, W. S. **Report of the Quadrennial Defense Review**. Washington: Department of Defense, 1997. Disponível em: <https://apps.dtic.mil/dtic/tr/fulltext/u2/a326554.pdf>. Acesso em: 19 jun. 2020.

COLLINS, J. Afghanistan: Winning a Three Block War. **Journal of Conflict Studies**, v. 24, n. 2, p. 61-77, 2004. Disponível em: <https://journals.lib.unb.ca/index.php/JCS/article/view/204/347>. Acesso em: 19 jun. 2020.

COLLINS, J.; FUTTER, A. (Ed.). **Reassessing the Revolution in Military Affairs**: Transformation, Evolution and Lessons Learnt. Hampshire: Palgrave Macmillan, 2015.

CORBETT, J. S. **Some Principles of Maritime Strategy**. London: Longmans, Green and Co., 1911.

CORBETT, J. S. **Some Principles of Maritime Strategy**. New York: Dover, 2004.

CORBETT, J. S. **Some Principles of Maritime Strategy**. [S.l.]: Project Gutenberg, 2005. Disponível em: <http://www.gutenberg.org/ebooks/15076>. Acesso em: 19 jun. 2020.

COUTAU-BÉGARIE, H. **Tratado de estratégia**. 22. ed. Rio de Janeiro: Escola de Guerra Naval, 2010. v. 1.

COUTO, A. C. **Elementos de estratégia**. Lisboa: Instituto de Altos Estudos Militares, 1987.

COVARRUBIAS, J. G. A transformação da defesa nos EUA e suas possibilidades de aplicação na América Latina. **Military Review** [Edição Brasileira], p. 80-86, maio/jun. 2005. Disponível em: <http://cgsc.contentdm.oclc.org/utils/getdownloaditem/collection/p124201coll1/id/1116/filename/1117.pdf/mapsto/pdf/type/singleitem>. Acesso em: 17 jun. 2020.

COVARRUBIAS, J. G. La modernización militar. **Revista Fuerzas Armadas y Sociedad**, año 14, n. 1, p. 3-9, enero/marzo 1999.

COVARRUBIAS, J. A. Os três pilares de uma transformação militar. **Military Review** [Edição Brasileira], p. 16-24, nov./dec. 2007. Disponível em: <http://cgsc.contentdm.oclc.org/utils/getdownloaditem/collection/p124201coll1/id/1105/filename/1106.pdf/mapsto/pdf/type/singleitem>. Acesso em: 19 jun. 2020.

CREVELD, M. van. Israel's War With Hezbollah Was Not a Failure. **The Jewish Daily**, 30 Feb. 2008. Disponível em: <https://forward.com/opinion/12579/israel-s-war-with-hezbollah-was-not-a-failure-01213/>. Acesso em: 19 jun. 2020.

CREVELD, M. van. **Technology and War**: from 2000 B.C. to the Present. New York: The Free Press, 1991a.

CREVELD, M. van. **The Training of Officers**: from Military Professionalism to Irrelevance. New York: The Free Press, 1990.

CREVELD, M. van. **Transformation of War**: the Most Radical Reinterpretation of Armed Conflict since Clausewitz. New York: The Free Press, 1991b.

CROWL, P. A. Alfred Thayer Mahan: o historiador naval. In: PARET, P. (Org.). **Construtores da estratégia moderna**. Rio de Janeiro: BIBLIEx, 2001. p. 589-631. Tomo 1.

CUNHA, R. D. MOKED!!! Junho de 1967: a Guerra dos Seis Dias – o mais ousado dos ataques. **Revista Força Aérea**, ano 22, n. 106, p. 44-59, 2017.

DARCZEWSKA, J. The Anatomy of Russian Information Warfare: the Crimean Operation – a Case Study. **Point of View**, n. 42, 2014. Disponível em: <https://www.osw.waw.pl/sites/default/files/the_anatomy_of_russian_information_warfare.pdf>. Acesso em: 19 jun. 2020.

DAVIS, L. E. Limited Nuclear Options: Deterrence and the New American Doctrine. **The Adelphi Papers**, v. 16, n. 121, 1975.

DAVIS, P. K. **Encyclopedia of Invasions and Conquests**: from Ancient Times to the Present. Millerton: Grey House, 2015.

DAVIS, P. K. **Military Transformation? Which Transformation, and What Lies Ahead?** Santa Monica: Rand, 2010.

DEGEN, E. J. Dominant Land Forces for 21st Century. **The Land Warfare Papers**, n. 73, Sept. 2009. Disponível em: <https://www.ausa.org/sites/default/files/LWP-73-Dominant-Land-Forces-for-21st-Century-Warfare.pdf>. Acesso em: 19 jun. 2020.

DIAMOND, J. **Armas, germes e aço**: os destinos das sociedades humanas. 19. ed. Rio de Janeiro: Record, 2017.

DILLON, M. What Makes the World Dangerous? In: ZEHFUSS, M.; EDKINS, J. (Ed.). **Global Politics**: a New Introduction. 2. ed. New York: Routledge, 2014. p. 519-538.

DINIZ, E. Epistemologia, história e estudos estratégicos: Clausewitz versus Keegan. **Contexto Internacional**, Rio de Janeiro, v. 32, n. 1, p. 39-90, jan./jun. 2010. Disponível em: <https://www.scielo.br/pdf/cint/v32n1/v32n1a02.pdf>. Acesso em: 19 jun. 2020.

DINIZ, E.; PROENÇA JÚNIOR, D. A Criterion for Settling Inconsistencies in Clausewitz's On War. **Journal of Strategic Studies**, v. 37, n. 6-7, p. 879-902, 2014.

DORN, W.; VAREY, M. The Rise and Demise of the "Three Block War". **Canadian Military Journal**, v. 10, n. 1, 2009. Disponível em: <http://www.journal.forces.gc.ca/vol10/no1/doc/07-dornvarey-eng.pdf>. Acesso em: 19 jun. 2020.

DOUHET, G. **O domínio do ar**. Rio de Janeiro: Instituto Histórico-Cultural da Aeronáutica, 1988. (Série Arte Militar e Poder Aeroespacial).

DOYLE, M. W. **Ways of War and Peace**: Realism, Liberalism, and Socialism. New York: Norton, 1997.

DREW, D. M. Air Theory, Air Force, and Low Intensity Conflict: a Short Journey to Confusion. In: MEILINGER, P. S. (Ed.). **The Paths of Heaven**: the Evolution of Airpower Theory. Montgomery: Air University Press, 1997. p. 321-355.

DREW, D. M. U.S. Airpower Theory and the Insurgent Challenge: a Short Journey to Confusion. **Journal of Military History**, v. 62, n. 4, p. 809-832, Oct. 1998.

DUARTE, E. E. A conduta da guerra na era digital: conceitos, políticas e práticas. In: SILVA FILHO, E. B. da; MORAES, R. F. de. (Org.). **Defesa nacional para o século XXI**: política internacional, estratégia e tecnologia militar. Rio de Janeiro: Ipea, 2012a. p. 201-245.

DUARTE, E. E. **A guerra entre China e Estados Unidos na Coreia**: da escalada às negociações de cessar-fogo. Curitiba: Appris, 2019.

DUARTE, E. E. **A independência norte-americana**: guerra, revolução e logística. Porto Alegre: Leitura XXI, 2013a.

DUARTE, E. E. Clausewitz, Corbett e o desafio das guerras limitadas. **Revista da Escola de Guerra Naval**, Rio de Janeiro, v. 22, n. 1, p. 115-144, jul./dez. 2015. Disponível em: <https://revista.egn.mar.mil.br/index.php/revistadaegn/article/download/169/131>. Acesso em: 19 jun. 2020.

DUARTE, E. E. **Conduta da guerra na era digital e suas implicações para o Brasil**: uma análise de conceitos, políticas e práticas de defesa. Texto para Discussão n. 1760. Rio de Janeiro: Ipea, 2012b. Disponível em: <http://repositorio.ipea.gov.br/bitstream/11058/1088/1/TD_1760.pdf>. Acesso em: 19 jun. 2020.

DUARTE, E. E. **O conceito de logística de Clausewitz e seu teste pela análise crítica da campanha de 1777 em Saratoga**. Tese (Doutorado em Engenharia da Produção) – Universidade Federal do Rio de Janeiro, Rio de Janeiro, 2009. Disponível em: <https://archive.org/details/conceito-logistica-clausewitz-teste-analise-critica-campanha-1777/mode/2up>. Acesso em: 19 jun. 2020.

DUARTE, E. E. Uma análise crítica preliminar da estratégia do Surge no Iraque, 2007-2010. **Conjuntura Austral**, v. 4, n. 15-16, p. 32-48, 2013b. Disponível em: <https://seer.ufrgs.br/ConjunturaAustral/article/view/20624/24163>. Acesso em: 19 jun. 2020.

DUARTE, E. E.; MACHADO, L. R. Uma análise crítica da Guerra das Malvinas/Falklands pela teoria das operações marítimas em guerras limitadas de Corbett. In: ENCONTRO NACIONAL DA ASSOCIAÇÃO BRASILEIRA DE ESTUDOS DE DEFESA, n. 10., 2018, São Paulo. Disponível em: <https://www.enabed2018.abedef.org/resources/anais/8/1535667141_ARQUIVO_DuarteMachado2018-ArtigoENABED.pdf >. Acesso em: 19 jun. 2020.

DUARTE, E. E.; MENDES, F. P. A ciência da guerra: epistemologia e progresso nos estudos estratégicos. **Revista Brasileira de Estudos de Defesa**, v. 2, n. 2, p. 129-150, jul./dez. 2015. Disponível em: <https://rbed.abedef.org/rbed/article/view/61742>. Acesso em: 19 jun. 2020.

DUARTE, P. **O conflito das Malvinas**. Rio de Janeiro: BIBLIEx, 1986. v. 2.

DUNNE, P. J. The Defense Industrial Base. In: HARTLEY, K.; SANDLER, T. (Ed.). **Handbook of Defense Economics**. Amsterdam: Elsevier, 1995. p. 399-430. v. 1.

DUNNIGAN, J. F. **Ações de comandos**: operações especiais, comandos e o futuro da arte da guerra norte-americana. Rio de Janeiro: BIBLIEx, 2009.

DUYVESTEYN, I.; ANGSTROM, J. (Ed.). **Rethinking the Nature of War**. London: Frank Cass, 2005.

ECHEVARRIA, A. J. **Fourth-Generation War and Other Myths**. Ann Arbor: University of Michigan Library, 2005.

EDMONDS, M. Defense Management and the Impact of 'Jointery'. **Defense Analysis**, v. 14, n. 1, p. 9-27, Apr. 1998.

EVANS, M. From Kadesh to Kandahar. **Naval War College Review**, v. 56, n. 3, p. 132-150, 2003. Disponível em: <https://digital-commons.usnwc.edu/cgi/viewcontent.cgi?article=2247&context=nwc-review>. Acesso em: 20 maio 2020.

FABER, P. R. Interwar US Army Aviation and the Air Corps Tactical School: Incubators of American Airpower. In: MEILINGER, P. S. (Ed.). **The Paths of Heaven**: the Evolution of Airpower Theory. Montgomery: Air University Press, 1997. p. 183-238.

FALLIERE, N.; MURCHU, L. O.; CHIEN, E. **W32.Stuxnet Dossier**. Cupertino: Symantec Corporation, 2011. Disponível em: <https://www.wired.com/images_blogs/threatlevel/2011/02/Symantec-Stuxnet-Update-Feb-2011.pdf>. Acesso em: 19 jun. 2020.

FARRELL, T.; TERRIFF, T. The Sources of Military Change. In: FARRELL, T.; TERRIFF, T. (Ed.). **The Sources of Military Change**: Culture, Politics, Technology. Boulder: Lynne Rienner, 2002. p. 3-20.

FAUS, J. EUA flexibilizam o uso comercial e a exportação militar de drones. **El País**, 22 fev. 2015. Disponível em: <https://brasil.elpais.com/brasil/2015/02/22/internacional/1424624958_456372.html>. Acesso em: 19 jun. 2020.

FEMENIA, N. Emotional Actor: Foreign Policy Decision-Making in the 1982 Falklands/Malvinas War. In: COY, P. G.; WOEHRLE, L. M (Ed.). **Social Conflicts and Collective Identities**. Plymouth: Rowman & Littlefield, 2000. p. 41-66.

FERREIRA NETO, W. B.; VILAR-LOPES, G. Por uma teoria da fronteira cibernética. In: GUEDES DE OLIVEIRA, M. A.; GAMA NETO, R. B.; VILAR-LOPES, G. (Org.). **Relações internacionais cibernéticas (CiberRI)**: oportunidades e desafios para os estudos estratégicos e de segurança internacional. Recife: Ed. UFPE, 2016. p. 59-82. (Defesa & Fronteiras Virtuais, n. 3).

FLORES, M. C. (Coord.). **Panorama do poder marítimo brasileiro**. Rio de Janeiro: BIBLIEx/Serviço de Documentação Geral da Marinha, 1972.

FORÇAS Armadas realizam Operação Atlântico III nas regiões Sul e Sudeste. 19 nov. 2012. Disponível em: <http://www.defesanet.com.br/defesa/noticia/8670/Forcas-Armadas-realizam-Operacao-Atlantico-III-nas-regioes-Sul-e-Sudeste/>. Acesso em: 19 jun. 2020.

FREEDMAN, L. As duas primeiras gerações de estrategistas nucleares. In: PARET, P. **Construtores da estratégia moderna**. Rio de Janeiro: BIBLIEx, 2003. p. 359-414. Tomo 2.

FREEDMAN, L. **Deterrence**. Cambridge: Polity Press, 2004.

FREEDMAN, L. **The Future of War**: a History. New York: Public Affairs, 2017.

FREEDMAN, L. **Strategy**: a History. Oxford: Oxford University Press, 2013.

FREITAS, H. et al. **Pesquisa via web**: reinventando o papel e a ideia de pesquisa. Canoas: Sphinx, 2006.

FREITAS, J. M. da C. **A escola geopolítica brasileira**: Golbery de Couto e Silva, Carlos de Meira Mattos, Therezinha de Castro. Rio de Janeiro: BIBLIEx, 2004.

FRIDMAN, O. Hybrid Warfare or Gibridnaya Voyna? Similar, But Different. **The RUSI Journal**, v. 162, n. 1, p. 42-49, 2017.

FRIEDMAN, G. **America's Secret War:** Inside the Hidden Worldwide Struggle Between America and Its Enemies. New York: Broadway Books, 2004.

FRIEDMAN, N. World Naval Developments: Jointness on the Block? **U.S. Naval Institute Proceedings**, v. 137, n. 11, p. 88-89, 2011.

FROM COLD War to Hot War. **The Economist**, 12 Feb. 2015. Disponível em: <https://www.economist.com/briefing/2015/02/12/from-cold-war-to-hot-war>. Acesso em: 19 jun. 2020.

GALEOTTI, M. **The 'Gerasimov Doctrine' and Russian Non-Linear War**. 6 July 2014. Disponível em: <https://inmoscowsshadows.wordpress.com/2014/07/06/the-gerasimov-doctrine-and-russian-non-linear-war/>. Acesso em: 19 jun. 2020.

GAMA NETO, R. B.; VILAR-LOPES, G. Armas cibernéticas e segurança internacional. In: MEDEIROS FILHO, O.; FERREIRA NETO, W. B.; GONZALES, S. L. de M. (Org.). **Segurança e defesa cibernética:** da fronteira física aos muros virtuais. Recife: Ed. da UFPE, 2014. p. 23-45. (Defesa & Fronteiras Virtuais, n. 1).

GANGHUA, X.; YONGXIAN, W. Preferences, Information and the Deterrence Game. **The Chinese Journal of International Politics**, v. 1, n. 3, p. 309-345, 2007.

GANOR, B. Defining Terrorism: Is One Man's Terrorist Another Man's Freedom Fighter? **Police Practice and Research**, v. 3, n. 4, p. 287-304, Jan. 2002.

GANSLER, J. S. **Democracy's Arsenal:** Creating a Twenty-First-Century Defense Industry. Massachusetts: MIT Press, 2011.

GANSLER, J. S. **The Defense Industry**. Massachusetts: MIT Press, 1980.

GARDEN, T. Air Power: Theory and Practice. In: BAYLIS, J. et al. **Strategy in the Contemporary World**: an Introduction to Strategic Studies. Oxford: Oxford University Press, 2002. p. 137-157.

GARDNER, S. The Story of Sam Colt's Equalizer. **Popular Science**, New York, v. 179, n. 6, p 88-91, Dec. 1961.

GASPARI, E. **A ditadura escancarada**. São Paulo: Cia. das Letras, 2002.

GATES, D. **The Napoleonic Wars 1803-1815**. London: Pimlico, 1997.

GATES, S.; ROY, K. **Unconventional Warfare in South Asia**: Shadow Warriors and Counterinsurgency. New York: Routledge, 2016.

GERRING, J. **Case Study Research**: Principles and Practices. Cambridge: Cambridge University Press, 2006.

GLANTZ, D. M. **Barbarossa**: Hitler's Invasion of Russia 1941. Charleston: Tempus, 2001.

GLENN, R. W. **Rethinking Western Approaches to Counterinsurgency**: Lessons From Post-Colonial Conflict. London: Routledge, 2015.

GONÇALVES, A. **O papel do poder aéreo nas estratégias interestatais de coerção**. Dissertação (Mestrado em Ciências Aeroespaciais) – Universidade da Força Aérea, Rio de Janeiro, 2019.

GORSHKOV, S. G. The Sea Power of the State. **Survival: Global Politics and Strategy**, v. 19, n. 1, p. 24-29, Jan. 1977. Disponível em: <http://dx.doi.org/10.1080/00396337708441659>. Acesso em: 19 jun. 2020.

GOUGH, B. M. Maritime Strategy: the Legacies of Mahan and Corbett as Philosophers of Sea Power. **The RUSI Journal**, v. 133, n. 4, p. 55-62, 1988. Disponível em: <http://www.tandfonline.com/doi/abs/10.1080/03071848808445330>. Acesso em: 19 jun. 2020.

GRANATSTEIN, J. L. Can Canada Have a Grand Strategy? In: GRAND STRATEGY SYMPOSIUM, 2011, Toronto. Disponível em: <https://d3n8a8pro7vhmx.cloudfront.net/cdfai/pages/43/attachments/original/1413677022/Can_Canada_Have_a_Grand_Strategy.pdf?1413677022>. Acesso em: 19 jun. 2020.

GRAY, C. S. **Airpower for Strategic Effect**. Montgomery: Air University Press, 2012.

GRAY, C. S. **Another Bloody Century**: Future Warfare. London: Orion Books, 2006a.

GRAY, C. S. **Another Bloody Century**: Future Warfare. London: Phoenix, 2007a.

GRAY, C. S. **Estratégia moderna**. Rio de Janeiro: BIBLIEx, 2016.

GRAY, C. S. Geography and Grand Strategy. In: GRAY, C. S. **Strategy and History**: Essays on Theory and Practice. London: Routledge, 2006b. p. 137-150.

GRAY, C. S. **Modern Strategy**. Oxford: Oxford University Press, 1999.

GRAY, C. S. **Strategy and Defence Planning**: Meeting the Challenge of Uncertainty. Oxford: Oxford University Press, 2014.

GRAY, C. S. **War, Peace and International Relations**: an Introduction to Strategic History. New York: Routledge, 2007b.

GRAY, J. **Al-Qaeda e o que significa ser moderno**. Rio de Janeiro: Record, 2004.

GRIFFIN, S. **Joint Operations**: a Short History. Upavon: [s.n.], 2005.

GROVE, E. **The Future of Sea Power**. London: Routledge, 1990.

GTD – Global Terrorism Database. **Hizbollah**. Disponível em: <https://www.start.umd.edu/gtd/search/Results.aspx?search=Hizbollah&sa.x=0&sa.y=0>. Acesso em: 28 fev. 2019.

GUTFELD, A. From 'Star Wars' to 'Iron Dome': US Support of Israel's Missile Defense Systems. **Middle Eastern Studies**, v. 53, n. 6, p. 934-948, July 2017.

HABERMAS, J. Fé e saber. In: HABERMAS, J. **O futuro da natureza humana**. São Paulo: M. Fontes, 2010. p. 137-167.

HAGEL, C. Secretary of Defense Speech: Reagan National Defense Forum Keynote. Simi Valley, 15 Nov. 2014. Disponível em: <https://www.defense.gov/News/Speeches/Speech-View/Article/606635/>. Acesso em: 19 jun. 2020.

HANSON, V. D. **Por que o Ocidente venceu**: massacre e cultura – da Grécia Antiga ao Vietnã. Rio de Janeiro: Ediouro, 2002.

HARARI, Y. N. **Homo Deus**: uma breve história do amanhã. São Paulo: Cia. das Letras, 2015.

HART, B. H. L. **As grandes guerras da história**. 3. ed. São Paulo: Ibrasa, 2005.

HARTLEY, K. The Economics of Joint Forces. In: DORMAN, A.; SMITH, M.; UTTLEY, M. (Ed.). **The Changing Face of Military Power**: Joint Warfare in an Expeditionary Era. New York: Palgrave, 2002. p. 201-215.

HARVEY, F. P. Rational Deterrence Theory Revisited: a Progress Report. **Canadian Journal of Political Science**, v. 28, n. 3, p. 403-436, Sept. 1995.

HELD, D. et al. **Global Transformations**: Politics, Economics and Culture. California: Stanford University Press, 1999.

HENRIKSEN, A. Trump's Missile Strike on Syria and the Legality of Using Force to Deter Chemical Warfare. **Journal of Conflict and Security Law**, v. 23, n. 1, p. 33-48, 2018.

HERZ, J. H. Idealist Internationalism and the Security Dilemma. **World Politics**, v. 2, n. 2, p. 157-180, Jan. 1950.

HEUSER, B. **The Evolution of Strategy**: Thinking War from Antiquity to the Present. New York: Cambridge University Press, 2010.

HOBSBAWM, E. J. **A era das revoluções**: 1789-1848. 23. ed. São Paulo: Paz e Terra, 2008.

HOFFMAN, F. G. **Conflict in the 21st Century**: the Rise of Hybrid Wars. Arlington: Potomac Institute for Policy Studies, Dec. 2007. Disponível em: <http://potomacinstitute.org/images/stories/publications/potomac_hybridwar_0108.pdf>. Acesso em: 19 jun. 2020.

HOLLEY, I. B. Reflections on the Search for Airpower Theory. In: MEILINGER, P. S. (Ed.). **The Paths of Heaven**: the Evolution of Airpower Theory. Montgomery: Air University Press, 1997. p. 579-599.

HOPKINS, N. Stuxnet Attack Forced Britain to Rethink the Cyber War. **The Guardian**, London, 30 May 2011. Disponível em: <http://www.guardian.co.uk/politics/2011/may/30/stuxnet-attack-cyber-war-iran>. Acesso em: 19 jun. 2020.

HOWARD, M. Military History and the History of War. In: MURRAY, W.; SINNREICH, R. H. (Ed.). **The Past as Prologue**: the Importance of History to the Military Profession. Cambridge: Cambridge University Press, 2006. p. 12-20.

HOWARD, M. The Forgotten Dimensions of Strategy. **Foreign Affairs**, v. 57, n. 5, 1979.

HUNTINGTON, S. P. The Lonely Superpower. **Foreign Affairs**, v. 78, n. 2, Mar./Apr. 1999.

HURLEY, M.; MATTOS, J. A arma que mudou a guerra. **Revista Militar**, n. 2553, p. 893-907, out. 2014. Disponível em: <https://www.revistamilitar.pt/artigo/967>. Acesso em: 19 jun. 2020.

HUTH, P.; RUSSETT, B. Testing Deterrence Theory: Rigor Makes a Difference. **World Politics**, v. 42, n. 4, p. 466-501, July 1990.

IASIELLO, E. J. Russia's Improved Information Operations: from Georgia to Crimea. **Parameters**, v. 47, n. 2, p. 51-63, 2017. Disponível em: <https://mirror.explodie.org/8_Iasiello_RussiasImprovedInformationOperations.pdf>. Acesso em: 19 jun. 2020.

IESM – Instituto de Estudos Superiores Militares. **ME 20-81-00-Operações**. Lisboa, 2010.

IISS – International Institute for Strategic Studies. **The Military Balance 2015**: the Annual Assessment of Global Military Capabilities and Defense Economics. London, 2015.

IISS – International Institute for Strategic Studies. **The Military Balance 2017**: the Annual Assessment of Global Military Capabilities and Defense Economics. London, 2017.

INBAR, E.; SANDLER, S. **Israel's Deterrence Strategy Revisited**. Bar-llan: Barllan University, 1994.

INTERVENÇÃO no Rio é aprovada por 69% da população, aponta pesquisa CNT/MDA. **O Globo**, 6 mar. 2018.

IRÃ – República Islâmica do Irã. Cyber Attack on Bushehr Facility, Enemy's Propaganda: Iran. **Iranian Student's News Agency**, Tehran, 28 Sept. 2010. Disponível em: <https://en.isna.ir/news/8907-03996/Cyber-attack-on-Bushehr-facility-enemy-s-propaganda-Iran>. Acesso em: 19 jun. 2020.

IRÃ – República Islâmica do Irã. Iran Calls for IAEA to Detect Stuxnet Agents. **Iranian Student's News Agency**, Tehran, 13 June 2011. Disponível em: <https://en.isna.ir/news/9003-14857/Iran-calls-for-IAEA-to-detect-Stuxnet-agents>. Acesso em: 19 jun. 2020.

IRISH, W. R. **Jointery**: How Much Is Enough? Joint Services Command and Staff College, Shrivenham, 2004.

JABLONSKY, D. **War by Land, Sea and Air**. Dwight Einsenhower and the Concept of Unified Command. London: Yale University Press, 2010.

JARKOWSKY, J. "**Boots on the Ground**": Will U.S. Landpower be Decisive in Future Conflicts? Pennsylvania: United States Army War College, 2002.

JERVIS, R. **Perception and Misperception in International Politics**. Princeton: Princeton University Press, 1976.

JIA, C. Drones Will Help Xinjiang Fight Terror. **China Daily**, 2 May 2017. Disponível em: <http://www.chinadaily.com.cn/china/2017-05/02/content_29158788.htm>. Acesso em: 19 jun. 2020.

JONES, S. Ukraine: Russia's New Art of War. **Financial Times**, 28 Aug. 2014. Disponível em: <https://www.ft.com/content/ea5e82fa-2e0c-11e4-b760-00144feabdc0>. Acesso em: 19 jun. 2020.

JORDAN, D. et al. **Understanding Modern Warfare**. Cambridge: Cambridge University Press, 2008.

JUDICE, L. P. C.; PIÑON, C. P. **A defesa do ouro negro da Amazônia Azul**. Rio de Janeiro: Escola de Guerra Naval, 2016.

KAGAN, F. W. **Finding the Target**: the Transformation of American Military Policy. New York: Encounter Books, 2006.

KAHANER, L. **AK 47**: the Weapon that Changed the Face of War. Hoboken: Wiley, 2007.

KANT, I. **A paz perpétua**: um projecto filosófico. Covilhã: LusoSofia Press, 2008. Disponível em: <http://www.lusosofia.net/textos/kant_immanuel_paz_perpetua.pdf>. Acesso em: 19 jun. 2020.

KAPLAN, M. **Formación del Estado nacional en América Latina**. 2. ed. corr. Buenos Aires: Amorrortu, 1976.

KAPLAN, R. D. **A vingança da geografia**: a construção do mundo geopolítico a partir da perspectiva geográfica. Rio de Janeiro: LTC, 2013.

KAWAMURA, L. K. **Tecnologia e política na sociedade**: engenheiros, reivindicação e poder. São Paulo: Brasiliense, 1986.

KEEGAN, J. **Uma história da guerra**. São Paulo: Cia. das Letras; Rio de Janeiro: BIBLIEx, 1995.

KEEGAN, J. **Uma história da guerra**. São Paulo: Cia. das Letras, 2006.

KENNEY, S. H. A educação profissional militar e a emergente revolução nos assuntos militares. **Airpower Journal**, Montgomery, 1997.

KEOHANE, R. O. **Neorealism and Its Critics**. New York: Columbia University Press, 1986.

KILCULLEN, D. **Counterinsurgency**. New York: Oxford University Press, 2010.

KISZELY, J. P. The Relevance of History to the Military Profession: a British View. In: MURRAY, W.; SINNREICH, R. H. (Ed.). **The Past as Prologue:** the Importance of History to the Military Profession. Cambridge: Cambridge University Press, 2006. p. 23-33.

KOBER, A. From Blitzkrieg to Attrition: Israel's Attrition Strategy and Staying Power. **Small Wars and Insurgencies**, v. 16, n.2, p. 216-240, 2005.

KOBER, A. The Israel Defense Forces in the Second Lebanon War: Why the Poor Performance? **Journal of Strategic Studies**, v. 31, n. 1, p. 3-40, 2008.

KOFMAN, M.; ROJANSKY, M. A Closer Look at Russia's "Hybrid War". **Wilson Center**, 2015. Disponível em: <https://www.wilsoncenter.org/publication/kennan-cable-no7-closer-look-russias-hybrid-war>. Acesso em: 19 jun. 2020.

KOHLSTEDT, K. Underwater Cloud: Inside the Cables Carrying 99% of Transoceanic Data Traffic. **99% Invisible**, 30 Jun. 2017. Disponível em: <https://99percentinvisible.org/article/underwater-cloud-inside-cables-carrying-99-international-data-traffic/>. Acesso em: 19 jun. 2020.

KRAUTHAMMER, C. The Unipolar Moment. **Foreign Affairs**, v. 70, n. 1, p. 23-33, 1990. Disponível em: <http://users.metu.edu.tr/utuba/Krauthammer.pdf>. Acesso em: 19 jun. 2020.

KREPINEVICH, A. F. Cavalry to Computer: the Pattern of Military Revolutions. **The National Interest**, n. 37, p. 30-42, 1994. Disponível em: <https://nationalinterest.org/article/cavalry-to-computer-the-pattern-of-military-revolutions-848>. Acesso em: 19 jun. 2020.

KREPINEVICH, A. F. **The Military-Technical Revolution**: a Preliminary Assessment. Washington: Center for Strategic and Budgetary Assessments, 2002.

KRONVALL, O. Transformation: the Key to Victory? In: HAUG, K. E.; MAAØ, O. J. (Ed.). **Conceptualising Modern War**. London: C. Hurst, 2012. p. 259-287.

LAHR, M. M. et al. Inter-Group Violence Among Early Holocene Hunter-Gatherers of West Turkana, Kenya. **Nature**, v. 529, n. 7586, p. 394-398, 2016. Disponível em: <https://www.researchgate.net/profile/Marta_Mirazon_Lahr/publication/291378615_Inter-Group_Violence_among_Early_Holocene_Hunter-Gatherers_of_West_Turkana_Kenya/links/5763cc9a08aeb4b997fc8132/Inter-Group-Violence-among-Early-Holocene-Hunter-Gatherers-of-West-Turkana-Kenya.pdf>. Acesso em: 19 jun. 2020.

LAMBERT, A. Maritime Power: the Future. In: LAMBERT, A.; BLACKHAM, J. **Comec Occasional Paper n. 6**: Britain's Maritime Future. 2015. p. 7-26. Disponível em: <https://www.comec.org.uk/wp-content/uploads/2017/11/Occasional-Paper-No-6.pdf?x25948>. Acesso em: 19 jun. 2020.

LAMBETH, B. S. **Air Operations in Israel's War Against Hezbollah**. Santa Monica: Rand, 2011.

LAMBETH, B. S. Israel's Second Lebanon War Reconsidered. **Military and Strategic Studies**, v. 4, n. 3, p. 45-63, 2012. Disponível em: <https://i-hls.com/wp-content/uploads/2013/05/Israel%E2%80%99s-Second-Lebanon-War-Reconsidered.pdf>. Acesso em: 19 jun. 2020.

LANTIS, J. S.; HOWLETT, D. Strategic Culture. In: BAYLIS, J.; WIRTZ, J. J.; GRAY, C. S. (Ed.). **Strategy in the Contemporary World**: an Introduction to Strategic Studies. 3. ed. New York: Oxford University Press, 2010. p. 84-103.

LEONHARD, R. R. **The Art of Maneuver**: Maneuver Warfare Theory and AirLand Battle. New York: Ballantine Books, 1991.

LEWIS, B. **Os assassinos**: os primórdios do terrorismo no Islã. Rio de Janeiro: J. Zahar, 2003.

LIND, W. S. Compreendendo a guerra de quarta geração. **Military Review** [Edição Brasileira], p. 12-17, Jan./Feb. 2005. Disponível em: <http://cgsc.contentdm.oclc.org/utils/getdownloaditem/collection/p124201coll1/id/1114/filename/1115.pdf/mapsto/pdf/type/singleitem>. Acesso em: 19 jun. 2020.

LIND, W. S. **On War**: the Collected Columns of William S. Lind – 2003-2009. Kouvola: Castalia House, 2009.

LIND, W. S. **The Four Generations of Modern War**. Kouvola: Castalia House, 2014.

LIPSON, L. **Os grandes problemas da ciência política**. Rio de Janeiro: Zahar, 1967. (Biblioteca de Ciências Sociais).

LOURENÇÃO, H. J. Recent Agreements Between Brazil and the United States on Defence and Security. In: RICCO, M. F. F. (Org.). **Culture and Defence in Brazil**: an Inside Look at Brazil's Aerospace Strategies. New York: Routledge, 2017. p. 15-28.

LOURENÇÃO, H. J.; CORDEIRO, L. E. P. C. Análise do emprego da força militar pelos EUA no período pós-Guerra Fria à luz dos conceitos de guerras pós-modernas. **Revista da Escola de Guerra Naval**, v. 22, n. 3, p. 643-656, set./dez. 2016a. Disponível em: <https://revista.egn.mar.mil.br/index.php/revistadaegn/article/view/471/370>. Acesso em: 19 jun. 2020.

LOURENÇÃO, H. J.; CORDEIRO, L. E. P. C. Força militar dos EUA no pós-Guerra Fria: ganhando batalhas e perdendo guerras. **Revista Brasileira de Estudos de Defesa**, v. 3, n. 2, p. 103-117, jul./dez. 2016b. Disponível em: <https://rbed.abedef.org/rbed/article/view/72425/42027>. Acesso em: 19 jun. 2020.

LUCENA SILVA, A. H. **Globalização militar e a ordem militar internacional**: comparando as indústrias de defesa do BRICS (Brasil, Rússia, Índia, China e África do Sul). 285 f. Tese (Doutorado em Ciência Política) – Universidade Federal Fluminense, Niterói, 2015.

LUCENA SILVA, A. H.; FREITAS, M. T. D. A Rússia na Síria: aspectos políticos e estratégicos. **Revista Mundorama**, n. 98, out. 2015. Disponível em: <https://www.mundorama.net/?p=16565>. Acesso em: 19 jun. 2020.

LUCENA SILVA, A. H.; PEDONE, L. Revitalização da indústria de defesa e os programas de modernização das Forças Armadas: um balanço dos governos Lula da Silva e Rousseff. **Revista Política Hoje**, v. 26, n. 1, p. 17-36, 2017. Disponível em: <https://periodicos.ufpe.br/revistas/politicahoje/article/view/8872/17860>. Acesso em: 19 jun. 2020.

MACKINDER, H. J. The Geographical Pivot of History. **The Geographic Journal**, v. 23, n. 4, p. 421-437, 1904. Disponível em: <https://www.iwp.edu/wp-content/uploads/2019/05/20131016_MackinderTheGeographicalJournal.pdf>. Acesso em: 19 jun. 2020.

MALKASIAN, C. **A History of Modern Wars of Attrition**. Westport: Praeger, 2002.

MARSELLA, N. R. Effective Joint Training: Meeting the Challenges. **Military Review**, v. 84, n. 6, p. 12-16, 2004. Disponível em: <http://cgsc.contentdm.oclc.org/utils/getdownloaditem/collection/p124201coll1/id/231/filename/232.pdf/mapsto/pdf/type/singleitem>. Acesso em: 19 jun. 2020.

MARSTON, D.; MALKASIAN, C. **Counterinsurgency in Modern Warfare**. Oxford: Osprey, 2010.

MASON, R. A. Sir Basil Liddell Hart and the Strategy of the Indirect Approach. **The RUSI Journal**, v. 115, n. 658, p. 37-41, 1970.

MATTIS, J. N.; HOFFMAN, F. G. Future Warfare: the Rise of Hybrid Wars. **Proceedings**, Nov. 2005. Disponível em: <http://milnewstbay.pbworks.com/f/future+warfare+hybrid+warriors.pdf>. Acesso em: 19 jun. 2020.

MATTOS, C. de M. Brasil, geopolítica e destino. In: MATTOS, C. de M. **Geopolítica**. Rio de Janeiro: BIBLIEx/Ed. da FGV, 1975. p. 85-200. v. 1.

MATTOS, C. de M. **Geopolítica e modernidade**: geopolítica brasileira. Rio de Janeiro: BIBLIEx, 2002.

MAXIMIANO, C. C. **Estratégia militar e história**. São Paulo: CHO, 2015.

MAZANEC, B. M. **The Evolution of Cyber War**: International Norms for Emerging-Technology Weapons. Lincoln: Potomac Books, 2015.

MCNEILL, W. H. **Em busca do poder**. Rio de Janeiro: BIBLIEx, 2014.

MEARSHEIMER, J. J. **A tragédia da política das grandes potências**. Lisboa: Gradiva, 2001.

MEARSHEIMER, J. J. **Conventional Deterrence**. New York: Cornell University Press, 1983.

MEARSHEIMER, J. J. Nuclear Weapons and Deterrence in Europe. **International Security**, v. 9, n. 3, p. 19-46, 1985.

MEGALE, J. F. **Introdução às ciências sociais**: roteiro de estudos. 2. ed. São Paulo: Atlas, 1990.

MEILINGER, P. S. The Historiography of Airpower: Theory and Doctrine. **The Journal of Military History**, v. 64, n. 2, p. 467-501, Apr. 2000.

MEILINGER, P. S. (Ed.). **The Paths of Heaven**: the Evolution of Airpower Theory. Montgomery: Air University Press, 1997.

MELE, S. **Cyber-Weapons**: Legal and Strategic Aspects. 2. ed. Roma: Machiavelli Editions, 2013. Disponível em: <http://www.strategicstudies.it/wp-content/uploads/2013/07/Machiavelli-Editions-Cyber-Weapons-Legal-and-Strategic-Aspects-V2.0.pdf>. Acesso em: 19 jun. 2020.

MELLO, L. I. A. **Quem tem medo da geopolítica?** São Paulo: Hucitec/Edusp, 1999.

MENDES, F. P. Guerra, guerrilha e terrorismo: uma proposta de separação analítica a partir da teoria da guerra de Clausewitz. **Carta Internacional**, v. 9, n. 2, p. 96-108, jul./dez. 2014. Disponível em: <https://cartainternacional.abri.org.br/Carta/article/view/70/106>. Acesso em: 19 jun. 2020.

MINASYAN, S. **"Hybrid" vs. "Compound" War**: Lessons from the Ukraine Conflict. Nov. 2015. Disponível em: <http://www.ponarseurasia.org/memo/hybrid-vs-compound-war-lessons-ukraine-conflict>. Acesso em: 19 jun. 2020.

MINTZ, A.; DEROUEN JR., K. **Understanding Foreign Policy Decision Making**. Cambridge: Cambridge University Press, 2010.

MIYAMOTO, S. **Geopolítica e poder no Brasil**. Campinas: Papirus, 1995.

MIYAMOTO, S. Os estudos geopolíticos no Brasil: uma contribuição para sua avaliação. **Perspectivas**, São Paulo, v. 4, p. 75-92, 1981. Disponível em: <https://periodicos.fclar.unesp.br/perspectivas/article/download/1713/1394>. Acesso em: 19 jun. 2020.

MORAN, D. Geography and Strategy. In: BAYLIS, J.; WIRTZ, J. J.; GRAY, C. S. (Ed.). **Strategy in the Contemporary World**: an Introduction to Strategic Studies. 3. ed. New York: Oxford University Press, 2010. p. 124-140.

MORGAN, P. M. **Deterrence Now**. Cambridge: Cambridge University Press, 2003. (Cambridge Studies in International Relations, n. 89).

MORGENTHAU, H. J. **A política entre as nações**: a luta pelo poder e pela paz. Brasília: Ed. da UnB/IPRI; São Paulo: Imprensa Oficial de São Paulo, 2003. (Clássicos IPRI).

MORGERO, C. A. de F. Desafios para o nível operacional na defesa do Atlântico Sul. In: ENCONTRO NACIONAL DA ABED, 8., 2014, Brasília. **Anais**... Niterói: Abed, 2015. p. 1370-1387. Disponível em: <http://www.enabed2016.abedef.org/resources/download/1443718539_ARQUIVO_Anais-ABED-2014-FINAL.pdf>. Acesso em: 19 jun. 2020.

MOSELEY, T. M. **Operation Iraqi Freedom, by the Numbers**. U.S. Air Forces Central Command, Assessment and Analysis Division, 2003. Disponível em: <https://www.globalsecurity.org/military/library/report/2003/uscentaf_oif_report_30apr2003.pdf>. Acesso em: 19 jun. 2020.

MUELLER, K. P. **Air Power**. Santa Monica: Rand, 2010. Disponível em: <https://www.rand.org/content/dam/rand/pubs/reprints/2010/RAND_RP1412.pdf>. Acesso em: 19 jun. 2020.

MURPHY, M. N.; YOSHIHARA, T. Fighting the Naval Hegemon: Evolution in French, Soviet, and Chinese Naval Thought. **Naval War College Review**, v. 68, n. 3, 2015. Disponível em: <https://digital-commons.usnwc.edu/cgi/viewcontent.cgi?article=1219&context=nwc-review>. Acesso em: 19 jun. 2020.

MURRAY, W. Thinking about Revolutions in Military Affairs. **Joint Forces Quarterly**, p. 69-76, Aug. 1997. Disponível em: <https://ndupress.ndu.edu/portals/68/Documents/jfq/jfq-16.pdf>. Acesso em: 19 jun. 2020.

MURRAY, W.; KNOX, M. **The Dynamics of Military Revolution**: 1300-2050. New York: Cambridge University Press, 2009.

NATO – North Atlantic Treaty Organization. **AAP-6**: NATO Glossary of Terms and Definitions. NATO Standardization Agency, 2009. Disponível em: <https://www.jcs.mil/Portals/36/Documents/Doctrine/Other_Pubs/aap6.pdf>. Acesso em: 19 jun. 2020.

NEGRÃO, T. L. C. A. O ensino de operações conjuntas nas escolas de altos estudos das Forças Armadas. **Revista das Ciências Militares**, v. 7, n. 28, p. 47-54, jan./abr. 2013. Disponível em: <http://ebrevistas.eb.mil.br/index.php/RMM/article/download/239/262/>. Acesso em: 19 jun. 2020.

NEUMANN, J. von; MORGENSTERN, O. **Theory of Games and Economic Behavior**. Princeton: Princeton University Press, 1944.

NEVILLE, S. **Russia and Hybrid Warfare**: Identifying Critical Elements in Successful Applications of Hybrid Tactics. Monterey, CA: Naval Postgraduate School, 2015. Disponível em: <https://calhoun.nps.edu/handle/10945/47827>. Acesso em: 19 jun. 2020.

NOGUEIRA, M. de A. **Dialética da dissuasão:** a mudança de paradigma. Dissertação (Mestrado em Ciência Política) – Universidade Federal Fluminense, Niterói, 2008.

NOTHEN, M. R. **A evolução do pensamento em estratégia marítima:** paradigmas para a formulação e implementação de políticas marítimas. 145 f. Dissertação (Mestrado em Estudos Estratégicos Internacionais) – Universidade Federal do Rio Grande do Sul, Porto Alegre, 2014. Disponível em: <https://lume.ufrgs.br/bitstream/handle/10183/109280/000948380.pdf?sequence=1&isAllowed=y>. Acesso em: 19 jun. 2020.

NYE JR., J. S. **Soft Power:** the Means to Success in World Politics. New York: PublicAfffairs, 2004.

NYE JR., J. S. **The Future of Power.** New York: PublicAffairs, 2011. cap. 5.

OLIVEIRA, J. C. da C. A Comissão Interescolar de Doutrina de Operações Conjuntas. **Âncoras e Fuzis: Corpo de Fuzileiros Navais**, v. 46, p. 36-37, 2015.

OLIVEIRA, L. K. de; CEPIK, M.; BRITES, P. V. P. O pré-sal e a segurança do Atlântico Sul: a defesa em camadas e o papel da integração sul-americana. **Revista da Escola de Guerra Naval**, Rio de Janeiro, v. 20, n. 1, p. 139-164, jan./jun. 2014. Disponível em: <https://revista.egn.mar.mil.br/index.php/revistadaegn/article/download/192/154>. Acesso em: 19 jun. 2020.

O'NEILL, B. E. **Insurgency and Terrorism:** from Revolution to Apocalypse. 2. ed. Washington: Potomac Books, 2005.

ÖSTERBERG, V. P. **Military Theory and the Concept of Jointness**: a Study of Connection. Mar. 2004. Disponível em: <http://www.forsvaret.dk/fak/documents/fak/fsmo/specialer/03-04/military_theory_and_concept_of_jointness.pdf>. Acesso em: 19 jun. 2020.

OWENS, W. A. Living Jointness. **Joint Forces Quarterly**, n. 3, p. 7-14, Jan. 1994. Disponível em: <https://ndupress.ndu.edu/portals/68/Documents/jfq/jfq-3.pdf>. Acesso em: 19 jun. 2020.

PALMER, A. **Declínio e queda do Império Otomano**. Rio de Janeiro: Globo Livros, 2013.

PALMER, R. R. Frederico, o Grande, Guibert, Bülow: da guerra dinástica à guerra nacional. In: PARET, P. (Ed.). **Construtores da estratégia moderna**. Rio de Janeiro: BIBLIEx, 2001. p. 132-170. Tomo 1.

PAPE, R. A. **Bombing to Win**: Air Power and Coercion in War. Ithaca: Cornell University Press, 1996.

PARET, P. Clausewitz. In: PARET, P. (Ed.). **Construtores da estratégia moderna**. Rio de Janeiro: BIBLIEx, 2001. p. 257-292. Tomo 1.

PAUL, T. V.; MORGAN, P.; WIRTZ, J. J. **Complex Deterrence**: Strategy in the Global Age. Chicago: University Chicago Press, 2009.

PEARSON, M. Russia's Resurgent Drone Program. **CNN**, 16 Oct. 2015. Disponível em: <http://edition.cnn.com/2015/10/16/world/russia-drone-program/>. Acesso em: 19 jun. 2020.

PECEQUILO, C. S. **A política externa dos Estados Unidos**. Porto Alegre: Ed. da UFRGS, 2003.

PERON, A. E. dos R. Guerra virtual e eliminação da fricção? O uso da cibernética em operações de contrainsurgência pelos EUA. In: GUEDES DE OLIVEIRA, M. A.; GAMA NETO, R. B.; VILAR-LOPES, G. (Org.). **Relações Internacionais Cibernéticas (CiberRI)**: oportunidades e desafios para os estudos estratégicos e de segurança internacional. Recife: Ed. da UFPE, 2016. p. 35-58. (Defesa & Fronteiras Virtuais, n. 3).

PERRY, W. J. Desert Storm and Deterrence. **Foreign Affairs**, v. 70, n. 4, p. 66-82, 1991.

PETRAEUS, D. H. **The American Military and the Lessons of Vietnam**: a Study of Military Influence and the Use of Force in the Post-Vietnam Era. Dissertação (Mestrado) – Princeton University, Princeton, 1987.

POLLACK, K. M. Air Power in the Six-Day War. **Journal of Strategic Studies**, v. 28, n. 3, p. 471-503, June 2005.

POPE, C.; MAYS, N. Qualitative Research: Reaching the Parts Other Methods Cannot Reach: an Introduction to Qualitative Methods in Health and Health Services Research. **British Medical Journal**, v. 311, n. 6996, p. 42-45, July 1995.

POPESCU, N. **Hybrid Tatics**: neither Now nor Only Russian. EU Institute for Security Studies, 2015. Disponível em: <https://www.iss.europa.eu/sites/default/files/EUISSFiles/Alert_4_hybrid_warfare.pdf>. Acesso em: 19 jun. 2020.

PORTELA, L. S. Agenda de pesquisa sobre o espaço cibernético nas relações internacionais. **Revista Brasileira de Estudos de Defesa**, v. 3, n. 1, p. 91-113, jan./jun. 2016. Disponível em: <https://rbed.abedef.org/rbed/article/viewFile/62071/37922>. Acesso em: 19 jun. 2020.

POWELL, R. Nuclear Deterrence Theory, Nuclear Proliferation, and National Missile Defense. **International Security**, v. 27, n. 4, p. 86-118, 2003.

PROENÇA JÚNIOR, D.; DINIZ, E. **Política de defesa no Brasil**: uma análise crítica. Brasília: Ed. da UnB, 1998.

PROENÇA JÚNIOR, D.; DINIZ, E.; RAZA, S. G. **Guia de estudos de estratégia**. Rio de Janeiro: J. Zahar, 1999.

PROENÇA JÚNIOR, D.; DUARTE, E. E. Os estudos estratégicos como base reflexiva da defesa nacional. **Revista Brasileira de Política Internacional**, v. 50, n. 1, p. 29-46, 2007. Disponível em: <https://www.scielo.br/pdf/rbpi/v50n1/a02v50n1.pdf>. Acesso em: 19 jun. 2020.

PROENÇA JÚNIOR, D.; DUARTE, E. E. The Concept of Logistics Derived from Clausewitz: All that is Required so that the Fighting Force Can Be Taken as a Given. **Journal of Strategic Studies**, v. 28, n. 4, p. 645-677, 2005.

PUTNAM, R. D. Diplomacy and Domestic Politics: the Logic of Two-Level Games. **International Organization**, v. 42, n. 3, p. 427-460, 1988. Disponível em: <http://www.guillaumenicaise.com/wp-content/uploads/2013/10/Putnam-The-Logic-of-Two-Level-Games.pdf>. Acesso em: 19 jun. 2020.

PUYVELDE, D. van. **Hybrid War**: Does It Even Exist? 7 May 2015. Disponível em: <https://www.nato.int/docu/review/2015/also-in-2015/hybrid-modern-future-warfare-russia-ukraine/EN/index.htm>. Acesso em: 19 jun. 2020.

QUINLAN, M. Deterrence and Deterrability. **Contemporary Security Policy**, v. 25, n. 1, p. 11-17, 2004.

RANFT, B.; TILL, G. **The Sea in Soviet Strategy**. Annapolis: Naval Institute Press, 1985.

RAPOPORT, D. C. The Four Waves of Modern Terrorism. In: CRONIN, A. K.; LUDES, J. M. (Ed.). **Attacking Terrorism**: Elements of a Grand Strategy. Washington D.C.: Georgetown University Press, 2004. p. 46-73.

RASMUSSEN, M. V. **The Risk Society at War**: Terror, Technology and Strategy in the Twenty-First Century. New York: Cambridge University Press, 2006.

RENZ, B.; SMITH, H. **Russia and Hybrid Warfare**: Going Beyond the Label. Papers Aleksanteri, 2016. Disponível em: <https://helda.helsinki.fi//bitstream/handle/10138/175291/renz_smith_russia_and_hybrid_warfare.pdf?sequence=1>. Acesso em: 19 jun. 2020.

RICH, P. B.; DUYVESTEYN, I. **The Routledge Handbook of Insurgency and Counterinsurgency**. Abingdon: Routledge, 2012.

ROSA, C. E. V. A reestruturação da Força Aérea Brasileira e a transformação militar. **Revista Preparo**, Brasília, n. 1, p. 16-20, 2018. Disponível em: <https://issuu.com/portalfab/docs/revista_preparo_-_agosto_2018>. Acesso em: 19 jun. 2020.

ROSA, C. E. V. **Poder aéreo**: guia de estudos. Rio de Janeiro: Luzes, 2014.

ROTHENBERG, G. E. Maurice of Nassau, Gustavus Adolphus, Raimondo Montecuccoli, and the "Military Revolution" of the Seventeenth Century. In: PARET, P. (Ed.). **Makers of Modern Strategy**: from Machiavelli to the Nuclear Age. Princeton: Princeton University Press, 1986. p. 32-63.

ROUSSEAU, J-J. **Rousseau e as relações internacionais**. São Paulo: IOESP; Brasília: Ed. da UnB/IPRI, 2003. (Clássicos IPRI).

RUBEL, R. C. Principles of Jointness. **Joint Forces Quarterly**, n. 27, p. 45-49, Apr. 2001. Disponível em: <https://ndupress.ndu. edu/portals/68/Documents/jfq/jfq-27.pdf>. Acesso em: 19 jun. 2020.

RUDNER, R. S. **Filosofia da ciência social.** Rio de Janeiro: Zahar, 1969. (Curso Moderno de Filosofia).

SAMAAN, J-L. Défense antimissile israélienne et logique de prolifération au Moyen-Orient. **Stratégique**, v. 1, n. 108, p. 95-107, 2015.

SANGER, D. E. **Confront and Conceal:** Obama's Secret Wars and Surprising Use of American Power. New York: Broadway Books, 2012.

SANTOS, J. L. dos. **Incursões no domínio da estratégia.** Lisboa: Fundação Calouste Gulbenkian, 1983.

SANTOS, M. **Evolução do poder aéreo.** Rio de Janeiro: Instituto Histórico-Cultural da Aeronáutica, 1989.

SCALES JR., R. H. **Yellow Smoke.** Lanham: Rowman & Littlefield, 2003.

SCHELLING, T. C. **Arms and Influence.** New Haven: Yale University Press, 1966.

SCHELLING, T. **The Strategic of Conflict.** Harvard: Harvard University Press, 1980.

SCHMID, A. Terrorism: the Definitional Problem. **Journal of International Law**, v. 36, n. 2, 2004.

SCHULZKE, M. The Drone Revolution. In: SCHULZKE, M. **The Morality of Drone Warfare and the Politics of Regulation:** New Security Challenges. London: Palgrave Macmillan, 2017. p. 27-53.

SCHUURMAN, B. Clausewitz and the "New Wars" Scholars. **Parameters**, p. 89-100, Spring 2010. Disponível em: <https://www.clausewitz.com/opencourseware/Schuurman-NewWars.pdf>. Acesso em: 19 jun. 2020.

SEELY, R. Defining Contemporary Russian Warfare: Beyond the Hybrid Headline. **The RUSI Journal**, v. 162, n. 1, p. 50-59, 2017.

SEGAL, A. **Cyber Conflict after Stuxnet**: Essays from the Other Bank of the Rubicon. Vienna: CCSA, 2016.

SÉMELIN, J. **Purificar e destruir**: usos políticos dos massacres e dos genocídios. Rio de Janeiro: Difel, 2009.

SERRANO, M. O. L. A guerra é filha única. **Coleção Meira Mattos**, Rio de Janeiro, v. 7, n. 28, p. 65-78, jan./abr. 2013. Disponível em: <http://ebrevistas.eb.mil.br/index.php/RMM/article/download/290/264/>. Acesso em: 19 jun. 2020.

SEVERSKY, A. P. **A vitória pela força aérea**. São Paulo: Martins, 1943.

SHEEHAN, M. Military Security. In: COLLINS, A. **Contemporary Security Studies**. Oxford: Oxford University, 2013. p. 147-160.

SHEEHAN, M. The Evolution of Modern Warfare. In: BAYLIS, J.; WIRTZ, J. J.; GRAY, C. S. (Ed.). **Strategy in the Contemporary World**: an Introduction to Strategic Studies. 3. ed. New York: Oxford University Press, 2010. p. 43-66.

SHY, J. Jomini. In: PARET, P. (Ed.). **Makers of Modern Strategy**: from Machiavelli to the Nuclear Age. Princeton: Princeton University Press, 1986. p. 143-185.

SILVA, F. A. V. da. **O processo de transformação do Exército**: extensão, fontes e fatores intervenientes. Dissertação (Mestrado em Ciências Militares) – Escola de Comando e Estado-Maior do Exército, Rio de Janeiro, 2013. Disponível em: <http://www.eceme.eb.mil.br/images/IMM/producao_cientifica/dissertacoes/fernando_augusto_valentini_da_silva.pdf>. Acesso em: 19 jun. 2020.

SILVA, G. do C. e. **Conjuntura política nacional**: o poder executivo e geopolítica do Brasil. 2. ed. Rio de Janeiro: J. Olympio. 1981. (Coleção Documentos Brasileiros).

SILVA, T. P.; BUTLER, J. **Terrorist Attacks and Counterinsurgency Practices**. Hauppauge: Nova Science, 2011.

SILVEIRA, Z. S. da; BIANCHETTI, L. Universidade moderna: dos interesses do Estado-nação às conveniências do mercado. **Revista Brasileira de Educação**, Rio de Janeiro, v. 21, n. 64, p. 79-99, 2016.

SIMPKIN, R. E. **Race to the Swift**: Thoughts on Twenty-First Century Warfare. London: Brassey´s Defence Publishers, 1985.

SINAI, J. How to Define Terrorism. **Perspectives On Terrorism**, v. 2, n. 4, 2008.

SINGER, P. W.; FRIEDMAN, A. **Cybersecurity and Cyberwar**: What Everyone Needs to Know. Oxford: Oxford University Press, 2014.

SLESSOR, J. **The Great Deterrent**. London: Cassel, 1957.

SLOAN, E. **Military Transformation and Modern Warfare**: a Reference Handbook. Westport: Preager Security International, 2008.

SLOAN, E. **Modern Military Strategy**. London: Routledge, 2017.

SMITH, M. L. R. Escalation in Irregular War: Using Strategic Theory to Examine from First Principles. **Journal of Strategic Studies**, v. 35, n. 5, 2012.

SMITH, R. **A utilidade da força**: a arte da guerra no mundo moderno. Lisboa: Edições 70, 2008a.

SMITH, R. **The Utility of Force**: the Art of War in the Modern World. New York: Vintage, 2008b.

SNEGOVAYA, M. **Putin's Information Warfare in Ukraine**: Soviet Origins of Russia's Hybrid Warfare. Washington: Institute for the Study of War, Sept. 2015. Disponível em: <http://www.understandingwar.org/report/putins-information-warfare-ukraine-soviet-origins-russias-hybrid-warfare2015>. Acesso em: 19 jun. 2020.

SNYDER, G. H. **Deterrence and Defense**: toward a Theory of National Security. Princeton: Princeton University Press, 1961.

SPEAR, J.; COOPER, N. The Defense Trade. In: COLLINS, A. **Contemporary Security Studies**. New York: Oxford University Press, 2010. p. 394-412.

STEIN, J. G. Rational Deterrence against Irrational Adversaries? In: PAUL, T. V.; MORGAN, P.; WIRTZ, J. J. **Complex Deterrence**: Strategy in the Global Age. Chicago: University Chicago Press, 2009. p. 58-84.

STEVENS, W. O.; WESTCOTT, A. **History of Sea Power**. New York: George H. Doran Company, 1920.

STRACHAN, H. **The Direction of War**: Contemporary Strategy in Historical Perspective. Cambridge: Cambridge University Press, 2003.

SYME TAYLOR, V. Innovative Teaching Methods in Military Pedagogy. In: ANNEN, H.; ROYL, W. **Educational Challenges Regarding Military Action**. Frankfurt: Peter Lang, 2010. p. 209-214. (Studies for Military Pedagogy, Military Science & Security Policy, v. 11).

TABER, R. **War of the Flea**: the Classic Study of Guerilla Warfare. Washington: Brassey's, 2002.

TAYLOR, T. Jointery and the Emerging Defence Review. **Future Defence Review**, n. 4, Nov. 2009. Disponível em: <https://rusi.org/sites/default/files/200911_fdr_jointery_and_the_emerging_defence_review_0.pdf>. Acesso em: 19 jun. 2020.

TEIXEIRA JÚNIOR, A. W. M.; SOUSA, V. de M.; LEITE, A. C. C. Comparando estratégias de operacionalização de variáveis em relações internacionais: a mensuração de capacidades do poder nacional. **Meridiano 47: Journal of Global Studies**, v. 18, p. 1-15, 27 set. 2017. Disponível em: <https://periodicos.unb.br/index.php/MED/article/view/5313/4831>. Acesso em: 19 jun. 2020.

THOMPSON, M. J. Military Revolutions and Revolutions in Military Affairs: Accurate Descriptions of Change or Intellectual Constructs? **Strata**, v. 3, p. 82-108, Sept. 2011. Disponível em: <http://aedhgsa.ca/docs/Strata/Volume_3/Strata_vol3_MICHAEL_J_THOMPSON.pdf>. Acesso em: 4 mar. 2018.

THORNTON, R. **Asymmetric Warfare**: Threat and Response in the Twenty-First Century. Cambridge: Polity Press, 2007.

TILL, G. **Seapower**: a Guide for the Twenty-first Century. 2. ed. New York: Routledge, 2009.

TILL, G. **Seapower**: a Guide for the Twenty-first Century. 3. ed. London: Routledge, 2013.

TILL, G. **Seapower**: a Guide for the Twenty-first Century. 4. ed. London: Routledge, 2018.

TILL, G. et al. **Maritime Strategy and the Nuclear Age**. 2. ed. New York: St. Martin's Press, 1984.

TILLY, C. **Coerção, capital e Estados europeus (990-1992)**. São Paulo: Edusp, 1996.

TOFFLER, A.; TOFFLER, H. **Guerra e antiguerra**: sobrevivência na aurora do terceiro milênio. 4. ed. Rio de Janeiro: Record, 1998.

TUATHAIL, G. O.; DALBY, S.; ROUTLEDGE, P. (Ed.). **The Geopolitics Reader**. New York: Routledge, 1998.

TUCÍDIDES. **História da Guerra do Peloponeso**. 4. ed. Brasília: Ed. da UnB/IPRI; São Paulo: Imprensa Oficial de São Paulo, 2001. (Clássicos IPRI, n. 2).

TUCK, C. Land Warfare. In: JORDAN, D. et al. **Understanding Modern Warfare**. New York: Cambridge University Press, 2008. p. 64-107.

TZU, S. **A arte da guerra**: os treze capítulos originais. São Paulo: Jardim dos Livros, 2011.

TZU, S. **A arte da guerra**: os treze capítulos originais. São Paulo: Jardim dos Livros, 2016.

UNCTAD – United Nations Conference on Trade and Development. **Review of Maritime Transport 2018**. New York/Geneva, 2018. Disponível em: <https://unctad.org/en/pages/PublicationWebflyer.aspx?publicationid=2245>. Acesso em: 19 jun. 2020.

UNITED NATIONS. **What is Peacekeeping?** Disponível em: <https://peacekeeping.un.org/en/what-is-peacekeeping>. Acesso em: 19 jun. 2020.

UK DRONE Strike Stats. Disponível em: <https://dronewars.net/uk-drone-strike-list-2/>. Acesso em: 19 jun. 2020.

USA – United States of America. **A Cooperative Strategy for 21st Century Seapower**. Washington, Oct. 2007. Disponível em: <https://www.hsdl.org/?view&did=479900>. Acesso em: 19 jun. 2020.

USA – United States of America. Department of the Army. **Field Manual (FM) 3-0**. Washington, 2008.

USA – United States of America. Department of the Army. **Field Manual (FM) 3-0**: Operations, Change 1. Washington, 2011.

USA – United States of America. Department of the Army. **Field Manual 3-07.22**: Counterinsurgency Operations. Washington: United States Army, 2004. Disponível em: <https://fas.org/irp/doddir/army/fmi3-07-22.pdf>. Acesso em: 19 jun. 2020.

USA – United States of America. Department of the Army. **Field Manual 3-24**: Counterinsurgency. Washington: United States Army, 2006. Disponível em: <https://www.hsdl.org/?view&did=468442>. Acesso em: 19 jun. 2020.

USA – United States of America. Department of the Army. **FM 100-5**: Operations. Washington, 1982.

USA – United States of America. Department of Defense. **Defense Budget Priorities and Choices**. Washington, 2012. Disponível em: <https://www.nationalguard.mil/Portals/31/Documents/PersonalStaff/LegislativeLiaison/publications/Defense%20Priorities%20and%20Choices.pdf>. Acesso em: 19 jun. 2020.

USA – United States of America. Department of Defense. **Quadrennial Defense Review 2014**. Washington, 2014. Disponível em: <https://archive.defense.gov/pubs/2014_Quadrennial_Defense_Review.pdf>. Acesso em: 19 jun. 2020.

USA – United States of America. Joint Chiefs of Staff. **Dictionary of Military and Associated Terms**. Washington: Department of Defense, 2010. Disponível em: <https://fas.org/irp/doddir/dod/jp1_02.pdf>. Acesso em: 19 jun. 2020.

USA – United States of America. Joint Chiefs of Staff. **Joint Doctrine for Military Operations Other than War**. Washington, 1995. Disponível em: <https://www.hsdl.org/?view&did=446188>. Acesso em: 19 jun. 2020.

USA – United States of America. The White House. **National Security Strategy**. Washington, 2015 Disponível em: <https://obamawhitehouse.archives.gov/sites/default/files/docs/2015_national_security_strategy_2.pdf>. Acesso em: 19 jun. 2020.

UTTING, K. Beyond Joint: Professional Military Education for the 21st Century: the United Kingdom's Post Defence Training Review Advanced Command and Staff Course. **Defence Studies**, v. 9, n. 3, p. 310-328, Sept. 2009.

VALENTE, L. **Política externa na era da informação**: o novo jogo do poder, as novas diplomacias e a mídia como instrumentos de Estado nas relações internacionais. Rio de Janeiro: Revan/UFF, 2007.

VEGÉCIO, F. R. **A arte militar**. São Paulo: Paumape, 1995.

VEGO, M. N. Major Joint/Combined Operations. **Joint Force Quarterly**, n. 48, p. 111-120, 2008. Disponível em: <https://apps.dtic.mil/dtic/tr/fulltext/u2/a516642.pdf>. Acesso em: 19 jun. 2020.

VIDIGAL, A. A. F. **A evolução do pensamento estratégico naval brasileiro**. Rio de Janeiro: BIBLIEx, 1985.

VILAR-LOPES, G. Relações Internacionais Cibernéticas (CiberRI): o impacto dos estudos estratégicos sobre o ciberespaço nas relações internacionais. In: CONGRESSO LATINO-AMERICANO DE CIÊNCIA POLÍTICA, 9., 2017, Montevidéu. Disponível em: <http://www.congresoalacip2017.org/arquivo/downloadpublic2?q=YToyOntzOjY6InBhcmFtcyI7czozNToiYToxOntzOjEwOiJJRF9BUlFVSVZPIjtzOjQ6Ij MyMzAiO30iO3M6MToiaCI7czozMjoiMjlmYmNkMDViYjk2N TFiNWRjMzI2OTRiMmUwZTVlNzciO30%3D>. Acesso em: 19 jun. 2020.

VILAR-LOPES, G. **Relações Internacionais Cibernéticas (CiberRI)**: uma defesa acadêmica a partir dos estudos de segurança internacional. Tese (Doutorado em Ciência Política) – Universidade Federal de Pernambuco, Recife, 2016.

VINHOLES, T. **O massacre dos Harrier na Guerra das Malvinas**. 11 out. 2016. Disponível em: <https://www.airway.com.br/o-massacre-do-harrier-na-guerra-das-malvinas/>. Acesso em: 19 jun. 2020.

VISACRO, A. **Guerra irregular**: terrorismo, guerrilha e movimentos de resistência ao longo da História. São Paulo: Contexto, 2009.

VITALE, M. C. Jointness by Design, Not Accident. **Joint Force Quarterly**, p. 24-30, Autumm 1995. Disponível em: <https://apps.dtic.mil/dtic/tr/fulltext/u2/a517484.pdf>. Acesso em: 19 jun. 2020.

WALTZ, K. N. **Teoria das relações internacionais**. Lisboa: Gradiva, 2002.

WALTZ, K. N.; SAGAN, S. D. **The Spread of Nuclear Weapons**: an Enduring Debate. New York: W. W. Norton Company, 2012.

WARD, N. D. **Sea Harrier over the Falklands**. London: Cassel, 2003.

WARDEN III, J. A. **The Air Campaign**: Planning for Combat. Washington: National Defense University Press, 1988. Disponível em: <https://apps.dtic.mil/dtic/tr/fulltext/u2/a259303.pdf>. Acesso em: 19 jun. 2020.

WASDIN, H. E.; TEMPLIN, S. **Seal Team Six**. São Paulo: Cultrix, 2015.

WATSON, C. A. **Military Education**: a Reference Handbook. Westport: Praeger, 2007. (Contemporary Military, Strategic, and Security Issues).

WATTS, B. D Ignoring Reality: Problems of Theory and Evidence in Security Studies. **Security Studies**, v. 7, n. 2, p. 115-171, 1997.

WATTS, B. D. **The Maturing Revolution in Military Affairs**. Washington: Center for Strategic and Budgetary Assessments, 2011. Disponível em: <https://csbaonline.org/uploads/documents/2011.06.02-Maturing-Revolution-In-Military-Affairs1.pdf>. Acesso em: 19 jun. 2020.

WEBER, M. A política como vocação. In: GERTH, H. H.; WRIGHT MILLS, C. (Org.). **Max Weber**: ensaios de sociologia. Rio de Janeiro: Livros Técnicos e Científicos, 1967. p. 55-89.

WEIGLEY, R. F. War and the Paradox of Technology. **International Security**, v. 14, n. 2, p. 192-202, 1989.

WERTHEIM, M. **Uma história do espaço de Dante à internet**. Rio de Janeiro: Zahar, 2001.

WHITE, R. **Vulcan 607**: the Epic Story of the Most Remarkable British Air Attack since WWII. London: Corgi Books, 2007.

WIGHT, M. **A política do poder**. 2. ed. Brasília: Ed. da UnB, 2002. (Clássicos IPRI, n. 7).

WILKERSON, L. B. What Exactly is Jointness? **Joint Force Quarterly**, n. 9, p. 8-10, 1998. Disponível em: <https://ufdc.ufl.edu/AA00061587/00019>. Acesso em: 19 jun. 2020.

WILNER, A. S. Deterring the Undeterrable: Coercion, Denial, and Delegitimization in Counterterrorism. **Journal of Strategic Studies**, v. 34, n. 1, p. 3-37, 2011.

WINAND, E.; SAINT-PIERRE, H. L. A fragilidade da condução política da defesa no Brasil. **História**, Franca, v. 29, n. 2, p. 3-29, 2010. Disponível em: <https://www.scielo.br/pdf/his/v29n2/v29n2a02.pdf>. Acesso em: 19 jun. 2020.

WOHLSTETTER, A. et al. **Selection and Use of Strategic Air Bases**. Santa Monica: Rand, 1954.

WOLOSZYN, A. L. **Terrorismo global**. Rio de Janeiro: BIBLIEx, 2010.

YEKELCHYK, S. **The Conflict in Ukraine**: What Everyone Needs to Know. Oxford: Oxford University Press, 2015.

YENNE, B. **B-52 Stratofortress**: the Complete History of the World's Longest Serving and Best Known Bomber. Minneapolis: Zenith Press, 2012.

ZERO Days: World War 3.0. Direção: Alex Gibney. EUA: Jigsaw Productions, 2016. 116 min.

ZUREIK, E.; LYON, D.; ABU-LABAN, Y. **Surveillance and Control in Israel/Palestine**: Population, Territory and Power. New York: Routledge, 2011.

Sobre os autores

Alexandre Gonçalves é docente do ensino superior de Relações Internacionais da Força Aérea Brasileira e coordenador da disciplina de Estudos de Política e Defesa da Escola de Comando e Estado-Maior da Aeronáutica (Ecemar). É graduado em Relações Internacionais pela Universidade Federal Fluminense (UFF) e egresso da turma de 2015 do curso de Altos Estudos em Política e Estratégia da Escola Superior de Guerra (ESG). É mestre em Ciências Aeroespaciais pela Universidade da Força Aérea (Unifa).

Ana Carolina de Oliveira Assis é mestre e atualmente doutoranda no Programa de Pós-Graduação em Ciência Política pela Universidade Federal de Pernambuco (UFPE). É graduada em Relações Internacionais pela Universidade Federal da Paraíba (UFPB) e membro dos grupos de pesquisa O Brasil e as Américas (UFPE) e Estratégia e Segurança Internacional (UFPB), com pesquisas sobre defesa, geopolítica e Atlântico Sul.

Antonio Henrique Lucena Silva é doutor em Ciência Política pela Universidade Federal Fluminense (UFF), professor de Relações Internacionais da Faculdade Damas da Instrução Cristã e docente do curso de Ciência Política da Universidade Católica de Pernambuco

(Unicap). É membro da Associação Brasileira de Estudos de Defesa (Abed) e pesquisador do Grupo de Pesquisa em Estudos Estratégicos e Segurança Internacional (Geesi/UFPB).

Augusto W. M. Teixeira Júnior é doutor em Ciência Política pela Universidade Federal de Pernambuco (UFPE) e realizou estágio pós-doutoral em Ciências Militares pela Escola de Comando e Estado-Maior do Exército (Eceme). É professor do Departamento de Relações Internacionais da Universidade Federal da Paraíba (UFPB) e membro permanente do Programa de Pós-Graduação em Ciência Política e Relações Internacionais dessa instituição (PPGCPRI/UFPB). É pesquisador do Centro de Estudos Estratégicos do Exército Brasileiro (CEEEx), área de geopolítica e estratégias militares (2018-2020), do Instituto Nacional de Ciência e Tecnologia para Estudos sobre os Estados Unidos (INCT-Ineu) e líder do Grupo de Pesquisa em Estudos Estratégicos e Segurança Internacional (Geesi/UFPB). Participou do U.S. Department of State International Security and Non-Proliferation Study Tour e do United States Department of Defense Strategy and Defense Policy Course – National Defense University. Alumni do William J. Perry Center for Hemispheric Defense Studies, nos Estados Unidos.

Carlos Eduardo Valle Rosa é doutorando em Geografia pela Universidade Federal do Rio Grande do Norte (UFRN), mestre em Ciências Aeroespaciais pela Universidade da Força Aérea (Unifa), bacharel em Ciências Aeronáuticas pela Academia da Força Aérea (AFA) e bacharel em História pela UFRN. É coronel aviador da reserva da Força Aérea Brasileira e instrutor em escolas militares nos assuntos relacionados ao poder aéreo e espacial, à geopolítica e aos jogos de guerra. É autor da obra *Poder aéreo: guia de estudos*, publicada pela Editora Luzes.

Érico Esteves Duarte é professor de Estudos Estratégicos e Relações Internacionais da Universidade Federal do Rio Grande do Sul (UFRGS). É membro do Instituto Internacional de Estudos Estratégicos (IISS), da Sociedade de História Militar (SMH) e da Associação de Estudos Internacionais (ISA). É mestre e doutor em Engenharia de Produção (eixo Estudos Estratégicos) pela Universidade Federal do Rio de Janeiro (UFRJ) e bacharel em Relações Internacionais pela Universidade de Brasília (UnB). Atuou como colaborador no Instituto de Pesquisa Econômica e Aplicada (Ipea), na Universidade da Força Aérea (Unifa), na Escola de Comando e Estado-Maior do Exército (Eceme), no Centro Corbett de Estudos de Política Marítima do King's College, no Instituto de Estudos de Paz e Políticas de Segurança (IFSH) da Universidade de Hamburgo, Cátedra Rui Barbosa da Universidade de Leiden e no Instituto Superior de Relações Internacionais de Moçambique. Em 2010, recebeu o Prêmio de Melhor Tese em Defesa Nacional, concedido pelo Ministério da Defesa.

Gills Vilar-Lopes é professor adjunto de Relações Internacionais no Programa de Pós-Graduação em Ciências Aeroespaciais (PPGCA) da Universidade da Força Aérea (Unifa), líder do Grupo de Estudos de Defesa e Análises Internacionais (Gedai/CNPq), doutor em Ciência Política pela Universidade Federal de Pernambuco (UFPE) e *Specialized course in Cybersecurity: Issues in National and International Security* pela U.S. National Defense University (NDU). É conselheiro editorial da Revista Brasileira de Inteligência e pesquisador da Rede Ciência, Tecnologia e Inovação em Defesa Cibernética e Defesa Nacional – CTIDC/Pró-Defesa IV, do Grupo de Pesquisa em Estudos Estratégicos e Segurança Internacional (Geesi/UFPB) e do Núcleo de Estudos de Política Comparada e Relações Internacionais (Nepi/UFPE).

Humberto José Lourenção é bacharel e licenciado em Filosofia pela Pontifícia Universidade Católica do Paraná (PUCPR) e em

Psicologia pela Universidade Federal do Paraná (UFPR); especialista em Filosofia da Educação pela PUCPR; MBA em Gestão Pública pela Fundação Armando Alvares Penteado (Faap); mestre em Ciência Política e doutor em Ciências Sociais pela Universidade Estadual de Campinas (Unicamp); pós-doutorado em Psicologia pela Universidade de São Paulo (USP); e pós-doutorado em Ciências Militares pela Escola de Comando e Estado-Maior do Exército (Eceme). É *research fellow* na National Defense University (NDU); professor associado IV da Academia da Força Aérea (AFA) e do Programa de Pós-Graduação em Ciências Aeroespaciais da Universidade da Força Aérea (Unifa); líder do Grupo de Pesquisa em Estudos Estratégicos e Política Internacional e pesquisador do Grupo de Pesquisa em Estudos Estratégicos e Segurança Internacional.

José Cláudio Oliveira Macedo é oficial da Marinha do Brasil no posto de capitão de mar e guerra do Corpo da Armada; bacharel em Ciências Navais pela Escola Naval (EN); especialista em Gestão Empresarial pela Universidade Federal do Rio de Janeiro (UFRJ/Coppead); mestre em Ciências Navais pela Escola de Guerra Naval (EGN); e mestre pelo Programa de Pós-Graduação em Estudos Estratégicos da Defesa e da Segurança da Universidade Federal Fluminense (UFF).

Marco Tulio Delgobbo Freitas é graduado em História pela Universidade do Estado do Rio de Janeiro (UERJ) e mestre em Relações Internacionais pela Universidade Federal Fluminense (UFF). É pesquisador do Instituto Pandiá Calógeras (IPC), integrante do Grupo de Pesquisa em Estudos Estratégicos e Segurança Internacional (Geesi/UFPB) e professor do Instituto Nacional de Pós-Graduação (INPG).

Milton Deiró Neto é pesquisador do Centro de Defesa e Segurança do Senai Cimatec; doutorando em Estudos Estratégicos Internacionais pela Universidade Federal do Rio Grande do Sul (UFRGS); mestre e especialista em Relações Internacionais pela Universidade Federal da Bahia (UFBA); e membro do Conselho de Defesa da Federação das Indústrias do Estado da Bahia (Condefesa/Fieb).

Pedro Henrique Luz Gabriel é oficial do Exército Brasileiro no posto de tenente-coronel de Artilharia; bacharel em Ciências Militares pela Academia Militar das Agulhas Negras (Aman); e mestre em Operações Militares pela Escola de Aperfeiçoamento de Oficiais (EsAO) e em Estudos Estratégicos da Defesa e da Segurança pela Universidade Federal Fluminense (UFF). Tem também o curso de Comando e Estado-Maior pela Escola de Comando e Estado-Maior do Exército (Eceme). Foi professor de Relações Internacionais na Aman e atualmente é comandante do Centro de Instrução de Artilharia de Mísseis e Foguetes do Exército Brasileiro.

Renato do Prado Kloss é mestre em *Strategic Studies* pela Universidade de Reading na Inglaterra e bacharel em Relações Internacionais pelo Instituto Brasileiro de Mercado de Capitais (Ibmec-BH). Atualmente, trabalha no Grupo Educacional Adtalem Brasil.

Tamiris Santos Pessoa é doutora em Estudos Estratégicos Internacionais pela Universidade Federal do Rio Grande do Sul (UFRGS), envolvida atualmente nas seguintes áreas de pesquisa: análise e gestão de defesa, operações conjuntas, formação militar e estudos estratégicos. É mestre em Ciências para Integração da América Latina, área de concentração de Práticas Políticas e Relações Internacionais, pela Universidade de São Paulo (USP). É pesquisadora associada ao Grupo de Estudos Estratégicos e Segurança Internacional (Geesi/ UFPB) e sócia-estudante do International Institute for Strategic Studies (IISS) até março/2017. Atualmente, é professora tutora nos cursos de Economia e Gestão na Faculdade Educacional da Lapa (Fael).

Tiago Luedy Silva é professor de Relações Internacionais da Universidade Federal do Amapá (Unifap) e diretor do Laboratório de Relações Internacionais e Geopolítica (Labrigeo); doutorando em Desenvolvimento com enfoque na área de Defesa Nacional pelo Núcleo de Altos Estudos Amazônicos da Universidade Federal do Pará (NAEA/UFPA); mestre em Desenvolvimento Regional também com concentração em Defesa Nacional e especialista em Relações Internacionais pela Universidade Federal da Bahia (UFBA).

Vinicius Modolo Teixeira é professor de Geografia Humana e Geopolítica da Universidade do Estado de Mato Grosso (Unemat); doutor em Geografia pela Universidade Estadual de Campinas (Unicamp); licenciado, bacharel e mestre em Geografia Humana pela Universidade Federal de Uberlândia (UFU). É pesquisador da área de geopolítica e cooperação em defesa.

Os papéis utilizados neste livro, certificados por instituições ambientais competentes, são recicláveis, provenientes de fontes renováveis e, portanto, um meio responsável e natural de informação e conhecimento.

Impressão: Reproset
Julho/2023